現代経営組織要論

佐久間信夫・小原久美子 ［編著］

井上善博・岡本　弥・瀬口毅士
村田大学・矢口義教・山田雅俊 ［著］

創 成 社

はしがき

　フランスの自動車会社ルノーから経営再建のために日産自動車に乗り込んだカルロス・ゴーンは，わずか数年で日産自動車の業績を V 字回復させ，日本の経済界を驚かせた。1994 年に 2 兆 8,600 億円あった日産の有利子負債を2002 年 4 月には 2,700 億円にまで削減し，日産の財務危機を救ったのである。ゴーン改革では，部品購買戦略の見直しによる大幅な原価低減のほかに，組織に横串を刺す組織編成といわれるクロスファンクショナルチーム（CFT）による経営改革がよく知られている。CFT は購買，製造，などの部門横断的にメンバーを選んだ組織を作り，従来の縦割り組織の弊害を回避しつつ，各部門の課題を解決しようとする組織である。

　CFT は，組織の課題解決や効率性向上に力を発揮しただけでなく，日産の企業風土改革にも大きな貢献をした。かつての日産は官僚的でセクショナリズムの色濃い組織であったが，CFT の導入によって柔軟で風通しの良い組織に生まれ変わったばかりでなく，従業員の意識改革まで成し遂げ，目覚ましい業績回復がもたらされた。この事例は企業にとっていかに組織の在り方が重要であるかを物語っている。

　倒産した日本航空の再建についても同様のことが言える。日本航空の再建を担当した京セラ創業者の稲盛和夫は独特のアメーバ経営を採用し，わずか数年で日本航空の経営を V 字回復させた。アメーバ経営の導入や従業員の意識改革に取り組むことによってわずかの期間で企業風土を変え，再建に成功したのは日産と同様であり，企業において組織の在り方がいかに重要であるかを知らしめることになった。

　本書の構成は，まず第 1 章で組織概念について，次に経営戦略と組織の関係（第 2 章），企業のグローバル化に伴う組織形態の変化（第 3 章）について学習する。第 4 章から第 8 章までは伝統的な組織理論である。第 9 章のエンパワーメ

ントと人材育成，第10章の組織とコミュニケーション，第11章の組織のリーダーシップ論，第12章の経営イノベーションと組織文化変革のリーダーシップは比較的新しい理論と実践的内容が紹介されている。第13章の組織的不祥事とリスクマネジメントは，今日の日本企業が直面している問題である。東芝の不正会計（2016年）や電通の過労自殺事件（2016年）はまさに組織風土によって引き起こされた事件であり，ほとんどの日本企業に多かれ少なかれ共有されている課題である。第14章のサスティナブル・マネジメントと組織能力も近年特に重視されているテーマである。

　このように，本書は経営組織論における基礎的概念，伝統的組織論，比較的新しい理論，現実的な課題という内容で構成されている。周知のように今日の企業組織はビジネス・プロセス・アウトソーシングなどの浸透によってオーソドックスな組織形態から大きく変化している。シェアリングエコノミー，AI，IoTなどの発展が目覚ましい昨今，企業組織はさらに絶え間なく変化を続けていくことが予測されるが，伝統的な理論を修得した上で今日的な研究を学ぶことではじめて，目まぐるしく変化する企業組織を理解していくことができる。

　本書が今日の，複雑で，変化の激しい企業組織を理解するための一助となれば，幸いである。

　2017年3月31日

編　者

目　次

はしがき

第 1 章　経営組織の特徴と基礎概念 ——————— 1

第 1 節　経営組織の意義 ·································· 1

第 2 節　現代における「有能」な組織の条件の検討 ············ 10

第 3 節　組織の概念に関する変遷 ······················ 21

第 2 章　経営戦略主導の組織デザイン ——————— 33

第 1 節　経営戦略と組織の関係 ························ 33

第 2 節　戦略と組織の 2 分法の意義 ···················· 35

第 3 節　経営戦略の発展に伴う組織構造の変化 ············ 36

第 4 節　構造を形成する組織形態の類型 ················ 39

第 5 節　組織構造の成長と進化 ························ 45

第 3 章　企業のグローバル化と現代の組織形態 ———— 52

第 1 節　現代の経営環境と競争上の要因 ················ 52

第 2 節　新たな組織形態の登場

　　　　　—GE における事業部制組織から SBU の展開— ········ 57

第 3 節　プロセス組織—職能別組織の再構築— ············ 59

第 4 節　フロント・バック型組織—顧客志向の企業組織— ······· 60

第 5 節　企業間関係とネットワーク組織 ················ 66

第 4 章　レスリスバーガーの人間関係論 ——————— 76

第 1 節　はじめに ·································· 76

第2節　ホーソン実験と人間関係論 …………………………………77

第3節　レスリスバーガーの人間関係論 …………………………83

第4節　おわりに …………………………………………………………85

第 5 章　ウェーバーの官僚制組織論 ——————— 89

第1節　ウェーバーの生涯と主要業績 ……………………………89

第2節　ウェーバーの近代官僚制組織の概念 …………………90

第3節　合法的支配と近代官僚制組織の関係 …………………93

第4節　近代資本主義の進展と近代官僚制組織の発展 ………97

第5節　近代官僚制組織論への批判と経営組織論の発展 ………99

第 6 章　バーナードの組織論 ——————— 105

第1節　バーナードの主要業績 ……………………………………105

第2節　個人と協働の理論 …………………………………………106

第3節　バーナードの組織の概念 …………………………………107

第4節　組織の成立と存続，および経営者の役割 ……………112

第5節　複合組織と管理組織 ………………………………………115

第6節　権威と命令の受容 …………………………………………116

第 7 章　サイモンの意思決定論 ——————— 122

第1節　はじめに ………………………………………………………122

第2節　意思決定の記述的研究 ……………………………………122

第3節　企業組織における意思決定 ……………………………123

第4節　意思決定の側面から見た企業組織 ……………………128

第 8 章　モチベーション理論の展開 ——————— 138

第1節　経営学におけるモチベーション理論 …………………138

第2節　経営学に影響を及ぼした行動科学研究 ………………139

第3節　モチベーション理論の主要学説 ………………………142

目　　次　vii

第4節　近年のモチベーション理論の展開 ……………………………149

第5節　おわりに ……………………………………………………155

第 9 章　エンパワーメントと人材育成 ────── 160

第1節　エンパワーメントとは ……………………………………160

第2節　エンパワーメント研究の系譜 ……………………………162

第3節　エンパワーメントと人材育成 ……………………………165

第4節　おわりに ……………………………………………………169

第 10 章　組織とコミュニケーション ────── 173

第1節　はじめに ……………………………………………………173

第2節　コミュニケーションとは何か ……………………………174

第3節　組織の中のコミュニケーション …………………………177

第4節　新しいメディアとコミュニケーション …………………181

第5節　文化的多様性と異文化経営 ………………………………184

第 11 章　組織変革のリーダーシップ論 ────── 192

第1節　はじめに ……………………………………………………192

第2節　リーダーシップ論の先行研究 ……………………………194

第3節　リーダーシップ論の先行研究の検討と

　　　　R&D 部門組織のリーダーシップ ………………………208

第4節　おわりに―新たなビジネスモデル構想の実現のための

　　　　組織変革のリーダーシップ― ……………………………215

第 12 章　経営イノベーションと組織文化変革のリーダーシップ
―組織変革論の新たな視点としての組織文化変革― ── 224

第1節　はじめに ……………………………………………………224

第2節　経営戦略と組織文化の相互依存関係 ……………………227

第3節　経営戦略の再構築にともなう組織文化変革 ……………239

viii

第4節　組織文化変革の方法 ································ 243

第5節　おわりに ···································· 245

第13章　組織的不祥事とリスクマネジメント ─────── 251

第1節　はじめに ···································· 251

第2節　経営活動における不祥事 ························ 252

第3節　リスクマネジメントの要件 ···················· 255

第4節　企業倫理と誠実な経営 ························ 261

第5節　おわりに ···································· 264

第14章　サスティナブルマネジメントと組織能力 ─────── 268

第1節　はじめに ···································· 268

第2節　新古典派経済モデルと取引の円滑化 ············ 269

第3節　組織の効率性 ································ 274

第4節　企業間関係の構築と組織能力 ·················· 276

第5節　おわりに ···································· 279

索　　引　283

第1章
経営組織の特徴と基礎概念

第1節　経営組織の意義

1．個人の能力の限界・制約を克服するものとしての人間協働システム

　人間とは何か。組織とは何か。人間はなぜ組織を創るのだろうか。組織の意義とは一体何か。人は組織の中でどのように生きるべきか。経営組織はどのような歴史的変遷をへて発展してきているのか。現代の経営組織はどのように維持され発展し，そして進化してきているのか。

　また，経営組織と経営管理，そして経営戦略との関係はどのようになっているのか。さらには，これからの望ましい経営組織とはどのような組織であろうか。社会と組織，個人とのより良い関係づくりはいかにあるべきか。現代のグローバル化した「組織の時代」に生きるわれわれの組織に関する問題意識は尽きない。

（1）組織の定義

　バーナード（C. I. Barnard；1938）によれば，「組織とは2人またはそれ以上の人々の意識的に調整された活動や諸力のシステムである」という[1]。この場合の組織の概念は，より包括的な協働システムにおけるサブシステムとして位置づけられる。つまり，人間社会というより包括的な「人間協働システム」の中に，サブシステムとしての組織が位置づけられる。人間は，1人では生きてはいけない。個人としての人間には，さまざまな局面において能力の限界があるからである。だから，人間は，自分が生まれた地域で身近に生活している

人々とさまざまな集団を形成し，そのなかで，各々何らかの役割を果たすことで協働しながらともに生きている存在でもある。例えば，1人では抱え切れない複数の荷物を一度にある目的の場所に移動させようとする場合，1人ではすべてを一度に移動できないという制約が生じてくる。そこで，この制約を克服するために，誰かに助けを求めて，一緒に荷物を移動させるのを手伝ってもらうという，協働（cooperation）こそがもっとも有効な方法とされるのである。

（2）人間の特性

　ところで，個人としての人間は，その能力に限界があり制約をもつ存在であるが，そもそも人間とはどのような特徴をもっている存在なのだろうか。

　バーナードによれば，人間は，一方で物的，生物的存在であると同時に，他方で個人的，社会的存在である。また，組織における人間は，非人格的，機能的存在（組織人格）であると同時に，人格的，心理的存在（個人人格）である。そしてこの両者は，それぞれ別個に存在するのではなく，常に1つの人間有機体（human organism）として統合された存在だととらえる。

　人間有機体は，他の有機体と何らかの関係を持たなければ生きていけない存在である。その意味において人間は，相互作用を持つ社会関係の中にある。このような人間の一般的特性は，①個人の重要な特徴は，活動（activity）である，②個人の行動は心理的要因の結果である，③個人は，選択力，決定能力ならびに自由意志を持つ，④個人は，意思を実行するために目的を持つということにある。

（3）協働体系とは

　バーナードは，このような人間が相互作用を持つ社会関係にあるとき，それは協働体系（cooperative system）にあると考え，この協働体系から公式組織の理論，そして管理論へと展開する[2]。

　まず，人間の特性である活動に着目してみよう。彼が，人間の特性を，行動（action）ではなく活動とするのは，人間が行動する以前の心理的活動をも含んでとらえているということである。そして，その活動の比較的に容易に観察で

きる側面が行動なのである。彼は，「いわゆる個人の行動は心理的要因の結果である。『心理的要因』という言葉は，個人の経歴を決定し，さらに現在の環境との関連から個人の現状を決定している物的，生物的，社会的要因の結合物，合成物，残基を意味する[3]」としている。

このような人間個々人が相互作用をもつ社会関係にあるとき，彼によれば，それは協働体系にあるというのであり，協働体系とは「少なくとも１つの明確な目的のために２人以上の人々が協働することによって，特殊の体系的関係にある物的，生物的，個人的，社会的要素の複合体[4]」である。ここで，複合体とは，１つの協働体系は，より大きな体系の中の下位単位（subordinate unit）であると同時に，それ自体の中にいくつかの補助体系（subsidiary systems）を含んでいる関係を示している。そして，組織（organization）とは，このような協働体系の中の１つの体系であると，バーナードは定義づける。

組織をこのようなシステムとしてみる視点は，後世に大きな影響を与えることになる。現在，組織をシステム的にとらえようとする見方が一般化してきているからである。バーナード理論が近代理論として位置づけられる理由の１つは，このような複数のサブ・システム からなる，オープン・システム的組織間に立脚しているからであり，この組織観によって，企業・組織なるものも，全体社会（システム）のなかの一部（サブ・システム）であり，人間有機体からなる社会的存在であるという視点を持つことが可能となるからであろう。

（4）公式組織の運営と経営者の役割

さて，バーナードにおける公式組織とは，一定の目的をもち，何らかの確定された行動秩序によって，永続的に活動する諸力の体系（システム）である。彼によれば，この公式組織こそが人間の社会活動の基本になるものである。しかし一方で，人間の本質的欲求である社会的統合感（人間は何らかの社会的関係のなかで生きようとする）にもとづいて，公式組織の中にさまざまな協働体系が自然に発生する。バーナードは，これを非公式組織と呼ぶ。非公式組織は，一般に永続性がなく不安定なものであるが，その中においては公式組織で否定されがちな個人の個性，心理，コミュニケーションなどが自由に発揮できる傾向に

ある。したがって，公式組織の活力は，このような非公式組織をいかにうまく活動させるかにかかっている。また，この非公式組織を無視した公式組織の運営は，決して成功しないといえるのである。

しかし，バーナードにとって，組織の基本はやはり公式組織にある。こうして，彼は公式組織理論へと展開する。そして，バーナードにおいては，経営管理者の最大の役割は，組織的価値の形成にあり，そのために，経営管理者の組織道徳に裏打ちされたリーダーシップが求められることになる。

このように，バーナードの組織は，単なる分業システムとしての職能組織ではなく，仕事を通じた生身の人間の組織そのものである。それは，全人格的な個性ある存在である個々の人間が，企業という組織において仕事をする上で，個人の能力では成し得ない，大がかりな組織目的を達成するために，個人の能力の限界・制約を克服するための人間の協働システムとしての公式組織を意味しているである。

2．これからの最も望ましい経営組織の在り方の探求

現代は，組織の時代といわれて久しい。現実には，グローバル化，ICT化がさらに進展する企業・政府・病院・学校・地方自治体，宗教団体，消費者団体，NPO団体，NGO団体，地域コミュニティ団体など，人為的なさまざまな組織によって社会活動が営まれている多元的組織社会である。現代において，これらの組織が存続し発展するためには，社会に対して，組織目的としての何らかの価値を創造し提供することを通じて，その対価を受け取るということが必要である。現代社会を構成する組織の中でも，企業は，時代とともに変化する消費者の多様なニーズに応えるために，広くは社会における人々の多様化する価値観を洞察し，社会にとって必要とされる新しい価値を絶えず創造し提供し続けるという重要な役割を果たしている。社会にしても企業にしても，人間の「価値やビジョン，信条」などに関わる問題を今ここで問い，企業組織の経営活動においても，社会をつなぎ，人生に意味を与えるものすべてに関わる問題を考えることが重要である。

（1）現代企業組織の課題

　ドラッカー（P. F. Drucker）が述べるように，現代企業組織の課題は，組織の社会的責任（CSR：Corporate Social Responsibility）の真なる遂行にあり，経営者は「独立した知識組織からなる多元的社会に対して，いかに経済的能力を発揮し，それを統治的，社会的な結合に結びつけるか」という問題にある[5]。

　さて，現代において，最も理想的で望ましい卓越した組織とはどのようなものであろうか。現代におけるもっとも理想的で望ましい組織とは，組織にとっても個人にとっても，さらには社会にとっても理想的で望ましい価値に導かれる組織にあると考える。

　バーナードの組織の定義は「公式組織を二人以上の人々の意識的に調整された活動や諸力のシステム」にある。また，彼にとって，組織は，具体的な協働の場であり，協働システムなのである。

　ここで，システムとは，「各部分がそこに含まれる他のすべての部分と，有意味なやりかたで（in a significant way）連関関係をもつが故に，ひとつの全体として取り扱われるべきものをいう。有意味ということは，特定の目的のために，あるいは特定の観点から，次のように定義される秩序によって決定される。すなわち，ある部分と，他の一つあるいはすべての部分との関係にある変化が起こる場合には，そのシステムにも変化が起こるということである。したがって，その結果，一つの新しいシステムとなるか，または同じシステムの新しい状態となる[6]」ことをいう。有意味な連関関係とは，その関係に変化が生じた場合に，その変化が全体に影響を及ぼすことをいうのであり，連関の全体の中で各部分がそれぞれの固有の意味を発揮し相互作用をなすことによって，その関係に変化が生じた場合には全体が変化するのである[7]。

　このように，組織を有機的システムとして，つまり，生きているシステムとしてとらえることは，現代のように複雑化し高度に発展した情報化社会や組織においてはきわめて重要であろう。なぜなら，われわれの地球的規模での世界は，従来人間が経験したことのない複雑さの様相を呈し，きわめて解決が困難な大問題に直面している。例えば，企業が成功との引き換えに引き起こしたといえる地球的規模の環境汚染や環境破壊，ハイテク化に伴う肉体的・精神的ス

トレス，発展途上国における貧富の格差増大や飢餓問題，凶悪化する組織ぐるみの犯罪やテロなどの紛争問題などである。こうした問題は，機械論的あるいは還元主義的な思考では解決不可能であり，問題の全体像を総合的・統一的な視点から解明する，システム思考へと転換する必要性が強く求められることになる。このシステム思考によって「還元できない全体性」および「全体は諸部分の単なる総和以上のもの」であることに注意を喚起しながら，諸要素間の相互関係を規定し，明確に諸現象の全体像をわれわれの理解の領域に取り込むことが重要といえよう。また，認識主体のマクロ観の優位性を強調するが，それはミクロ観との対立としてではなく，「部分」や「個」の存在や機能が「全体性」にとって，有意味な連関関係をもつものであるという解釈に立たねばならない。

　このようなシステム思考は，バーナード理論においても顕著であり，故飯野春樹教授も，部分からなるとともに，それ自体１つの全体とみなしうるシステム観は，個人主義と集合主義，自由意志論と決定論をともに受け入れようとするバーナードの立場にもっとも相応しいものであると指摘している[8]。また，村田晴夫教授によれば，バーナードの研究方法に関して，組織と個人，構造（器）と主体（内容）の対立と統合の問題をとらえるためのシステム理論であるとされる[9]。

（２）組織均衡理論—社会・外的環境と経営戦略および組織と個人の適合—

　バーナードにとっての究極的課題は，社会全体の進歩と社会を構成する多くの人々の幸福の向上の相即的達成にあった。彼は，この問題を人々の協働の内に，つまり，具体的な社会過程としての公式組織に求めたのである。そして，組織の存続は，そのシステム（組織）の均衡を維持しうるか否かに依存する。この均衡は第１次的には内的なものであり，各要素間の釣り合いの問題であるが，究極的基本的には，このシステムとそれに外的な全体状況との間の均衡の問題である。この外的均衡はそのうちに２つの条件を含む。すなわち，第１の条件は，組織の有効性であり，それは環境状況に対して，組織目的が適切であるか否かの問題である。第２に，組織の能率であり，それは組織と個人との間

第1章　経営組織の特徴と基礎概念　7

の相互交換の問題である。バーナードにおける組織の存続条件に関する考察は，まさに組織均衡理論として考察され，組織が存続するためには，内的均衡と外的均衡の維持が条件であり，内的均衡は，組織の3要素であるコミュニケーション，貢献意欲，共通目的の適切な相互作用によって実現される。また，組織の存続に究極的な重要性を持つ外的均衡については，組織の有効性と能率という2つの概念が導入されている。

（3）　組織の有効性と能率

　まず，バーナードは，有効性と能率という概念を個人的行為との関連で次のように述べている[10]。

　ある特定の望ましい目的が達成された場合には，その行為は「有効的」であるという。しかし，行為の求めない結果が望んでいる目的の達成よりもいっそう重要であり，個々人が不満足のときには有効な行為でも「非能率的」であるという。そして，求めない結果が重要ではなく些細なものであるときには，その行為は「能率的」である。さらに求める目的が達成されないで，求めもしない結果が行為の「原因」とならざる欲求や動機を満たす場合の生ずることがよくある。その場合には，このような行為を，能率的ではあるが有効的でないと考える。

　このように，個人的行為の有効性とは，その行為による目的の達成度であり，個人的行為の能率とは個人的動機の満足である。したがって，有効性とは，目的の達成に関わる概念であり，目的の達成度で示される。一方，バーナード理論における「能率」とは，個々の人間の欲求，衝動，欲望などを「動機」という言葉で表現し，この動機の満足の程度で示されるものである。さらに，バーナード理論では，協働システムの目的と協働システムへの参加者個人の目的とは完全に区別される。つまり，協働システムの有効性は協働システムの観点から決定されるべきものであり，協働システムの目的が達成されるとき，その協働システムは有効であるというのである。

　組織が存続するためには，組織の有効性の実現，つまり，組織目的が達成されなければならないが，そのためには目的達成の手段としての適切な行為を環

境条件をも考慮して採用されなければならない。このとき考慮されるべき環境条件は，目的達成の視点から意味形成され理解される。「環境を理解されるためにはある見地から観察されなければならない[11]」のだが，その見地を提供するものが達成されるべき目的なのである。また，バーナードにあっては，組織目的が達成されず，つまり，組織が有効でない場合には，その組織は崩壊するが，目的を達成することで目的が消滅した場合にも組織の解体が起こる場合がある。したがって，組織が存続するためには，目的を変更したり新しい目的を繰り返し採用する必要があるのである[12]。

このようにバーナードにおいては，組織の有効性と個人的行為の有効性は全く別のものとして区別されるが，能率については同様にとらえることはできない。彼によれば，協働システムの能率は，参加する個人の合成物である[13]。

（4）組織に参加している個々人の動機の満足と貢献

協働に参加している多様な個人の動機の集合は，協働システム全体の動機となり，これらの動機の満足される程度が協働システムの能率である。しかし動機はあくまで個人的なものであるから，動機が満足されたかどうか，つまり，能率的であったかどうかを決定するのは各個人である。協働システムが能率的であるかどうかを判定するのは，個人的視点なのである。バーナードは，これを限界貢献者（marginal contributer）の概念を提起して次のように述べる[14]。

ある人が，協働システムに貢献するにあたってその行為が非能率的であると（あるいは非能率的であるかもしれない）と判断すれば，その行為をやめる（もしくは差し控える）。もし，彼の貢献がシステムにとって不可欠なものである場合には，彼の非能率はこのシステムの非能率となり，システムは存続しえない。また，システムの非能率はすべての人に対して非能率になるに違いない。そのため，ある協働的努力システムの能率は，限界的貢献の能率に依存し，限界的貢献者によって決定される。これは協働システムの能率の唯一の尺度がシステムの存続能力であることを意味する。

このように，協働システムが存在しているということは，限界貢献者自らの個人的動機が充足されていることになる。つまり，限界貢献者が能率的な状態

であると判断しているわけである。そして、そのような協働システムも能率的であることを意味しているのである。しかし、その組織外部からある協働システムの能率を判断するための尺度は、その協働システムが存続しているかどうかという事実しかないことにもなる。

　さらに、バーナードは、「組織の能率とは、そのシステムの均衡を維持するに足るだけの有効な誘因を提供する能力である[15]」という考え方を示し、組織の能率は、協働システムに必要な個人的貢献を確保できるだけの誘因を提供できる、いいかえれば個人の動機を充足できる組織が能率的な組織なのである。

　そして彼によれば、「組織が存続するためには、有効性または能率のいずれかが必要であり、組織の寿命が長くなればなるほど双方がいっそう必要になる[16]」というのである。したがって、バーナードは、有効性と能率を区別して論じているものの、それは狭義の意味で用いているのであり、広義には有効性と能率の双方を考慮に入れ、長期的観点に立脚した「有能性」とでもいうべき概念を志向しているものであるという解釈も成り立つのである。

　以上、バーナードの組織における有効性と能率に関する概念をみてきたが、筆者の意図は、これからの最も理想的で望ましい組織とはいかなるものかを追求するためのものであった。本研究でのバーナードのシステム観、そして、組織の有効性と能率の考え方に基づいて、筆者は、今後の最も理想的で望ましい組織とは、「組織に参加する人々の活動が彼ら彼女らの動機を満足させ、人間的成長を実現し、それが組織の目的達成に貢献することとなり、また、その組織活動が社会全体の発展に寄与し、環境変化に対応して組織それ自体を絶えず創造し、進化・発展するような組織」であると考える。このことは、参加者個々人の利益を犠牲にして、組織自体の利益の増大のみを有効としてとらえることを意味していない。バーナードが主張するように、「協働や組織は、観察、経験されるように、対立する諸事実の具体的統合物である。矛盾する諸力を具体的行動において統合するように促進し、対立する諸力、本能、利害、条件、立場、理想を調整させることこそが、まさに管理者の機能である[17]」のであり、個々人の要求や選好を調整し統合するような新たな組織の活動領域を創造することによって、その活動が彼ら彼女らの動機の満足と人間的成長を促進し

ていかなければならない。それと同時に，その活動が組織全体の発展につながり，さらには，社会全体，人類の幸福向上に寄与することを意味している。

第2節　現代における「有能」な組織の条件の検討

1．C.I.バーナード理論における組織の有効性と能率をふまえて

　一般的に，組織の有効性といった場合に，組織的観点にたって，その存続に関わる有効性と解釈されるために，組織の有効性は，組織目標の達成の観点からのみ評価されることが多い。しかし，バーナードが述べるように，組織が長寿に存続し発展しうるためには，組織の有効性のみならず，個人の動機を出発点とした個人および協働ないし組織の能率の問題に対しさらなる配慮が必要であろう。そこで，本節では，バーナードが意図する組織の有効性と能率の双方を充足するような組織，これを「有能」な組織と呼ぶことにする。

　さて，これからの最も理想的で望ましい組織とは，いかなるものであろうか。筆者は，これからの最も理想的で望ましい組織とは，組織の有効性のみならず個人の能率の問題に対し考慮されなければならないと考える。また，そのような個々人の能率の合成としての協働および組織の能率も考慮されなければならない。さらに，個々の人間が生きる現代社会の発展と幸福をも考慮されなければならないと考える。

　つまり，個人，組織，社会をともに考慮に入れた最も理想的で望ましい組織とは，組織に参加する成員の動機の満足ないし意味充足，個人的成長や人間的完成，環境に対応した組織自体の進化（安定性や柔軟性の均衡），グローバルな視点からの地球環境問題への取り組みなどを含む。さらには人権問題や社会問題へも取り組もうとする現代の企業の社会的責任の遂行により，グローバル社会全体，つまり，全世界の進歩と人々の幸福感の増大や充実など多くの有能な組織の条件を含意する。

　また，組織の有効性と能率の問題は，長期的にとらえるか，短期的にとらえるかによって異なってくる。組織における個人の能率を考えてみると，組織に参加する個々の成員の動機の満足ないし意味充足は，短期的には満足しても，

第1章　経営組織の特徴と基礎概念　11

それが一時的なものであったならば，組織は，より多くの個々人からの貢献は望めないであろうし，長期的な組織成員としての真の協力はえられないであろう。一方，個人的成長や人間的完成というものは，個々人によってその進捗度が異なるものであり，それゆえに長期的にとらえていかなければならないものである。短期的に個人の成長や人間的完成を評価し，その個人の生涯を断定するようなことがあっては，人間の尊厳や人間的配慮に乏しいといわなければならない。

（1）環境に対応した組織自体の進化

　環境に対応した組織自体の進化，つまり，組織の安定性と柔軟性の均衡による組織の発展は，環境変化が急速な今日にあって，短期的に緊急を要する不測事態の問題発生への適切な対処が要求される場合も少なくない。例えば，日本企業は，バブル期には人材が不足し，その対処として多くの人材確保に余念がなかった。そのため，採用後の長期的な観点からの人材教育体制に重点が向けられず，個人的成長や人間的完成の意味での教育をおろそかにし，バブル崩壊後には，多くの人材をリストラする破目になったのである。そこには，人材教育に長期的観点から真剣に取り組まなかった反省はあるものの，またも短期的視点から，人間的配慮に乏しいリストラを余儀なくされた不測事態をみることができるのである[18]。

　将来が不透明で先行きが予測不可能な混迷した現代における企業は，それゆえにこそ，長期的視点から組織の理念をより具体化して，その企業のあるべき姿・ビジョンを掲げ，その方向に組織における個々人を自らの動機の満足と意味充足が同時に達成できるように向かわせ，粘り強く着実に経営戦略を実行していかなければならない。そして，このような組織行動の過程において不可避的に生ずる企業の社会的責任（CSR）や地球環境問題に，企業は積極的に関与し問題解決していかないかぎり，われわれの生きる組織どころか，われわれ人類の住むこの地球の幸せな未来はない。

　今日における組織の有効性は，短期的には組織目標ないし課業の達成ではあるものの，長期的には組織の理念や目的の達成であり，その理念も目的もグ

ローバル化した人間社会の制度として，また，組織における個々人の動機の満足ないしは意味充足にとって，有意味なものでなければならないであろう。なぜなら，すでに述べたように，組織もシステムであり，全体世界・地球というより大きな全体システムにとって有意味な連関関係をもつ部分システムだからである。

このようなバーナードのシステム論的組織観の見地からすれば，今日における組織の有効性の概念は，ただ単に組織の短期的な組織目標の達成ないし課業の達成という狭い概念でとらえるのではなく，個人および組織の有効性と能率，そして社会の発展を有意味に連関させた長期的観点からの組織の「有能性」をめざす概念に拡大してとらえた方がよいように筆者には思われるのである。またこのことは，これからの最も理想的で望ましい卓越した組織とはどのような組織かを探求する上でも重要であるといえよう。

そこで次に，これまでの先行研究における組織の有効性アプローチを掲げ，その課題と問題点を明らかにし，組織の有効性に関する検討を試みることにする。

2．組織の有効性アプローチの課題と問題点

組織論において，最も理想的な望ましい組織とは何かという問題は，組織の有効性の問題として論議されさまざまなアプローチやモデルが示されてきている。一般的には，（1）組織目標アプローチ（organizational goals approach），（2）システムズ・アプローチ（systems approach），（3）多元的構成者アプローチ（multiple constituency approach）として表されている[19]。

（1）目標アプローチ

目標アプローチは，組織が有効であるかどうかを組織目標の観点から評価する立場である。

例えば，組織が株主や経営者といった特定の人々の所有物と考え，彼らの目的を達成する合理的手段として組織が形成されると考えるならば，その組織の有効性を組織目標の点からとらえることが重要となってくる。つまり，組織が

彼らの目的達成の手段として形成されるため，組織目標が実現できたかどうか
を評価することは，彼らの目的を達成できたかを示すことになるからである。
また，目標的アプローチは，組織目的が組織活動の方向やその存在の合法的根
拠を与えるという点や組織が成功したかどうかの基準を与えるために重要とな
る。しかし，現代における組織は，特定の人々，つまり，株主や経営者の個人
的な所有物ではない。ましてや，彼らの個人的利益追求の手段でもないのであ
る。組織は，社会の多くの関係者から構成された，それ自体としての存在であ
る。法形式上の根拠があるからといっても，現実的矛盾を抱えた法形式的根拠
であれば実際の経営の見地からも大いに問題がある。ましてや日本にみられる
ように，その法律も特定の人々，つまり，経営者や族議員に都合のいいように
策定され，抜け道のある法律の制定に至っては，法的制定の仕方に大きな問題
があり，現在，その制定の改革が求められている。

　目標アプローチの問題は，特定の人々の目的の達成の点から評価されるた
め，その目的に不満を持っているそれ以外の人々の目的が無視されてしまうと
いう問題がある。このことは，組織における多くの個々人の動機の満足（バー
ナードのいう能率）からして問題なのである。またそれは，特定の人々の個人的
目標の達成という組織活動の結果からのみ評価されるために，組織における多
くの人々の全体的評価を行うことができないという問題もある。それゆえに，
それは社会の信頼をなくし，ひいては組織の存在基盤をも失うようなことを，
特定の人々が有効と評価することにもなりかねない。これまでの日本企業は，
企業の目的を単純に利益追求や売上高拡大と考え，利益至上主義や売上高拡大
主義のみを有効として評価し，企業倫理問題や企業の社会的責任問題を引き起
こしてきたのである。

（2）システムズ・アプローチ

　システム・アプローチは，目標アプローチにみられる組織活動の結果（アウ
トプット）からのみ評価するのではなく，インプットやプロセスをも含めて組
織全体の点から評価するものである。システムズ・アプローチは，環境から資
源をどれだけうまく獲得し（インプット），それをどれだけうまく製品やサービ

スへと転換し（プロセス），それらをどれだけうまく環境へ提供するか（アウトプット）という組織全体の点から有効性をとらえるものである。組織が1つのシステムであり，環境と相互作用するオープン・システムであるならば，組織自体を全体として評価することは重要なことである。このアプローチは，組織環境との相互作用を考慮し，それ自体の存続のために単にアウトプットだけではなく，アウトプットするまでのプロセスを含めて組織全体を評価するものである。しかし，このアプローチは，組織過程の能率や組織自体の存続を強調しすぎることによって，組織の構成者を犠牲にするような行為を有効と評価する場合が出てきてしまう。例えば，組織自体の利益極大化を追及するあまりに公害を発生させるなどの問題であり，この意味では目標アプローチと変わりない問題が発生する。目標アプローチがある特定の人々の個人的目的の達成で評価されるのに対して，システムズ・アプローチでは，ある特定の人々が，ある特定の組織に代わっただけであり，その評価が特定化されてしまうことには変わりはないのである。システムズ・アプローチといいながら，その組織・システムを取り巻く上位レベルのシステム的視点が欠けているためである。このことが，地球環境を破壊したり，公衆の信頼をなくすような活動をしたりすることにもなる。なぜなら，このアプローチは，組織自体の評価を問題とし，組織構成者の選好を考慮しないからである。この点は，バーナードのシステム論的組織観と著しく異なる点である。今後は，あらゆる組織は，社会という大きなシステムの中の1つのサブシステムであるというシステム観を持つことがこのアプローチには必要不可欠であろう。

（3）多元的構成者アプローチ

　多元的構成者アプローチは，組織を多元的構成者の多元的影響ループの相互作用とみて，組織の異なる構成者はその有効性を異なって評価するという立場である。しかし，このアプローチにはその評価基準の違いによって，a. 多元的構成者モデル，b. 支配連合体モデル，c. 社会正義モデル，d. 進化モデルがある。

　多元的構成者モデルは，組織の構成者は彼らの選好を満たすために組織に参

第1章 経営組織の特徴と基礎概念　15

加するので，構成者ごとの評価基準が存在し，有効性の評価は単一のステートメントでは表すことができないとするものであり，各構成者の選好の観点から評価するものである。ここでの構成者（constituency）は，参加者の概念よりも広義であり，現在は当該組織と直接関係のない個々人や諸集団がその組織活動を評価するものである。また，ある程度までその組織活動に影響を及ぼすかもしれない可能性のある多くの個人，組織，団体を含んでいる。

① 多元的構成者モデル

多元的構成者モデルは，組織の個々の構成者（株主，経営者，従業員，顧客，供給業者など）の選好の観点から有効性を評価する。組織は，多様な人々から構成され，彼らがどのように評価するか，その内容が組織活動に影響を及ぼし，組織の存在に正当性を与えると考えるのである。したがって，組織に対する全体的評価は可能ではないし，望ましくないということになる。このモデルは，個々の構成者の満足を大きくしようとする，いわば，付加価値極大化の組織観を基盤としている点では好ましいことであるが，その構成者自身が個々に求めているものが果たして有効なものであるかどうかが問題の焦点になるであろう。また，構成者ごとに異なる多様な選好を調整して，彼らに共有される意味や価値をどのように形成し，組織活動を遂行させるかという点も評価できないのが問題であろう。

② 支配的連合体モデル

支配的連合体モデルは，有効性を組織構成者の要求の点から評価するのではなく，組織の戦略的資源をコントロールする人々が設定した基準によって評価するという立場であり，組織を1つの連合体としてとらえるものである。このモデルの唯一の問題点は，構成者が多様な要求や目標をもっており，他の構成者や組織全体を犠牲にしてさえ自己の利益を追求すると考える点にあるように筆者は考える。この点は，多元的構成者モデルや先に示した目標アプローチにも見られがちな欠点を内包しているといるともいえるが，目標的アプローチと異なるのは，有効性を多様な構成者の交渉の過程によって設定した基準の点か

ら評価する点では客観性はある。しかし，交渉の結果は，彼らの組織での相対的な力の関係を反映し，組織にとって資源や能力を持っている人々が影響力やコントロールを有することとなり，結局のところ，最も力の強い構成者の選好を満たす組織となる。そもそも，このモデルは，組織を利害関係者から成る連合体ととらえ，組織の構成者は互いに競争しうる，潜在的には相容れない立場であるにしても，それが支配連合体によって差別して受け入れられ，是認され，代表され，それが組織の有効性の基準の究極の源泉になるとする。しかし，なぜ力の強い人々の選好を満たすことが組織にとって有効と判断されるのかが明確ではない。力の強い人々の選好を満たすことが必ずしも組織全体あるいは社会にとって有効であるとは限らないのである。

③　社会正義モデル

社会正義モデルは，組織の最も力の弱い人々の観点から組織の有効性をとらえる。このモデルも組織構成者の満足を満たすことが組織活動を維持する原動力であり，その構成者の観点から組織を評価することが論理的であるとするものである。しかし，組織には葛藤する価値基準が存在し，それは参加誘因の分配のときに特に生じてくる。そこで，社会正義モデルでは，構成者間でのその参加誘因の最適配分の問題を解決しようとするのである。支配的連合体モデルのように，さまざまな欲求を持った人々が交渉によって組織目標や評価基準を設定すると，力の強い人々の欲求や選好が組織活動に反映され，力の弱い人々の要求や目標あるいは選好は無視されたり拒絶されたりする。そのような力の弱い人々の要請を無視し拒絶することは，組織の存続発展に重要な影響を与えることになる。バーナードに即していうならば，組織自体の存続と発展に不可欠な個々人の能率の側面が低下してしまうからである。それはまた，組織における個々人の組織葛藤や公式組織内におけるインフォーマルなグループが形成され，組織的抵抗の原因となったりするからである。例えば，公害問題や地球環境問題，PL法などの制定は，被害にあった個々人の力の結集によって，企業の存続に重要な影響を与えるのである。

社会正義モデルは，組織の中で最も力の弱い人々を犠牲にして力の強い人々

第 1 章　経営組織の特徴と基礎概念　17

に有利になるように組織活動を行い，弱者を犠牲にして強者に有利に分配されることのないように分配の公正を図ろうとするものである。したがって，このモデルにおける有効な組織とは，最も不利な人々の後悔を最小にするということになる。ここに，バーナードが主張するような組織における個々人の能率の問題に関する配慮をみることができる。さらに，筆者は，このモデルが経営者の道徳的判断と組織成功の基準を結びつける重要な考え方を示していることを強調しておきたいと思う。もちろん，経済合理主義的考え方を主流にしているような企業にあっては受け入れがたいものであろうが，今日の CSR 経営を志向する企業にとっては，的を射ているように考える。組織の有効性の評価の問題は経済合理主義的考え方以上のものであり，それを越えなければならない。それは，企業の経済的合理性と社会性ならびに人間性の両立を目指すことに通じている。

④　進化モデル

進化モデルは，環境変化に対応して組織の活動領域を創造するような組織を有効ととらえるものである。社会は絶えず変化しているものであり，この変化性こそが有効性の評価にとって重要な意味を持つのである。進化モデルでは，組織活動がある一定の過去から現在の一時点では有効であっても社会的コンテクストが変化するために，将来，他の時点では有効と限らないという点に焦点が当てられる。そこで，このモデルでは，組織がどのように長期的に行動するかということが重要問題となるのである。進化論の考え方によると，組織も生物と同様，変異（variation），淘汰（selection），保持（retention），という進化パターンを通じて進化すると考える。そして，組織においても生態系の中での空のニッチ（niches）を占める過程を通じて進化するととらえる。しかし，生物的進化と社会的進化との間には基本的相違がある。生物は環境変化に一致して進化するが，人間社会は，人間の価値を表す選択過程によって，それ自身の将来を創りだすのである。したがって，進化モデルにおける組織の有効性の決定は，人間の価値を表す選択過程として作用することになる。この選択過程で重要な役割を果たすのが構成者の選好する価値内容である。構成者は，自らの選

好によって，組織の望ましい生存領域を限定し，それが組織の有効性となるのである。このモデルにおける有効性の評価では，バーナードが述べるような物的，生物的，社会的な環境の制約によって，組織の活動するニッチが限定されることになる。さらに，このモデルでは，時間の経過とともに人々の選好や環境の制約が変化するため，時間という次元も極めて重要となる。したがって，進化モデルでは，時間の経過とともに変化する構成者の選好に合わせて，組織がその活動領域を絶えず創造することによって満足させる組織を有効と評価するのである。

　進化モデルは，生物進化論の考え方を組織の有効性評価に適応しているわけであるが，確かに組織も生物と同様に環境変化に対応して進化するものであるといえる。したがって，生物の進化過程を解明することは，組織の有効性を解明するためには意義あることであろう。しかし，生物と組織の根本的違いは，生物が初めから遺伝情報を持っていて，その遺伝情報によって変異に応じて淘汰し適応していくのに対して，組織はそのような遺伝情報を持っていないという点にある。それゆえに，組織はそれ自身でどのような組織を創るか，どの活動領域でどの方向をめざすのかをそれ自身で決定するのである。このことは，人間組織は，自らの進化方向をコントロールすることによって，それ自身の将来を創るという極めて主体的な自律性を備えているということである。したがってそれはあらかじめ遺伝情報として与えられていないし，所与ではない。組織は，人々の望ましさや好ましさの価値によって形成されるのである。そして，この価値の問題こそ，有効性がさまざまに論議され，多様なアプローチやモデルが存在する理由なのである。進化モデルは，この多様な価値や意味あるいは選好をもった人々をどのように調整し新たな活動領域を創造するかを明らかにしない限り，組織の有効性をとらえることができないという問題がある。この問題が解明されない限り，進化モデルは，組織の有効性を捉えることができないであろう。

　さて，これまで今日における組織の有効性に関するアプローチを考察してきたわけであるが，いずれも組織の有効性を根本からとらえることができないという問題を呈している。最後に論じた進化モデルにおいても，組織の有効性の

評価としての構成者の選好の重要性を示してはいるが，その根本にある人々の価値問題の解明にまで至っていないことが指摘できる。さらに人間個々人の価値の問題は，バーナードに照らすならば，組織における個人の能率の問題を論じていかなければならない問題であることが理解できるだろう。したがって，今日における組織の有効性の概念は，目標アプローチにみられるような，組織目標の達成，特に，組織の短期的な組織目標達成ないし課業の達成という狭い概念でとらえるのではなく，個人および組織の有効性と能率，そして社会の発展を有意味に連関させた長期的観点からの組織の「有能性」をめざす概念でとらえた方がむしろ今日の組織の有効性の解明には必要であると考えるのである。

　つまり，参加者個々人の利益を犠牲にした，ある特定の人および他の人々の利益や，個々人の利益を犠牲にした組織全体の利益の増大を有効としてとらえるのではなく，個々人の相対立する要求や選好など（バーナード理論では個人の能率的側面）を配慮した上での調整を行い，統合するような新たな組織活動領域を創造することが重要である。そして，その活動が彼らの動機の満足と人間的成長を促進し，このことが組織全体の発展につながり，さらには社会および世界の発展に寄与することを意味している。

　また，これまでの考察から，組織の有効性や能率をどのようにとらえるかということの根底には組織観の違いがあり，さらにその組織観の根底には，個々の人々の多様な価値観があることが理解できる。そうであるならば，個々人の多様な価値観をどのように調整し，有能な組織の真の共有された価値を形成すればよいのだろうか。またこのことは，本来，個人的主観的な多様な意味や価値を持っている人々がどのように彼らに共有される意味や価値，あるいは目的を形成するかという問題と関連しており，いわば，組織化の問題も論議されなければならないだろう。

（4）組織の経営理念の具現化としての組織文化の確立

　さて，現代は価値多様化の時代と称されるように，人々の価値や意味は多様である。それは，もともと人間は個人ごとに異なり，個人の特性，つまり，個

性を持っているからである。人間は個人として独立した存在であり，別個の人格を持っている。人間は，それぞれ異なる価値，思想，規範，理想，意味，目標，欲求，感情，態度，選好などを持っている。いうまでもなく，それらは人々の間で必ずしも一致しているとは限らず，対立葛藤したりしている。このように互いに相対立している価値や意味，思考や感情，欲求や選好などを持っている人々が組織を形成し組織活動をするためには，それらが調整され，彼らに共通の価値や意味あるいは目的が形成されなければならない。機能主義的立場からすれば，組織における人々の共有する価値や意味を形成し組織的価値を組織全体に浸透させる，つまり，組織文化を確立する役割を担うのはまさに経営者であり，一般的には，その組織的価値は「経営理念」で表されることが多い。また，本来個人的間主観的な多様な価値や意味あるいは目的を持っている人々がどのように彼らに共有される意味や価値，そして，目的を形成するかということが問題である。このことは解釈主義的アプローチによらなければならないだろう。また，経営者は人々の多様な価値観をどのように調整し，組織活動を遂行するのか，経営者による価値のマネジメントは重要である。

　経営者は，組織のなかで価値が相対立するとき，それを解決する拠り所となるものは，すでに示したさまざまな有効性の価値基準をともに達成するような，組織における人々の共通の価値を形成することであるだろう。組織の成員がそれぞれの価値を主張し，彼ら彼女らの間で統一的な価値の共有が行われなければ，組織は無秩序化し混乱するだけである。意図的に混乱のなかから新しい価値を生み出す方向も考えられるが，いずれにしても最終的には何らかの価値の共有が行われなければ，われわれは，組織のなかで協働を営むことはできないであろう。組織における人々の共有する意味や価値は，一般に企業では経営理念で表されることが多い。そして，経営理念によって，組織のなかで人々の共有する意味や価値が形成され，組織活動のなかにその価値が真に浸透するとき，その組織独自の組織文化が確立されているととらえることができるのである。

第3節　組織の概念に関する変遷

　前節まで，現代における経営組織の意義や組織の有効性と能率の問題から，これからの望ましい経営組織のあり方について考察してきた。しかし，組織の概念を考える場合に組織論の各学派についても理解する必要がある。各学派については，第4章～7章で詳しく考察するので，本節では，1．古典的組織論，2．新古典的組織論，3．近代的組織論，4．適応的組織論，5．戦略的組織論，6．社会的組織論の6つに区分し，そのなかで主要な業績を掲げ，組織の概念の変遷について概観することにする[20]。なぜなら，組織の概念については，時代によって，また経営組織論の学派によって，その認識が大きく異なるからである。

図表1-1　組織概念の変遷

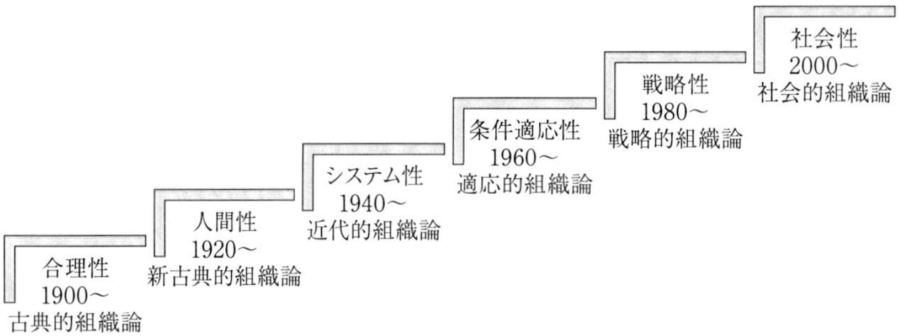

出所：岸川善光編著『経営組織』同文舘出版，30ページより引用し，一部修正の上，筆者作成。

1．古典的組織論

　経営組織論の出発点をどこに求めるかは，研究者によってさまざまな見解があるものの，①テイラー（F. W.テイラー），②ファヨール（H. Fayol），③ウェーバー（M. Weber）の3人の学説が典型として取り上げられていることが多い。

古典的組織論の組織観は，「組織とは，経営目的を達成するための手段であり，もっとも合理的な職能構造である」という認識を基本としている。したがって，その組織は，仕事の分化と分担の合理的な方法で行い，その結果編成される分業システムとしての職能構造を組織ととらえた。古典的組織論は，仕事の組織構造，管理過程などさまざまな視点から組織における合理性を追求したことが特徴とされる。

　①テイラーは，1901年以降は科学的管理の研究と普及に専念し，経営組織論や経営管理論の古典と呼ばれる『差別出来高給制』（A Principles of Scientific Management），『工場管理』（Shop Management, 1903），『科学的管理の原理』（The Principles of Scientific Management, 1911）などの業績がある。1912年に創立された「テイラー協会」を通じて，科学的管理はわが国にも急速に普及した。テイラーの科学的管理に対して，これまでさまざまな問題が指摘されるが，差別出来高給制度は，営業マンのノルマ制度や目標設定時のインセンティブとして多用されている。また，テイラーが提唱した職能別職長組織も，ライン・アンド・スタッフ組織として発展し，現代の組織の基本形態の1つとして存在する。

　②ファヨールは，テイラーとほぼ同じ時期に並び称される，フランスの古典的管理論・組織論の研究者である。フランスのコマントリー・フールシャンボール鉱山会社に入社後，技師，鉱業所長などを経て，経営危機に直面していた会社を立て直すために1888年に社長に就任した。ファヨールは，1885年以降無配を続けていた同社の経営を，新しい管理方式や組織の管理原則を適用することによって見事に再建してみせた。ファヨールは，経営者としての経験をふまえた業績を残し，主著『産業ならびに一般の管理』（*Administrative Industrielle et Générale*, 1916）に綴っている。また，晩年には「管理学研究センター」を設立し，経営管理論・組織論の研究と普及に貢献した。

　③ウェーバーは，組織の目的達成を効果的に実現する合理的な組織構造として，官僚制組織を提唱した。ウェーバーの経営組織における構造的問題を体系的に検討した記念碑的な労作は，1920年に刊行された『プロテスタンティズムの倫理と資本主義の精神』（Die Protestantische Ethik Und Der Geist Des Kapitalismus, 1920）と，1922年に刊行された『支配の社会学』（Soziologie der

Herrschaft, 1922) などである。ウエーバーの官僚制組織とは，所与の目的を達成するための合理的なシステムのことである。官僚制組織の原型は，一元的な権限の階層的秩序に基づいて，上司が職位の権限を行使して部下の行動をコントロールし，それによって彼らの活動の調整を図る機能的連関の，重層的な階層的連鎖が，トップから底辺にまで貫徹する中央集権的な管理組織にほかならない。

このように，古典的組織論は，主として仕事の仕組みとしての組織の構造や管理過程に焦点をあて，「合理性の追求」を目指したことに最大の特徴がある。

2．新古典的組織論

古典的組織論による合理性の追求によって，組織設計や組織運営の水準は飛躍的に向上した。しかし，あまりにも合理化された仕事の仕組みによって，組織における人間性が抑圧されることによる生産性の低下や人間の疲労の問題などさまざまな歪みが発生することになった。これを受けて登場したのが，①メイヨー（G. E. Mayo）とレスリスバーガー（F. J. Roethlisberger），②リッカート（R. Likert），③マグレガー（D. McGregor）④ハーズバーグ（F. Herzberg）⑤マズロー（A. H. Maslow）などの新古典的組織論である。新古典的組織論は，人間の集団，特に人間行動に焦点をあてることによって，新しい経営組織のあり方を提唱することとなった[21]。

古典的組織論は「合理性の追求」を第1に考え，業務遂行の構造と，その業務を効率よく動かす管理過程を中心に考察が行われてきたが，新古典的組織論では，極度の「合理性追求」に対する反動もあり，業務を遂行する人間主体の側面が研究対象となる。

新古典的組織論では，人間行動を理解し，その行動を組織目的に結びつけるための条件設定を重視するため，人間関係，モチベーション，リーダーシップ，コミュニケーション，教育訓練などについて考察され，管理者がその役割を果たすために有意義な知見と実践的方法を提供している。

また，新古典的組織論は，経営組織論の一分野として組織行動論とも呼ばれており，経営組織論の対象である個人と集団に着目した場合はミクロ組織論，

「組織の中の人間行動」を研究領域とする組織行動論とも呼ばれている。本書においても，古典的組織論は，第4章以降でさらに詳しく論じている。

3．近代的組織論

現実の経営組織は，古典的組織論で最も強調された，仕事のための合理的構造としての側面と，新古典的組織論で強調された，仕事を行う人間主体としての側面を合わせ持つ複雑な統一体である。つまり，組織における合理性の追求というテーゼに対して，アンチテーゼとしての人間性の追求，この両側面を合わせるシステム性の追求として，統合理論が要請されることになる。近代的な経営組織論は，これまで述べた古典的組織論と新古典的組織論の統合理論として，近代的な経営組織論への道程を切り開いたといえる。

近代組織論は，先に述べた，組織を人間の協働システムとしてみる①バーナード理論を経て，組織を「意思決定（decision making）のシステム」とみなす②サイモン（H. A. Simon）および③サイアート＝マーチ（R. M. Cyert＝J. G. March）理論へと展開された。

バーナードにおいては，組織目的との関連で，組織における合理性の追求によって獲得される「有効性」と，人間性の追求によって規定される「能率」を踏まえた統合理論としての特性がみられる。

ところで，サイモンの研究分野は，経営組織論にとどまらず，経営管理論，心理学，コンピュータ科学など広範囲である。サイモンは1978年，組織内部の意思決定過程に関する先駆的研究によってノーベル経済学賞を受賞した。サイモンは，組織にはさまざまな組織構成員が存在し，どの組織構成員も個人の目的を達成するために組織に参加する。したがって，組織目的は個人目的が直接的あるいは間接的に反映されるはずであるという仮説から，組織における人間行動の分析を踏まえて，経営行動を分析するという分析手法を採用した。

しかも，サイモン分析は，人間行動が行為そのものとしてではなく，行為に先立ってなされる選択，つまり，意思決定の過程として把握されることに最大の特徴がある。

また，サイアート＝マーチの『企業の行動理論』（A Behavioral Theory of the

Firm, 1963) は, 企業理論と組織論の統合理論の試みとして, さらに, バーナード＝サイモン理論の継承・展開としても高く評価されている。

近代的組織論は, 行動科学的なフレームワークを用いる点では, 新古典的組織論と共通しているが, その中心的な認識対象は, 公式組織の意思決定である。しかし, 公式組織の意思決定および行為は, 現実には, 「組織の中の人間行動」なのである。近代組織論のアプローチは, 技術論ではなく, 組織の本質や性格に関して記述的分析を行うことに特徴がある。

4. 環境適応的組織論

今日の経営組織論において, 企業と環境との関係は, 理論的にも現実的にも極めて重要課題である。経営組織と環境との関係を論じる研究者は多いが, 条件適合性や相対性を強調するものとしては, （1）バーンズ＝ストーカー (Burns, T. = Stalker, G. M.), （2）ウッドワード (Woodward, J.), （3）ローレンス＝ローシュ (Lawrence, P. R. = Lorsch, J. W.) などがあげられる。

（1）バーンズ＝ストーカー (1968) は, 伝統的な産業からエレクトロニクス分野に進出したスコットランドの企業 20 社の事例研究を行った。事例研究の目的は, 環境（特に, 技術と市場）の変化とそれに対応するための企業の管理システムとの関係を明らかにすることである。この事例研究を通じて, バーンズ＝ストーカーは, 「機械的システム」と「有機的システム」という概念を開発した。

「機械的システム」の特徴は, ①職務の専門化, ②権限・責任の明確な規定, ③組織の階層化, ④テクニカル・スキルの重視, ⑤上司および組織に対する忠誠心などであり, ウェーバーの官僚制組織モデルに極めて近い。

「有機的システム」の特徴は, ①職務の融通化, ②相互作用による調整, ③ネットワーク型の構造, ④環境対応のためのスキル, ⑤組織の成長に対する貢献, などがあげられる。

事例研究の結果, 「機械的システム」は環境が安定的な条件下において適しており, 「有機的システム」は環境の不確実性が高まったときに有効性を発揮することが明らかとなった。

（2）ウッドワードは，英国製造業200社の実証研究（1953 - 1963）であるサウス・エセックス研究の主導者として知られている。ウッドワードの関心は，組織と技術（生産技術）との関係を明らかにすることであった。サウス・エセックス研究の結果，「技術が組織構造を規定する」という命題を生み出した。これは具体的には，採用する生産技術の複雑性が異なれば，それに応じて有効な組織化の方法も異なるということである。

（3）ローレンスとロッシュ（1967）は，条件適応理論（コンティンジェンシー・セオリー）の概念を提唱した。

ローレンス＝ロッシュは，組織の定義を「環境に対して計画的に対処できるように，個々のメンバーが様々な活動を調整し合っている状態」とし，組織の分化と統合のパターンと環境との関係に着目した。ここでの分化とは，「異なる職能部門の管理者の認知的・感情的志向の相違」であり，分化の程度は，①目標志向性，②時間志向性，③対人志向性，④構造の公式性の４つの次元で把握される。また，統合とは，「部門間の協力状態の質」であり，統合の程度は，①統合のパターン，②統合の手段，③コンフリクト解消の型，という３つの次元で把握される。また，環境の不確実性は，①情報の不確実性，②因果関係の不確実性，③フィードバックの時間軸，で定義される。

ローレンス＝ロッシュの実証研究の結果，組織―環境関係の仮説として，①環境が安定するほど組織の構造は安定する。②組織の構成員は，環境に適応する目標を発展させる。③組織の業績は，環境の要求する分化と統合を同時に達成することと関係がある，という３点を指摘した。

このように，環境適応的組織論は，「環境とは何か，環境をいかに認識し，いかに対応するか」ということに焦点をあてた理論である。そこでは「条件適応性の追求」が最も重要な課題となる。また，不確実性など企業内外を問わず与件（所与）とされている何物かを環境という。

環境適応的組織論では，あらゆる条件に普遍的に妥当する唯一最善の管理の方法や組織の存在を否定し，条件が異なれば有効な管理方法や組織化の方法も異なるという前提の下で，特定の条件ごとに，有効な管理方法，有効な組織化の方法を，実証的に追求することが最大の特徴なのである。

5．戦略的組織論

　環境適応的組織論は，環境（条件）というものの存在を明示的に研究テーマとして取り組むことによって，経営組織論の領域を拡大することにつながった。この環境という概念は，不確実性や他組織に限定せず，広く企業活動を促進しあるいは制約する外的要因と解釈し，外的要因との関わりの中で企業の将来の発展の方向を構築することを重視するのが戦略的組織論である。代表的な研究者は，（1）チャンドラー(Chandler, A. D. Jr.)，（2）アンゾフ（Ansoff, H. I.)，（3）ポーター（Porter, M. E.）などである[22]。

　（1）チャンドラーは，名門デュポン一族の1人であり，ハーバード大学の大学院教授として活躍した。米国経営史学会の第一人者としても有名であり，『組織は戦略に従う』（*Strategy and Structure,* 1962）や，『経営者の時代』(The Visible Hand, 1977）など多くの著作がある。チャンドラーは，環境の変化に創造的に対応した企業の経営戦略と組織構造の関係を，比較研究を通じて実証的に研究した。

　特に『経営戦略と組織』は，大企業4社（デュポン，GM，スタンダード・オイル，シアーズ・ローバック）を中心として，職能部門組織から「近代的分権制」組織としての事業部制組織への移行過程をまとめたものである。

　チャンドラーは，この4社の比較分析に基づいて「組織構造は戦略に従う(structure follows strategy)」という有名な命題を提唱した。この命題は，具体的には，企業は環境変化に対応するために新しい成長戦略（量的拡大，地理的分散，垂直的統合，多角化など）を採用する際，成長戦略の違いによって必要とされる組織構造が異なるというものであるが，彼らの比較分析がその裏づけとなっている。

　（2）アンゾフは，ランド・コーポレーション，ロッキード・エレクトロニクス副社長を経て，1963年にカーネギー・メロン大学の教授に就任した。その後，バンダービルド大学経営大学院教授として独自の経営計画論を展開するかたわら，シェル石油，GE，IBMなど多くの企業で経営コンサルティングにも従事した。アンゾフの著書は，『企業戦略論』(Corporate Strategy, 1965）と『最新・戦略経営』(The New Corporate Strategy, 1988）がある。

アンゾフは，意思決定の種類を，①戦略的意思決定（製品・市場の選択，多角化戦略，成長戦略など企業と環境との関係にかかわる意思決定），②管理的意思決定（組織機構，業務プロセス，資源調達など，経営諸資源の組織化に関する意思決定），③業務的意思決定（マーケティング，財務など各機能別の業務活動目標，予算など，経営諸資源の変換プロセスの効率化に関する意思決定）の3つに分類した。これらの意思決定の中で，アンゾフは，戦略的意思決定，特にどの市場分野に進出するかの決定は極めて重要なことから，製品・市場戦略を重視した。

1965年代の頃から多角化は製品・市場戦略は経営戦略の中心的課題であった。しかし，多角化によって成長の機会を見いだすことはなかなか困難であり，共通の経営資源を持たない分野に進出することによってリスクも大きくなる。多角化の動機は，一般的に①製品のライフサイクル，②利益の安定，③余剰資源の活用の3つに集約される。また，アンゾフによれば，多角化のタイプとしては，①水平的多角化，②垂直的多角化，③集中型多角化，④集成（コングロマリット）型多角化，の4つに分類される。

（3）ポーターは，1969年にプリンストン大学工学部を卒業後，ハーバード大学大学院に入学し，1973年に博士号を取得した。1982年には，ハーバード大学経営大学院の教授に34歳の若さで就任し，競争戦略の世界的権威として知られている。ポーターの主著は，『競争の戦略』（Competitive Strategy, 1980）および『競争優位の戦略』（Competitive Advantage, 1985）である。

ポーターの『競争の戦略』は，業界の魅力度と業界内の競争地位が収益性を規定するというものである。また，特定の事業分野における業界の収益性を規定する要因として，①新規参入の脅威，②代替製品・サービスの脅威，③買い手の交渉力，④売り手の交渉力，⑤業者間の敵対関係，の5つをあげている。

さらに，ポーターは，競争優位のタイプおよび顧客のターゲットの範囲という2つの概念を組み合わせて，①コスト・リーダーシップ論，②差別化戦略，③集中戦略，という3つの基本戦略を提示した。

ポーターの『競争優位の戦略』では，競争優位を診断し，強化するための基本的なフレームワーク（分析枠組み）として，「価値連鎖（value chain）」という新たな概念が提示された。価値連鎖は，企業のすべての活動およびその相互関係

を体系的に検討するためのフレームワークで，主活動と支援活動の 2 つによって構成される。ここでいう価値とは「顧客が企業の提供するものに進んで支払ってくれる金額のこと」である。

価値連鎖の主活動として，①購買物流（原材料の仕入れ・品質検査など），②製造（組立・テストなど），③出荷物流（受注処理・出荷など），④販売・マーケティング（広告宣伝・販売促進など），⑤サービス（修理など）の 5 つがあげられる。

価値連鎖の支援活動として，①全社活動（企業全体の経営管理），②人事・労務管理（募集・賃金管理など）③技術開発（オートメーション・機械設計など），④調達活動（原材料・エネルギーなど）の 4 つがあげられる。

これまでみてきたように，戦略的組織論は，環境という概念を不確実性や他組織に限定せず，広く企業活動を促進しあるいは制約する外的要因として解釈し，外的要因との関わりの中で，企業の将来の発展の方向を構築することを重視している。そして，戦略とは企業と環境との関わりにおける，環境適応のパターンであるといえるのであり，戦略的組織論では戦略性の追求を主眼に置いていることが大きな特徴といえる。

6．社会的組織論

社会的組織論は，従来の経営組織論の枠組みを拡大して，「企業と社会」がどのようなかかわり方をするか，社会的ニーズをどのように取り込むかなど，いわば「社会性」を追求する経営組織論である。

社会的組織論について考察する場合，さまざまな観点があるが，社会的組織論が時代の要請となりつつあることを，現代の企業の社会的責任である，CSR（Corporate Social Responsibility）を中心として述べたい。

2000 年代以降，持続可能な発展を求めるグローバルな潮流を受けて，日本においても CSR が広範に問われるようになったことで，企業に期待される役割も変化してきている。

単に理念的に企業倫理を語るだけではなく，また，単に企業不祥事に対してコンプライアンス体制を整えるというレベルではなく，ローカルあるいはグローバルな市場社会において，社会的に責任ある企業としてどのような対応を

行っていくのか，ということが問われている。さらに，今日，議論されている CSR は，経済的責任，法的責任，倫理的責任，社会貢献責任まですべて含み，経済的業績のみならず，社会的業績，環境業績をも達成することを意味している。この CSR の履行には，ステイクホルダーとの間に良好な関係を構築する必要があるばかりではなく，ステイクホルダーと対話し，パートナーシップを構築することも有用になっている[23]。

　このことは，企業と社会との関係をとらえる場合に，企業の側から市場としての社会としてみることに加えて，広く社会の側から企業をみることが必要となる。社会から企業をみるという観点から経営組織を認識すると，自ずと経営組織の対象は拡大することになる。そこでは，経営組織に求められるものとして，従来からの市場性，営利性，効率性に加えて，社会性，倫理性，人間性，コンプライアンス（法令遵守），価値観，ビジョナリー性などが重視されることになる。

　企業と社会の関係は，システム論的にいえば，サブシステムと全体システムの関係にある。経営組織も社会の中に存在するのであるから，経営組織の発展が社会の存続・発展の原動力となる。他方，経営組織の活動は，社会性や人間性，倫理性そして法令遵守を無視した不祥事を起こし，社会の存続・発展の阻害要因になることも多いのが現実である。これからの経営組織は，社会性，人間性，倫理性，法令遵守を前提とした上で，市場性，営利性，効率性を追求することが望まれている。そのような経営組織こそ，ビジョナリーな経営組織なのである[24]。

【注】

（1）Barnard, C. I., *The Functions of the Executive*, Harvard University Press, 1968（The 30th Anniversary Edition), p.73.（C. I. バーナード著，山本安次郎・田杉　競・飯野春樹訳『新訳　経営者の役割』ダイヤモンド社，1996 年，76 ページ）

（2）*ibid.*, pp.3-8.（同上訳書，3～7 ページ）

（3）*ibid.*, p.10.（同上訳書，14 ページ）

第 1 章　経営組織の特徴と基礎概念　31

（ 4 ）*ibid.,* p.65.（同上訳書，67 ページ）

（ 5 ）Drucker, P. F., The Ecological Vision, New Brunswick, 1993, pp.138-143.（上田惇生・佐々木実智男・林正・田代正美訳『すでに起こった未来』ダイヤモンド社，1994 年，107 ～ 114 ページ）

（ 6 ）Barnard, C. I., op. cit., pp.77-78.（同上訳書，80 ページ）

（ 7 ）村田晴夫『情報とシステムの哲学』文眞堂，1997 年，150 ページ。

（ 8 ）飯野春樹『バーナード研究─その組織と管理の理論─』文眞堂，1978 年，88 ページ。

（ 9 ）村田晴夫「構造と主体─バーナードの公式組織の概念をめぐって」『武蔵大学論集』第 26 巻第 2 号，1978 年 8 月，61 ページ。

（10）Barnard, C. I., op. cit., 1938 or 1968, p.19.（前掲訳書，20 ページ）

（11）*ibid.,* p.195.（同上訳書，204 ページ）

（12）*ibid.,* p.91.（同上訳書，95 ページ）

（13）*ibid.,* pp.43-44.（同上訳書，45 ページ）

（14）*ibid.,* p.44.（同上訳書，45 ページ）

（15）*ibid.,* pp.92-93.（同上訳書，96 ～ 97 ページ）

（16）*ibid.,* p.82.（同上訳書，85 ページ）

（17）*ibid.,* p.21.（同上訳書，22 ページ）

（18）伊丹敬之・一橋 MBA 戦略ワークショップ『企業戦略白書Ⅲ─日本企業の戦略分析：2003』東洋経済新報社，2004 年，66 ～ 67 ページ。

（19）組織の有効性（organizational effectiveness）の研究は，組織論の中心的テーマとして，C. I. バーナードを始め，様々な観点から多様な研究者によってなされているが，ここでは今日までの有効性アプローチとして，T. Connolly, E. J. Conlon and S. J. Deutsch にしたがっている。また，狩俣正雄においても，今日の主要な有効性アプローチとして，①目標アプローチ，②システムズ・アプローチ，③多元的構成者アプローチ（多元構成者モデル，支配連合体モデル，社会正義モデル，進化モデル）に分類している。Connolly, T., Conlon, E. J., and Deutsch, S. J., "Organizational Effectiveness : A Multiple Constituency Approach", *Academy Of Management Review,* Vol.5, No.2, 1980. pp.3-15.

（20）組織概念の変遷においての 6 つの区分は，岸川善光（2015）を参照した。岸川善光『経営組織要論』同文舘出版，2015 年，30 ページ参照のこと。

（21）新古典的組織論については，下記の文献も参照されたい。佐久間信夫・坪井順一編著『リーディングスリニューアル経営学　第三版　現代の経営管理論』学文社，2016 年参照のこと。

（22）チャンドラー，アンゾフ，ポーターについては，次の文献を参照されたい。Chandler, A. D. Jr., *Strategy and Structure,* The MIT Press, 1962.（有賀裕子訳『組織

は戦略に従う』ダイヤモンド社，2004年）

Chandler, A. D. Jr., *Giant Enterprise,* Brace & World Inc, 1964. （内田忠夫・風間禎三郎訳『競争の戦略』ダイヤモンド社，1970年）

Chandler, A. D. Jr., *The Visible Hand:The Managerial Revolution,* The Belknap Press of Harvard University Press. （鳥羽欽一郎・小林裟裟治訳『経営経営者の時代』東洋経済新報社，1979年）

Ansoff, H. I., *Corporate Strategy:An Analytic Approach to Business Policy for Growth and Expansion,* McGraw-Hill, 1965. （広田寿亮『企業戦略論』産能大出版部，1969年）

Ansoff, H. I., *Strategic Management,* The Macmillan Press, 1979. （中村元一訳『戦略経営論』産能大学出版部，1980年）

Ansoff, H. I., *The New Corporate Strategy,* John Wiley & Son, 1988. （中村元一・黒田恒彦訳『最新・経営戦略』産能大学出版部，1990年）

Porter, M. E., *Competitive Strategy,* The Free Press, 1980. （土岐坤・中辻萬冶・服部照夫訳『競争の戦略』ダイヤモンド社，1982年）

Porter, M. E., *The Competitive Advantage,* The Free Press, 1985. （土岐坤・中辻萬冶・小野寺武夫訳『競争優位の戦略』ダイヤモンド社，1999年）

(23) 社会的組織論，特にCSR論については，以下の文献を参照されたい。

森本三男『企業の社会的責任の経営学的研究』白桃書房，1994年。

谷本寛治編著『CSR経営―企業の社会的責任とステイクホルダー』中央経済社，2006年。

谷本寛治『責任ある競争力―CSRを問い直す』NTT出版，2013年。

(24) ここでビジョナリー・カンパニーとは，ビジョンを持っている企業，先験的な企業であり，業界で卓越した企業，同業他社の間で広く尊敬を集め，大きなインパクトを世界に与え続けてきた企業である。そして，重要な点は，ビジョナリー・カンパニーが組織であるという点である。Collins, J. C. & Porras, J. I., *Built To Last:Successful Habits of Visionary Companies,* HerperBusiness, 1994, pp.1-21. 参照のこと。

第2章
経営戦略主導の組織デザイン

　これまで，経営組織の特徴と基礎概念を紹介してきたが，チャンドラー（Chandler, A. D. Jr., 1962）の「組織は戦略に従う」という命題のように，経営戦略と組織とは明確に2分化されて考えられてきた[1]。そして，意図された戦略を最も効果的に実施できる組織構造のあり方が考察されてきた。しかし，プロセス論の立場に立てば，①戦略は，一連の意思決定の累積的結果であって，しかも，さまざまな要因の相互作用から成り立っていることから戦略と組織との区分は実はきわめて曖昧なことである，②組織構造という概念が事業部制や機能別組織といった「組織形態」の議論に限られて論じられることが多いが，組織とは，形態とか公式構造だけの問題ではなく，広く人々の行動や組織過程を織り成すダイナミックなものである，という批判がでてくる。こうした批判に対して，現在では戦略と組織の相互浸透を図ろうとする動きがある[2]。

　企業経営において，戦略と組織は密接な関係があることはいうまでもない。本章では，これまでの経営戦略の諸理論における戦略と組織の2分法を論じた上で，戦略と組織の相互浸透をめざして経営戦略との関連で組織的な側面をさらに検討していく。

第1節　経営戦略と組織の関係

　企業がどのような意図をもっているかに関係なく，環境というものは変化する。特に今日の企業を取り巻く環境は，不確実に激変し続けている。企業は，自らが存続し，成長・発展，そして進化するためには，この環境変化を無視す

ることはできない。なぜなら，企業も環境の中で存続し発展するものだからである。

　企業が成長し発展するためには，環境変化に対応して受身的に適応するのみならず，環境変化を先取りし，それに適合するように企業行動を変えるなどの自律的な営みが必要となる。この企業行動に，ある一定の方向性や指針を提供し，その企業の経営理念やミッション，そしてあるべき姿・ビジョンを具現化しようとするものが経営戦略にほかならない。いいかえれば，企業の長期的発展のための将来構想をなし，具体的に表示したものが経営戦略である。

　企業は環境に対応することによってその存続と発展を確保することができるのであるが，企業の環境対応において鍵となるのが経営戦略なのである。

　しかし，経営戦略の立案においては，企業の経営資源を無視したものであるならば，その実現は困難となる。また，経営戦略が環境との関係において適切でないものならば，企業の長期的成長と発展は望めない。したがって，このような分析的な戦略研究にしたがえば，経営戦略は企業の存続と発展のために不可欠な環境対応のために，長期的視点から基本構想を練り，企業の進むべき方向，努力を集中すべき対象，資源展開のパターンを定めたものであるということができる。そして，この戦略を実際に実行していく場が「組織」であるということになる。

　企業は，環境変化を鋭く洞察しながら，その変化に適合させて，限られた経営資源を最大限に活用できるように組織化し，かつ，進むべき方向に努力を集中させることが重要である。戦略・構想がいかに優れていようとも，それを実現させる諸資源の組織化や，実際に戦略を実行する場としての組織そのものがうまく機能しなければ，机上の空論にすぎない。また逆に，遥か彼方を見通す目と大局的かつ長期的なビジョンと目的を持たない企業は，小手先の思いつきのみで資源配分を行い，企業全体としての資源の組織化に失敗する。それは環境に一時期は適応しているようにみえ，成果を上げることもあるが，長期的に適合させ続けることは難しいのである。したがって，経営学の分野において戦略という概念に初めて明確な規定を与えたとされる，チャンドラーにおいてさえ，その関心は経営戦略を真に具現化・実行するための組織に向けられたので

ある[3]。

　企業経営の発展の鍵は，経営戦略にあるという考え方や，むしろ組織にある
という考え方は，どちらか一方を優先させたとらえ方である。しかし，戦略と
組織とは相互依存の関係にあるということを認識しておかなければならない。

第2節　戦略と組織の2分法の意義

　戦略と組織とが相互依存の関係にあるならば，これまでの多くの経営戦略研
究が2分化のアプローチをとってきたのはなぜだろうか。アンドリュース
(Andrews, K. 1971) は，戦略策定（経営戦略）と戦略実施（組織）という2段階を
とる[4]。

　戦略策定は，①環境における機会と脅威の分析，②自社の内部資源の強みと
弱みの把握，③自社の社会的役割，④経営者の価値観，から成り立つ。そし
て，戦略実施は，①組織構造，②組織プロセスと行動，③トップのリーダー
シップ，から成り立つ。これらの要素が相互作用し，経営戦略という1つの行
動パターンが作り出されるととらえるのである。アンドリュースにあっては，
戦略策定（経営戦略）と戦略実施（組織）の2分法というよりも2段階にとらえ，
これらが相互に作用することで最終的に経営戦略という1つの行動パターンが
形成されるのであり，経営戦略の概念がきわめて包括的で広義の概念として用
いられている。

　また，GM の中興の祖であるスローン (Sloan, A. P., Jr. 1963) によれば，ポリ
シーの作成は，実行から分離し独立させることが肝要であると考えたのは，戦
略的意思決定と業務的意思決定を峻別することによって，短期的な問題ばかり
に目をうばわれないようにし，長期的な政策決定を忘れないようにするためで
あったのである[5]。ここで，政策策定と決定が戦略策定を意味し，その政策
実施を行うのが組織である。

　経営戦略と組織の2分法の意義は，経営戦略におけるきわめて長期的視点か
らの理念・ビジョン・ミッションならびにポリシーを確固としたものにし，そ
の方向性に向かって実行することの重要性を示すことにあるといえよう。戦略

なき実行は，その企業の哲学や理念，方向性がないままに短期的業績のみに焦点が注がれ，やがては存在意義を見いだせないままに消えうせるであろう。

このように伝統的理論では，戦略論は戦略論，組織論は組織論というように２分化して展開してきた。そして意図された戦略を最も効果的に実施できる組織構造のあり方が、その後に探索されることになるのである。

第3節　経営戦略の発展に伴う組織構造の変化

経営戦略と組織が相互依存関係にあるならば，経営戦略に対応させて，組織についても理解を深めなければならない。まず，組織構造の側面からみていくことにしよう。組織構造とは，通常，組織内外でさまざまな構成要因の間で相互作用が繰り返され，それらが積み重なって次第に比較的安定的な関係に到達する。その安定的な相互依存関係が組織の原型であり，構造であるということになる。簡潔にいえば，構造とは「組織メンバー間の相互作用の安定的なパターン」などの表現で説明される。

チャンドラーによれば，構造とは企業を管理するためのデザインである。ここでのデザインとは，それぞれの管理部門間のライン権限とコミュニケーション，およびそこを流れる情報とデータを公式および非公式に定義することにある。また，ガルブレイス＝ナサンソン（Galbraith and Nathanson, 1978）によれば「組織構造とは，生産，財務，販売といった役割へと職務を分割したり，さらに機能，製品，地域，市場別に部門とか事業部へと職務を再配置し，この役割構造全般にパワーの配分を行なうもの」[6]である。

組織構造とは，建築物の構造のように視覚できる物や形で把握できるというよりも，人間（組織メンバー）間の安定的で予測可能な関係を意味しているのである。

現実の企業は，多様な組織構造を採用しているが，その代表的な構造は，次のような要因によって関係づけられる。

1．構造を形成する典型的要因
（1）専門化・分業

　通常，われわれは組織において，組織の仕事をそれぞれ分割し，一人一人に割り当て，分業によって仕事をこなすことによって，各人は割り当てられた仕事に集中することが可能となり，熟練・専門化していく。組織をデザインする視点からすれば，問題は，専門化するか否かというよりも，どの程度の範囲でどのようにそれを行うかということである。アメリカ経営学の源泉とされるテイラーの科学的管理法では，個々人の行う仕事は，専門化（細分化）・標準化・単純化すべきであると考えられていた。仕事を細分化し，かつ，単純化することで機械のように正確な仕事が人間によって成し遂げられ，それが生産性向上につながると考えたのである。

　しかし，今日の組織内外の環境変化により，その重点は，特定分野での経験を蓄積することによる技能や知識の高度化へとシフトし，機械に不可能な，人間の持つ知識創造能力が鍵となっている。

（2）部門化

　専門化・分業が個人レベルの概念であるのに対し，集団レベルでの分業・専門化は，部門化ということである。部門化の基準としては，技能・知識，機能，時間，製品・サービス，顧客・市場，場所などがある。

（3）標準化

　組織の標準化の意味は「一定の型にはめる」あるいは「一定の手順で仕事をすること」の意味である。人間が組織を形成し，協働していく上で，好き嫌いにかかわらず，社会のあらゆる場面で標準化は不可欠のものである。しかし，標準化の行き過ぎは組織に硬直性をもたらし，柔軟性に欠き，組織内外の環境変化にうまく対応できなくなる。

（4）公式化

　公式化とは，組織内の規則・手続きなどを決定し，それを明文化・文書化に

より明らかにするものである。公式化も行き過ぎれば仕事の効率性を阻害する要因になるが，組織の意思決定に一貫性，客観性を保つためには，公式化は不可欠である。また公式化された仕事の手続きや組織内に蓄積された経験，ノウハウなどは，先人たちの知恵を公式化という形で継承することであり，組織にとって貴重な財産である。

（5）分権化および集権化

分権化および集権化とは，組織の権限委譲の程度を示す概念である。権限がトップ・マネジメントなどの組織の上層部に集中する程度が高い場合は「集権的」と呼び，逆に現場や下層部にも権限が委譲される程度が高い場合には「分権的」と呼ばれる。一般に分権化と集権化は対極概念として使用される場合が多いが，両者は組織における集権化と分権化の程度の差を示す概念であり，1つの連続的な尺度の両極に位置する概念である。

近年，組織の現場レベルまで権限を委譲する分権化の方向が推奨されることが多い。一方，日常業務に関しては，権限委譲は効率的であるが，組織の創業期や変革期などでは，むしろ，一時的に集権化を行う必要もある。

（6）官僚制

ウェーバー（Max Weber, 1864 - 1920）の示した官僚制の特徴としては，①規則に基づく明確な権限体系，②階層性，③文書による業務処理，④専門化，⑤フルタイム労働による職務の遂行，⑥専門的知識習得，があげられる。官僚制においても，集権化と分権化の部分で論じたように，程度の問題としてとらえる必要があるだろう。確かに，極度の官僚制は組織の不適応を引き起こすであろうが，文書主義や規則，専門的知識などは組織にとって必要不可欠なものである。

以上，構造を形成する典型的な6つの要因を示したが，これらの要因は典型的なものであり，組織構造要因のすべてではない。組織構造の形成に当たっては，この6つの要因以外の諸要因も含意し，それらの相互作用プロセスの探求が重要であろう。

そこで，まず，この6つの要因と関連させながら，構造を決定するもう1つの代表的な要因としての組織形態の類型をみてみることにする。

第4節　構造を形成する組織形態の類型

1．ライン組織 (line organization)

　組織の最も原初的で基本的な形態はライン組織である（図表2－1①）。それは，権限が階層の最上位から最下位まで直接的につながっており，しかもその権限行使が包括的になされるものである。したがって，この組織形態は「命令の一元化」にきわめて有効なものである。ライン組織においては，命令系統および責任と権限がきわめて明確であり，命令が迅速に伝達される，秩序や規律の維持も保たれやすいなどの長所が考えられる。

　しかし，組織が複雑になってくると，トップへの権限集中がかえって責任過大となり（集権化），1人の能力には限界があることから，すべての職務を処理することができなくなる。また，組織階層の数が増すことで，コミュニケーションにも時間を必要とすること，同一階層相互間のコミュニケーションが困難になるなどの短所も指摘される。ライン組織の短所を解消すべく提唱されたのが，ファンクショナル組織である。

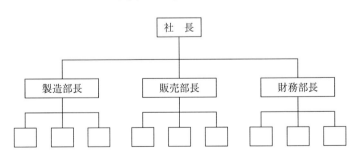

図表2－1①　ライン組織

2．機能部門別組織 (functionally departmentalized organization)

　ゼネラル・マネジャーとしての社長のすぐ下位の階層に，機能別に分割された部門を配置する管理組織構造を，機能部門別組織と呼ぶ（図表2－1②）。その場合の機能とは，企業活動の全体を，主に価値循環の流れに基づいて分割した単位的な機能，つまり，生産・販売・研究開発・技術などの諸活動を意味するものと解される。各機能部門の長は，部長と称され，社長に対してその専門的職務遂行の責任を負う。この意味で（専門）職能別組織とも呼ばれる。これらの職能の間には，緊密な相互依存関係があり，部門間の計画や活動を調整する必要がある。この調整は，ゼネラル・マネジャーとしての社長，あるいは社長と各部長との協議によって合意形成される。

　しかし，企業規模が巨大化し，製品の多角化戦略を展開している場合は，部門間の調整に大きな努力を強いられることになり，トップの戦略形成に遅滞や困難が生じてくる可能性がある。また，製品の多角化を進められた場合には，操業度の変化にも遅滞が生じやすくなるという短所を持っている。

　しかしながら，この組織形態は，専門化（specialization）の利点が活かせるという本質的な長所がある。したがって，環境が定常状態にある期間は，各職能部門における職能的専門化の進展を可能とし，規模の経済が追求できるという利点がある。さらに，限られた製品―市場分野の中で企業活動している場合には，操業度の変化調整がきわめてやりやすい。以上，機能部門別組織は，定常

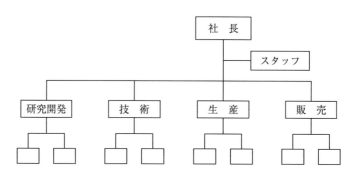

図表2－1②　機能部門別組織

的な効率性の追及に適した組織であるといえる。

3．ライン・アンド・スタッフ組織

　これまで説明してきたライン組織，機能部門別組織は，2つの基本的な管理原則である「命令一元化の原則」「機能分化の原則」とをそれぞれ具体化したものであるが，その論理を徹底させればさせるほど，各々の組織は欠点をもあらわしてくる。そこで命令一元化の原則を基礎として，機能分化の原則をも実現しようとする組織形態がライン・アンド・スタッフ組織である（図表2－1③)。

　経営規模が大きくなるにつれて，ライン組織にみられるような責任と権限を包括的に行使することが困難になってくる。そこで，それぞれの専門的事項についてスタッフを置き，ラインはスタッフから専門的助言と勧告とを得て，直面する諸問題に対処することができるようになるのである。この組織形態は，ライン組織が骨格をなしており，スタッフは公式の決定権・命令権を持っておらず，専らラインに対して助言や勧告の役割を果たす。しかし，実際には，スタッフの権限逸脱行為はかなり日常的にみられる現象であって，組織内抗争の根本的な原因の1つとなっている場合が少なくない。

図表2－1③　ライン・アンド・スタッフ組織

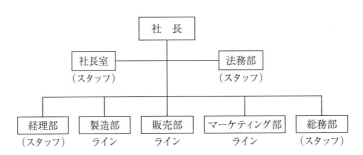

4．事業部制組織 (divisional organization)

　事業部制組織は，トップ・マネジメントのすぐ下に，製品別あるいは地域別に事業部と称される組織単位を設けた組織構造であり，機能部門別組織が異質の多種製品を生産・販売するように発展した場合に，それに対処するために形成されたものである（図表2－1④）。事業部制組織における各事業部は，生産のみならず販売，財務，といった各種の企業機能を包括した権限が与えられている。基本的に事業部は，1つの独立企業のごとく，利益単位 (profit center) となっているのである。つまり，各事業部の自律性は高く，独自のゼネラル・マネジャーをもち，一定の製品および市場に関する業務上の決定ならびに実行を行う権限と能力が与えられているのである。

　そして，本社機構は，業務的な活動から開放され，事業部間の資源配分をも含めた企業の長期的な発展に関する戦略決定に専念するトップ・マネジメント・グループと，事業部に対して助言とサービスを与える本社スタッフから構成される。

　事業部制組織の長所は，①本社機構が業務的意思決定から開放され，戦略的意思決定に専念できるため，環境変化に対する戦略的な変化対応能力が高められる，②各事業部は，各々自律的であるから，一定の限られた環境変化に対してより迅速に柔軟性をもって対応できる（業務的な変化対応能力の増大），③各事業部が取り扱う業務上の範囲ならびに関連範囲は，事業部内に限定されるた

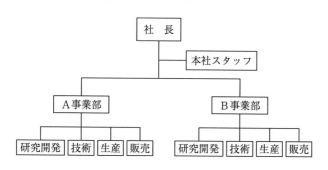

図表2－1④　事業部制組織

め，取り扱う問題の明確化・単純化がなされ，部門間の調整・統合のための情報伝達・意思決定の負荷が削減できる，④各事業部は，各々の関連環境にうまく適合した意思決定や物の見方，志向を生み出し，異質な環境に対応できるようになるということである。しかし，事業部制組織は，各事業部ごとに独立の職能部門を持つため，企業全体としては，重複の不経済や職能的専門化の利益を部門間で享受できないという欠点も併せ持つ。

5．マトリックス組織 (matrix organization)

　マトリックス組織は，機能部門別組織と事業部制組織の長所を折衷しようとするものである（図表2－1⑤）。機能部門別と製品または市場別部門の二重あるいは三重の命令系統を持つことが特徴とされる。マトリックス組織は，この複数の命令系統を持つことにより，機能および製品あるいは地域（市場）に関する調整を同時に行うことができる。さらに，多元的な命令，報告経路を持つことによって，より迅速で柔軟な情報伝達が可能となる。機能（職能）ならびに製品あるいは市場の双方についてそれぞれの熟練や専門の高度化をなすことができる。

図表2－1⑤　マトリックス組織

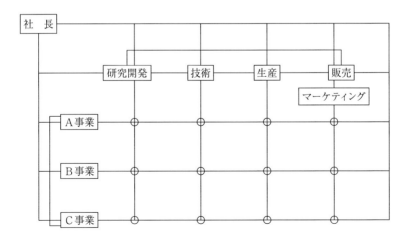

しかしながら，マトリックス組織では，二重・三重の命令系統が存在することで，組織上の混乱が生じ，逆にうまく機能しないということも多くあるということである。マトリックス組織形態をうまく使いこなせず，失敗している企業のほうが多いのである。近年，マトリックス組織形態で成功している企業に，ABB（アセア・ブラウン・ボベリ）社があげられる。しかし，ABBのグローバルマトリックス組織は，20年前に米国の大企業が競って導入し，失敗したマトリックス組織とは，異なるものである。したがって，後述する，新しい組織の方向性の部分で詳しく述べることにしたい。

以上5つの基本的・代表的組織形態を示したが，これらは組織構造を形作る代表的公式形態であって，組織形態＝組織構造なのではない。この他にも多様な組織構造の形成要因が存在するのである。

チャンドラーは，アメリカの巨大企業70社の歴史的研究の中から，経営戦略と組織構造の関連を見いだした。その関連とは，まず，①組織構造はその企業の採用した成長戦略にしたがうものであること，②アメリカの企業の戦略と構造には段階的な発展があること，③組織構造の変革は問題を引き金にして起こる，というものである。これまでの経営戦略と組織構造との関連研究は，チャンドラーの3つの仮説の検証と展開に向けられ，その精密化がなされてきたといってよいであろう。しかし，日本とアメリカの企業発展の歴史をみると，その構造は，アメリカ企業が，組織形態に重点を置いたのに対し，日本では形態よりもプロセスに重点を置いている点が指摘できる。日本企業の場合は，日本企業の意思決定の仕方，人と人との接触を通じた価値と情報の共有，弾力的なコミュニケーションプロセスが，組織を真に機能させたという見解が多い[7]。

つまり，コンセンサスによる意思決定，組織下位のメンバーに自由裁量があり企業の重要な意思決定に部分的ではあるが参加できること，また，頻繁なコミュニケーションと価値注入によって企業の戦略や目標・価値がメンバーの行動の中に制度化され，独特の企業の組織文化を形成していることにあり，日本企業の場合はむしろ構造としての仕組みよりも，「人」という要因を通じての組織の人間行動に重点が置かれているといえよう。この意味で，日本企業の組

織特性は，公式的には戦略にしたがっているが，むしろ戦略をいかに「実施」するかという実践のほうに関心が高いともいえるだろう。

日本企業は柔軟性に富み，実施に適した組織なのである。しかし，A. P. スローンの指摘にみられるように，戦略よりも組織に極度に偏重することは，短期的業績志向になりがちであり，進むべき方向の見えぬままに船をこぐようなものであり注意すべきである。戦略を真に機能させるためには，その戦略の価値が組織成員の行動の中に織り込まれなければならないのである。

第5節　組織構造の成長と進化

組織はその経営戦略の発展にしたがってその構造を進化させていく。しかし，この構造に変化をもたらすものは，経営戦略以外にもさまざま存在している。具体的には，形態変容的な変化，組織の規模，グローバル化，IT によるコミュニケーション技術の高度化（同期化，双方向化），制度化，トップのリーダーシップ，業績評価基準の進化，キャリア経路の変化，マネジメント能力の変化，権限・責任概念および権限・責任関係の変化，組織文化の変化，組織学習による知識創造，組織構成員や顧客の価値観の変化など，さまざまな変化要因が考えられる。これらの変化要因の複雑な相互作用から，組織は構造を変えて環境適応を果たそうとするのである。

したがって，組織構造とは，組織形態のみならず，先に示したすべての変化要因を含み，それらが複雑に相互作用をなし，次第に安定した予測可能な組織行動パターンとして確立されたものとして包括的な概念でとらえた方がよいかもしれない。

本章では，まず，形態変容的な変化を中心にみていきたい。組織構造における形態変容的な変化とは，生態学の変態モデル（metamorpho-sis model）に比喩できるものである。進化は，決して平坦で連続的なものではなく，その企業の戦略と組織構造が急激に，不連続に，しかも本質的に変化を遂げるということを示唆している（それは，幼虫がさなぎから脱皮して成虫に姿を変えるような変態にたとえられよう）。また，自分で自分を創りかえるような自己組織的な営みがなけれ

ば発展も成長もないのである。現在の組織構造は，日常的でルーティンな変動には対処できるが，技術革新といった長期的でドラスティックな変化に対しては，すみやかに対処できないのである。つまり，組織構造は，限られた適応能力しかないため，外部環境変化との均衡を回復させるために，形態変容を必要とするのである。

より基本的な組織進化（形態変容）のアイデアとしては，スコット（Scott, B. R.）の3段階発展モデルがあげられる。それは，第1段階は単一機能段階，ついで第2段階が複数の機能を取り込んだ機能別組織の段階，第3段階が製品の

図表2-2　組織構造の進化経路

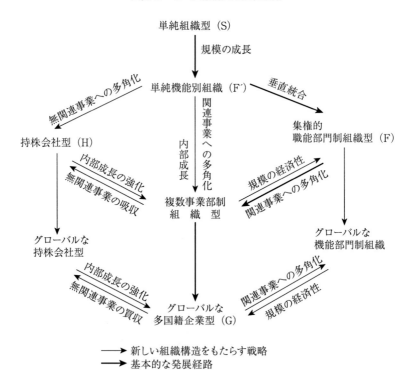

出所：J.R. ガルブレイス＆D.A. ネサンソン著，岸田民樹訳『経営戦略と組織デザイン』白桃書房，1997年，139ページより一部修正加筆。

多様化を遂行するための事業部制組織の段階である。この３つの段階は連続的であるが，ある段階から次の段階へ進むのは形態変容的な変化であるとされている[8]。それでは，非連続な本質的な形態変容はないのだろうか。

それは，ストップフォード（Stopford, J. M.）の多国籍企業発展モデルの第４段階にみることができるだろう[9]。

ストップフォードは，組織構造の進化モデルを，アメリカの多国籍企業の戦略発展と組織進化に求めた。多国籍企業の組織形態を決定する変数は，海外からの売上げ比率と製品の多角化度の２つである。海外売上高が50％以下で，多角化度が10％以下の場合には海外事業部制である。しかし，海外売上げ比率と多角化度が増加するにつれ，組織構造は別の構造を必要とするようになり，１つは地域別事業部制，もう１つが世界市場をカバーする製品事業部制構造へと進化するのである。さらに企業活動がグローバル化するようになると組織は未知の構造を必要とするようになる。それが，第４段階の組織構造である。ストップフォードは，次に来る未知の組織構造とは何かという問題をわれわれに突きつけている。

このように，組織構造は進化的に形態変容を遂げていくのであるが，その一般的形態変容の経路は図表２－２のようになる。

また，組織構造は，単一の機能を遂行する単純組織型（S）からスタートする（第１段階）。そして次第に規模が大きくなり機能別組織構造（F）と進化する（第Ⅱ段階）。

例えば，製造のみを行っていた小さな製造会社が成長し規模が大きくなると，購買・生産・経理・販売という機能を１つの組織構造へ内包していく。この機能別組織は，製品の多様化，事業の多様化，職務の多様化，地域的広がりなど，さまざまな経路で発展していく。もっとも中心的なのは，垂直統合による集権的機能別組織（F）である。原材料供給，金融機能，販売機能をすべて上から下へと統合したトップに権限集中した組織構造である。それとは別に，内部成長による関連多角化を続けることによって，複数事業部制構造へと進む道がある。さらに，コングロマリット企業のように持ち株会社方式（H）で，さまざまな企業を買収して傘下に入れる方式もある。

図表2−3　組織構造のタイプ別特性

特徴＼タイプ	単純組織 S	機能部門制 F	持株会社 H	複数事業部制 M	グローバル G
戦略	単一製品	単一製品と垂直統合	無関連多角化	関連のある製品ラインへの多角化、内部成長	多国籍への多製品
単位間および市場の関連性		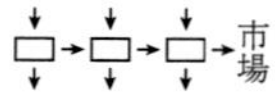	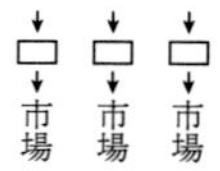	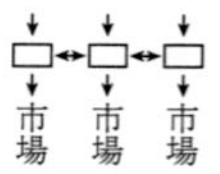	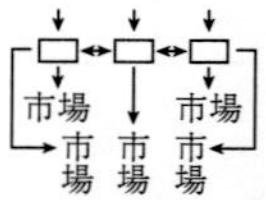
組織構造	単純な機能制	集権的機能制	製品事業部についての利益センター、小規模な本社	分権化ある製品ライン（地域）事業部の利益センター	世界的な製品（地域）事業部の分権的利益センター
研究開発（R&D）	制度化されていないランダムな探索	製品・プロセスの改良について制度化	新製品・製品改良への探索が制度化、事業部に分権化	本社主導で分権的	基礎研究と開発を地理的に分権
業績測定	個人的接触、主観的	生産性、コストについて非人格的評価、客観的	投資収益 収益性に基づく非人格的評価	左に同じ。ただし全体に対する貢献度に基づく主観的評価	非人格的、製品別、国別の投資収益、国別の多様な目標
報酬	忠誠心に基づく、非体系的、温情主義的	生産性、生産量と成果との結びつき	投資収益、収益性に基づく定式的ボーナス、株式報酬	利潤に基づくボーナス、およびより主観的。現金報酬	多様な目標に基づくボーナス、より高い自由裁量
キャリア	単一機能のスペシャリスト	機能スペシャリスト、若干のゼネラリスト的傾向、職能間の異動	機能のキャリア、若干事業部門内	機能間、事業部門、および本社−事業部間の異動	事業部門、子会社間、子会社／本社間の異動
リーダーのスタイルと統制	トップが業務決定を個人的に統制	トップが戦略的決定、計画および業務的決定を通じて業務的決定を一部委譲	事業部門内の戦略的・業務的決定をほとんど委譲、結果、経営者の選抜、資金割当による間接的統制	結果による間接的統制を通じて業務を委譲、既存の事業および戦略の一部を委譲	計画、結果に基づく間接的統制を通じて業務を委譲。ある国、および既存の事業内で戦略の一部を委譲、ある種の政治的譲歩
戦略的選択	所有者の要求 vs.企業の要求	統合の程度 市場占有率、製品ラインの広さ	多角化の程度、事業のタイプ、買収目標、事業への参入と退出	事業ポートフォリオ資源配分、事業の参入・退出、成長率	世界ベースによる事業ポートフォリオ、事業・国家への参入・退出、所有権および国家の介入の程度

出所：J. R. ガルブレイス & D. A. ネサンソン著，岸田民樹訳『経営戦略と組織デザイン』白桃書房，1997年，142ページより，一部修正加筆。

この複数事業部制構造は，さらに事業，地域，製品の多様化が進むことによって，その企業はグローバル化する。つまり，多様化した地域全体を1つのマーケットとみなすようになると，多数の国を1つの地域としてまとめることを意味しており，国境を超えた経営体となるのである。これがグローバル・多国籍組織構造へと進化した状態である（G）。

以上のような発展段階をたどって組織構造は進化するのであるが，この発展段階はもどることが可能である。例えば，事業部制から機能別組織へのもどる例は少なくない。それは戦略内容に修正を加えたり，業績悪化による組織的縮小，合理化，コスト削減などの理由によって，組織構造を意図的に変革したり，戻らざるをえない状況に直面した場合に見受けられるところである。

組織構造の進化モデルは「このモデルであるべきだ」という規範的なものではなく，かなりバリエーションを含んでいる。また，形態ごとにその有効性は異なる。重要なのは，環境−戦略−構造の適合関係であるということなのである。

さらに，S〜Gの5つの組織構造タイプ別の特性をより詳細に示すと，次の通りである（図表2−3参照）。

まず，経営戦略の違いからみていくと，S（単純）タイプからG（グローバル）タイプへと製品／市場および地域などで多角化の程度が高まってくると，事業部間および本社・事業部間の関係も進化する。垂直統合の戦略をとった組織では，事業部間の統合度は高い。これがM（複数事業部）タイプやGタイプに進むにつれて，その関係はルーズなものになってくる。研究開発では，単純タイプではインフォーマルな研究開発体制も組織進化することによって，基礎研究は本社で，開発研究は分権化された事業部でなされるようになってくる。さらに，グローバル段階では，基礎研究と開発を地理的に分散させるようになってくる。

業績評価基準も組織が進化するにつれてフォーマルかつ明確になってくる。事業部制では，プロフィットセンター制をとり，その基準はROI（投資収益率）であるが，組織は内部市場資本化している。さらにいくつかの定性的要因も追加され，市場や製品のバリエーションに対処するように設定され，この基準に

したがって報償体系も異なってくる。

キャリア経路においては，かなり大きく変化してくることになる。SおよびF（機能別）タイプのところまでは，機能的な専門性がトップの条件となる。優れた研究者がそのままトップの条件となってくるのである。しかし，さらに組織が成長しMタイプへと進化すると，トップ・マネジメントはゼネラル・マネジメントのスキルが要求されるようになる。さらにGタイプへと進化すると国際性もスキルとして重要になり，特に異文化に対する理解力や対応力が要求される。このゼネラル・マネジメント能力は事業部間，機能別間，国際間の経験を必要としてくる。このキャリア経路の違いは，リーダーシップとコントロールのあり方にも変化をきたすようになる。Sタイプでは，リーダーは戦略とオペレーション双方ともに意思決定を行うワンマンである。SからFおよびMへと進むにつれて，オペレーションに関しては権限委譲が進む。しかし，戦略的意思決定は変質する。つまり，全社的ポートフォリオに関する意思決定は本社に留められ，事業ごとの事業戦略については事業所に委譲されるのである。さらには，戦略的選択の内容も変化する。Sタイプのときは，創業者の野心がそのまま戦略的選択となるが，組織が進化するにつれて事業，市場，地域などが選択の対象となってくる。

組織はこのように次第に進化するにつれて，その特性をすべて変えていく。この特性がすべて相互作用しあって1つの組織パターンが創りあげられるのである。したがって，1つのパターンから新たなパターンへと変化するには，これらの要因すべての変革が必要となる。とりわけ，特に困難を要するのは，組織文化の変革である。組織文化は，経営諸資源の中の1つの要因なのではなく，組織文化そのものがさまざまな要因を含み相互作用するパターンであるからである。つまり，組織文化は，組織構造を決定する諸要因が相互作用する深層にある全体的基盤を意味しているともいえるのである。経営戦略と組織文化については，第12章で詳しく述べることにする。

【注】

（1）Chandler, A. D., Jr., *Strategy and Structure*, MIT Press, 1962.（三菱経済研究所訳『経営戦略と経営組織』実業之日本社，1967 年）

（2）石井淳蔵・奥村昭博・加護野忠男・野中郁次郎『新版経営戦略論』有斐閣，1999 年，127 ページ参照。

（3）チャンドラーは，アメリカの巨大企業 70 社の中の歴史的研究の中から，経営戦略と組織構造との関係をみいだそうとした。具体的には「企業が多角化戦略をとると，機能別組織構造から分権的事業部制構造へと移行する」という命題を立ててアメリカ企業の事業部制組織の成立の分析を行った。

（4）Andrews, K., *The Concept of Corporate Strategy*, Dow-ones-Irwin, 1971.（アンドリュース著，山田一郎訳『経営戦略論』産業能率大学出版部，1976 年）

（5）Sloan, A. P., Jr., *My Years with General Mortors*, Doubleday, 1963, p.240.

（6）Galbraith, J., and Nasanson, D. A., Strategy *Implementation; The Role of Structure and Process*, West Publishing Company, 1978, p.4.

（7）石井淳蔵他著，上掲書，132 〜 135 ページ参照。

（8）Scott, B. R., *Stages of Corporate Development*, Harvard Business School, 1970.

（9）Stopford, J. M., *Growth and Organizational Change in the Multi-national Firms*, Arno Press, 1980.

◆参考文献◆

石井淳蔵・奥村昭博・加護野忠男・野中郁次郎『新版　経営戦略論』有斐閣，1999 年。

Andrews, K., *The Concept of Corporate Strategy*, Dow-ones-Irwin, 1971.（K. アンドリュース著，山田一郎訳『経営戦略論』産業能率大学出版部，1976 年）

Chandler, A. D., Jr., *Strategy and Structure*, MIT Press, 1962.（A. D. チャンドラー著，三菱経済研究所訳『経営戦略と経営組織』実業之日本社，1967 年）

Galbraith, J., and Nasanson, D. A., *Strategy Implementation: The Role of Structure and Process*, West Pub., 1978.

Scott, B. R., *Stages of Corporate Development*, Harvard Business School, 1970.

Sloan, A. P., Jr., *My Years with General Morte'rs*, Doubleday, 1963.

Stopford, J. M., *Growth and Organizational Change in the Multinational Firms*, Arno Press, 1980.

第3章
企業のグローバル化と現代の組織形態

第1節　現代の経営環境と競争上の要因

　今日の経営環境の変化の特徴であるグローバリゼーションの進展と情報のうねりは，これまでの伝統的な経営戦略や組織形態を中心とした組織構造のみでは適応できなくなっており，情報を核とした組織ネットワークの活用を駆使した戦略や組織の創造こそが，現代の経営戦略と組織を特徴づけている。もはや従来からの階層型の職能別組織の中での「創意力」を超えて，創造を生み出すための新しい組織構造を生み出すことが必要不可欠なのである。

　ミンツバーグ (Mintzberg, H) は，複雑でしかも革新が要求される環境において，スムーズに機能する，創造的なチームをまとめ上げるプロジェクト構造が必要であるとし，そうした組織構造をアドホクラシー構造と主張した (1981)。

　アドホクラシーとは，臨機応変に当面の課題である一時的，弾力的な組織，仕組みという意味が込められた言葉である。したがって，臨機応変型組織，課題対処型組織を意味していた。例えば，プロジェクトチームの編成やマトリックス組織の機能的応用，さらには，分社組織における自立性の徹底，そしてフラットな組織の創造など，組織の階層性の欠点を打破して，組織としていかに高度な知識，技術，スキルを獲得し活かしていくかを問題としているのである。

　ところで，ミンツバーグより遥か以前の1910年代〜20年代に活躍したメアリ・パーカー・フォレット (Follet, M. P.) は，ドラッカー，ミンツバーグといった多くの著名なマネジメントの思想家に，高く評価されている[1]。

フォレットは，F.W. テイラーなどに影響された過度の合理性や「効率至上主義」の経営学と異なり，「効率」のみではなく，すべての人間の創造性，彼ら彼女らのモラリティ，モチベーションをも重視する。さらには，ローカルな現場から出てくる知識，問題発見力，問題解決などを汲み上げ，それらを他の人々と相互主義的に，協働的につなげていくという方法を唱え，そのような経営こそが長期的には最も効率的であるというものである。しかし，フォレットの時代には，タテ型のハイアラキー，官僚型，軍隊型の集団組織を好んだアメリカ企業の経営者が大半であったため，フォレットは忘れ去られてしまったのである。しかし，階層型の職能組織が行き詰っている現在，ドラッカーが述べるように，フォレットは再び見直されている。

フォレットは，組織マネジメントの責任は組織階層のトップに集中させること，つまり，組織の集権化ではなく，各事業部組織全体にくまなく存在するものとして認識していた。権限と責任は程度の差があっても業務ライン全体に広がっていると考えていた。

経営学において，利益を上げるということは，ムリ，ムダ，ムラを限りなく省き，コスト削減するということ以外に，組織および組織に関わるより多くの人々の創造力を有効に発揮できる環境づくりが重要なのである。むしろ，組織の創造力発揮によって新しい製品やサービスを提供することで，顧客を中心とした，より多くのステークホルダーに満足を与え，より一層の信頼関係を築くことの方が利益向上につながるのであり，そのための新しい組織構造や組織形態を考察することが必要なのである。

そこでまず，現代の経営環境の変化が組織に及ぼしている要因について考えてみよう。

ガルブレイス＆ローラ三世（1993）は，現代の経営組織に及ぼす要因として，コスト，スピード，顧客志向をあげている[2]。

1．コスト

今日の経営環境はグローバリゼーションの進展によって，企業は熾烈な競争状況に直面している。特に，中国や ASEAN 各国，BRICS など新興国の台頭

はめざましいものがある。とりわけ，製造業では，新興国の安価な労働コスト
によって大きなコスト競争力を発揮し，先進国の企業に対して持続的なコスト
圧力の高まりという帰結をもたらした。日本や欧米の企業は，コスト効率とい
う領域において競争優位を追求しようとすれば，直接費や間接費を含む企業組
織全体のコスト構造の見直しと持続的なコスト低減の努力が要求されるからで
ある。

2．スピード

　1990年代以降，高品質・低価格，顧客サービスによる競争に加え，「時間」
による競争が重要な戦略課題になった。今日では新製品開発のサイクル，製品
のライフサイクル，注文から納品までのサイクルなどがますます短縮化されて
いるのである。時間による競争においては，製品が市場に投入され顧客に提供
されるまでの速度と，顧客に対応するための速度，さらには，組織的な問題を
解決する速度，サプライヤーや流通を含めたバリュー・チェーン全体の再編成
が重要になる。

　企業活動のスピードは，組織デザインと密接に関連している。企業組織は速
やかな組織的対応が可能となるように構造できなければならないし，環境変化
への適応性を促進するものでなければならない。また，時間短縮は潜在的なコ
スト削減にも関連しており，例えば，さまざまな業務プロセスの時間短縮が可
能になれば，そこから生み出される資金を他の分野へ投資することも可能とな
るだろう。さらに，組織の意思決定の遅延は，誤った意思決定と同等の損害を
もたらすといっても過言ではない。しかし，組織が機敏で適応性に富み，しか
も柔軟であれば，その意思決定の誤りを修正と調整によって克服することがで
きる。

3．顧客志向

　今日の企業は，品質の高さに加え，競合他社に真似のできないような製品
や，他では獲得することができないような付加価値を顧客に与えるようなサー
ビスを提供することで戦略的な競争優位を確立しなくてはならない。もはや，

第3章　企業のグローバル化と現代の組織形態　55

現代のような豊かな社会では市場が成熟化しているため，ただ単に低価格で良質であるというだけでは充分な顧客満足を達成できなくなっており，顧客はこれまでになかったようなサービスや満足を与えてくれるような製品でなければ追加的な代価を支払おうとしなくなってきているのである。さらに，現代の顧客は，自分たちのために作られる特注の製品やサービスを求めるようになっている。

　したがって，企業は組織におけるさまざまな知識を結集し，そうした知識を製品やサービスのイノベーションへと結実させることが必要となる。

　今日のグローバルな規模での市場競争の激化は，顧客に対して多様な選択肢が与えられることを意味しており，多くの産業分野において買い手市場の状態がもたらされている。企業にとって，顧客の要求をより迅速かつ充分に満たすことは最重要の戦略課題であり，それゆえに企業組織は，より顧客志向，市場志向に組織化する必要性に迫られているのである。

4．技術の重要性

　今日，技術の戦略的重要性もきわめて大きいものとなっている。しばしば論じられている MOT（Management of Technology）の課題は，こうした技術における戦略上の課題にほかならない。つまり，優れた技術開発力，競合他社が模倣することが困難な，より付加価値の高い製品，他社が真似できないようなサービスを開発し生産する上で，その企業組織の優れた技術開発力や独自の技術を有することは不可欠なことなのである。こうした状況を反映するように，企業の研究開発費は年々増加してきている。特に，先進各国の企業は，より付加価値の高い製品へとシフトする動きが現れている。また，比較的に労働集約的な産業に従事している発展途上にある国においてさえ，研究開発への投資は増加している。こうした研究開発費の増加は固定費の増加をもたらし，その固定費を回収するために企業は海外進出を強く促しグローバルな競争の激化に拍車をかけているのである。さらに，自社のみでの研究開発のリスク軽減と，経営資源の共有と補完による経済性を享受するために，技術提携による共同研究開発を志向する企業も増えている。

5．情報通信技術の発達

ナドラーとタッシュマン（D. A. Nadler and M. L. Tushman, 1999）によれば，ICT（Information & Communication Technology）の発達は，新しい組織形態への展開を促進する。情報通信技術は従来の組織化の限界を克服し，新しい組織化の創出を可能とするのである。従来からの階層組織構造を通じた管理と調整はEメールやグループウェアなどのコンピュータを通じたコミュニケーション方法によって，きわめて多数の参加者と低コストで瞬時に情報交換が可能となり，その意思決定も迅速に行われるようになった。そのため，特に個人の管理範囲を拡大し，個人やチームに対する大幅な権限委譲が可能となったことで，過度の階層化による組織の硬直化という危険を回避することができるのである。

6．スキルと知識の活用

情報通信技術と情報通信インフラの飛躍的発達は，物理的な場所に依存しない組織構造と業務環境の構築を可能にしている。業務の移転可能性が増大したことで，ある場所で不足しているスキルや知識は，そのスキルや知識をもっている他の場所へと業務を移転することで補うことができる。つまり，情報通信技術の発達やネットワークの普及が進むことによって，業務遂行のために本当に必要な知識やスキルを持つ従業員や外部の専門家に権限を委譲し，地理的に分散した業務活動をも統合することが可能となるのである。

こうした状況は，グローバル企業がその事業や研究開発，製造，部品調達，販売・マーケティングといった各種業務を各々最も効果的に遂行できるような形で世界的に活動拠点を配置するといったことや，最適なかたちで業務活動が遂行できるような社外の専門家や他の企業へと各種業務をアウトソーシングすることを可能とする。こうした動きは企業間の戦略的提携やネットワーク型の企業組織構造の構築を促進することになる。

第3章 企業のグローバル化と現代の組織形態 57

第2節 新たな組織形態の登場
―GE における事業部制組織から SBU の展開―

今日，広く普及している SBU（戦略的事業単位：Strategic Business Unit）は，事業部制組織の問題への対処の中で考案された組織形態である。したがって，事業部制か SBU への展開は新たな組織形態への1つの事例を提供している。ここで GE の事例をみてみよう[3]。

1960 年代後半の GE 社の財務構造は，典型的な「利益なき成長」の状況を示すことになっていた。このような財務状況に直面しながら GE 社は 1970 年代を迎えることになった。GE 社にとって，もはやこれまでのように事業構造の多角的な展開に合わせて事業部制組織を手直しするという対処の仕方では不可能になっていることは明らかであった。つまり，「組織は戦略にしたがう」という発想の下に，実際に「組織を戦略＝事業構造にしたがわせる」というやり方だけでは，もはや財務状況の改善は不可能になってきていた。「組織を戦略にしたがわせる」だけではなく，同時に「戦略＝事業構造の形成をコントロールする組織をつくる」という発想をもつことが必要であった。このような状況の中で，1970 年代に GE 社が取り組み始めたのが，いわゆる戦略的事業単位（SBU）の組織の導入である。

まず，企業は経営資源をさまざまな事業に振り向けることによって成長を実現しようとするのであるが，どの事業を選択してどれだけ経営資源を投入するかは，それぞれの「事業の魅力度」とその事業における「自社の競争力」によって決まる。PPM（プロダクト・ポートフォリオ・マネジメント）は，それぞれの事業をこの2つの次元で評価し，それぞれの事業の戦略的目標を明確化し，資源配分を有効に行うための手法である。

この PPM を実施するにあたって問題になったのが既存の事業部制組織である。事業の拡大過程で事業部―事業（製品系列）―製品という組織と市場とがうまく対応しなくなるという事態が生じていたのである。つまり，異質の事業が同じ事業部に属していたり，同質の事業が違う事業部に属していたりしてお

り，しかも，同じようなことが製品系列と製品の間でも起こっていたのであり，このような状態でPPMを実施することは何の意味もないことである。そこで，性格の共通なもの，市場を同じくするものにグルーピングすることから始めなければならない。戦略的事業単位（SBU）は，この目的のために導入されたものである。

SBUは，戦略的計画の立案・実施の組織単位として，旧来の事業部の枠を超えた形で設定されるが，それは，事業部制組織に代わるものではなく，事業の管理単位としての事業部の上に計画の立案・実施の単位としてのSBUを重ね合わせた形をとるものであった。設定されたSBUには，それぞれSBUマネジャーが配置され，SBUが担当する事業領域での戦略計画の立案がなされ，本社レベルにおける経営責任者の承認を受けて，それを実行する権限と責任が与えられた。こうしたGEの事業部制組織へのSBUの導入は，大規模化した事業部制組織の問題点をいかに克服するかという取り組みであり，組織問題に対処するためのリオーガニゼーションの試みであった。

図表3－1　理想的な多角化企業組織

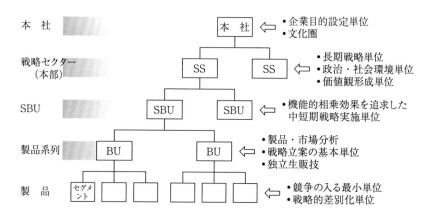

出所：大前研一編著『マッキンゼー　現代の経営戦略』プレジデント社，1979年，235ページより引用。

第3節　プロセス組織—職能別組織の再構築—

1．プロセス組織とは

　現代企業の新しい職能別組織形態として注目されるのは「プロセス組織」である。ここでの「プロセス」とは，商品企画や設計，製品開発，受注，調達，生産，マーケティング，納品といった諸活動を，職能別の境界を越えて，時間とコストが節約できるような連続した活動として再統合した業務プロセスのことである。プロセス組織は，1990年代初頭にアメリカ企業が競争力を失っていたころ，企業の活力回復の経営手法として「ビジネス・プロセス・エンジニアリング」(Hammer, M. & Champy, J.) が提唱されたことに端を発している。「リエンジニアリング」とは，「コスト，品質，サービス，スピードのような重大で現代的なパフォーマンス基準を劇的に改善するために，ビジネスプロセスを根本から問い直し，抜本的にそれをデザインし直すこと」(1993) である。それ以降，プロセス組織は現代企業の新たな組織形態として「アーキテクチャー」の1つとして採用されるようになったのである。

　また，ポーター (porter, M., 1985) やバーニー (Barney, Jay B., 2003) によれば，企業活動は一連の価値形成プロセスないしはバリュー・チェーンととらえることができる。

　例えば，製造業の企業におけるバリュー・チェーンは，原材料や機械部品，半製品などを生産プロセスに投入し，顧客にとって価値のある製品へと変換す

図表3－2　バリュー・チェーンのモデル

出所：Barney, Jay B., *Gaining and Sustaning Competitive Advantage*, Second Edition, Pearson Education, Inc., 2002（バーニー，岡田正大訳『企業戦略論（基本編）』ダイヤモンド社，2003年），p.248参照。

るプロセスである。

　単純な職能別組織を採用しているメーカーの場合，バリュー・チェーンは，製品開発，原材料・部品調達，製造，販売・マーケティングといった職能部門が価値形成の各段階をそれぞれ担当することで構成されている。

　製品別事業部制組織を採用している企業では，各製品事業部ないしは製品部門における職能別組織がこうした価値形成を担っており，職能別組織を企業の最も基本的な価値形成組織単位ととらえることができる。

　今日の経営環境の変化は，職能別組織のあり方に重大な変革を迫っているのであり，各部門間の連携の度合いや統合の度合いを高め，部門相互の効果的連携により組織全体の価値形成プロセスに寄与するといえるであろう。そして，各職能部門は経営環境の変化に応じて自律的に活動を調整し適応させ，価値形成プロセスの最適化を図るのが経営者や事業部長の役割なのである。

　プロセス組織とは，職能別組織の中に，各職能活動を連続的な価値形成プロセスに統合する完結した全体処理プロセスを部門横断的に組織化するような形態である。つまり，垂直的な調整経路に依存せざるを得ない職能別組織の問題を横断的な調整プロセスを導入することで克服しようとする組織形態なのである。

第4節　フロント・バック型組織—顧客志向の企業組織—

1．顧客志向の組織デザイン

　現代企業は時間との競争ももちろんのことであるが，いかに「顧客重視」の経営を行うかが競争上のきわめて重要な要因になっている。そこで，企業組織をいかに「顧客志向」の組織へと再構築するかが組織設計上の大きな課題となる。こうしたなか，今日注目されている新しい組織形態は「フロント・バック型組織」（ガルブレイス，2002），または，「フロントエンド・バックエンドモデル」（ガルブレイス＆ローラー三世，1996）である。

　「フロント・バック型組織」とは，一種のハイブリッド組織であり，製品別組織編成と顧客別あるいは市場別の組織編成とを組み合わせたものである。こ

の組織形態の大きな特徴は，プロフィットセンターとして編成されている製品別の事業部制組織に，顧客別や市場別に専門化した組織を付加している点にある。企業活動を一連のバリュー・チェーンとしてとらえるならば，中核的テク

図表3－3　バリュー・チェーンにおけるフロントとバック

出所：Nadler, David A. and Tushman, Michel L., *Competing by Design*, Oxford University Press, Inc., 1997.（斎藤彰悟監訳，平野和子訳『競争優位の組織設計』春秋社，1999年，147ページより一部修正により引用。）

図表3－4　フロント・バック型組織の図

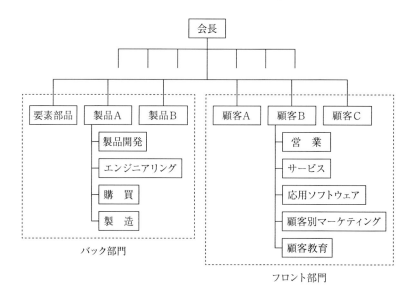

出所：Galbraiht, J. R., Lawler Ⅲ, E. E. and associates, *Organaizing for the Future: the New Logic for Managing Complex Organizations*, Jossey-Bass, 1993, p.24. 一部加筆修正の上引用。佐久間信夫・坪井順一編著『リーディングスリニューアル経営学　現代の経営組織論』学文社，2005年，62ページ参照。

ノロジーや専門知識・ノウハウから，製品デザイン，製造，マーケティング，流通，アフター・サービスなど一連の業務を経て顧客に価値を提供するという，チェーンの「バック」から「フロント」へと進むプロセスとみることができる。

　この組織形態では，バリュー・チェーンの「フロント」で，顧客や市場に直接に対応する組織として「フロント部門」が編成され，一方，チェーンの「バック」で製品ラインやテクノロジー別に専門化した組織として「バック部門」が編成される。企業全体の組織がこのようなフロント部分とバック部門の連係によって構成されるため，「フロント・バック型組織」と呼ばれる（図表3－4参照）。

　フロント・バック型組織は，顧客に対して迅速で，しかも柔軟な対応という今日的な市場のニーズに対応しようとするものであり，市場および顧客と製品ラインやテクノロジーとの両面に事業活動の焦点を合わせることで，市場および顧客別の組織編成と，製品来や技術別の組織構造の双方の優位性を同時に達成しようとするものである。

　例えば，フロント・バック型組織では，製品・テクノロジー別事業部制組織を採るバック部門が，市場別・顧客別に編成されたマーケティング・販売組織であるフロント部門に，その企業の全製品ラインを提供する。図表3－5にみるように，事業部制組織のみによって編成される企業とは，製品事業の流れが異なっているのが特徴である。

図表3－5　フロント・バック型組織と製品別事業部制組織における製品の流れ

①あるディーゼル・エンジン製造企業における製品の流れ（フロント・バック型組織）

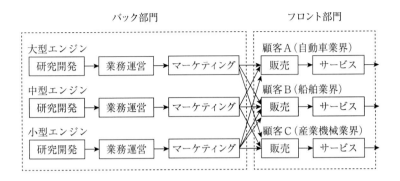

②ゼネラル・エレクトリックにおける製品の流れ（製品別事業部制組織）

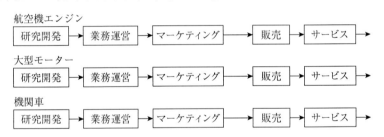

出所：Galbraith, Jay, R., *Designing the Global Corporation,* Jossey-Bass, 2000, p.241.
（平野和子訳, 斉藤彰悟監訳『グローバル企業の組織設計』春秋社, 2002年, 290ページ参照）

　ところで，今日のグローバル企業にとって，各地域の市場のニーズや顧客のローカルなニーズに対応しつつ，地球的規模で製品やサービスを提供することによって，事業の効率性と規模の経済を享受することはきわめて重要であり，しかも困難な課題も多い。こうしたグローバルな経済性の追求とローカルニーズへの対応という「グローバル企業経営の特有の問題」の克服という点から，フロント・バック型組織が注目されている。

　ガルブレイスによれば，図表3－6に見られるように，ローカル市場や顧客

図表 3 − 6　グローバル企業のフロント・バック型組織

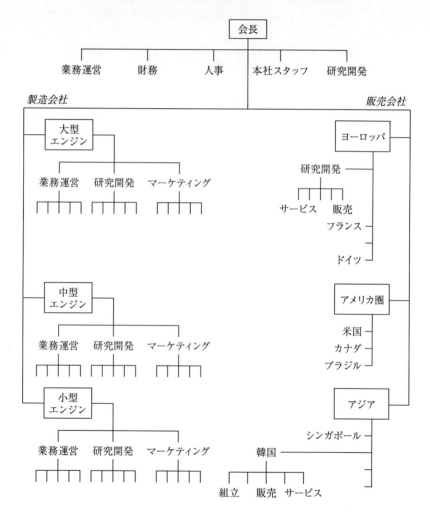

出所：Galbraith, Jay, R., *Designing the Global Corporation,* Jossey-Bass Inc., Publishers, 2000, p.239.（平野和子訳, 斉藤彰悟監訳『グローバル企業の組織設計』春秋社, 289ページ）

第3章 企業のグローバル化と現代の組織形態 65

別に編成されたフロント部門と，製品・テクノロジー別に編成されたバック部門を併せ持つことで，グローバル企業経営の特有の問題に対応しようとするのである。

また，フロント・バック型組織が登場してくる背景に着目すると，そこには今日の市場と顧客に関する以下の要因が存在する[4]。こうした要因は，企業を市場に密着させ，顧客とより緊密な関係を構築するよう促し，フロント部門組織を新たに編成することで，その企業の効率性や競争優位を導くのである。

今日のグローバル企業を取り巻く市場と顧客に関する要因は以下の通りである。

（1）顧客がその企業の全製品を購入している。
（2）顧客が単一の接触ポイント（チャネル，販売窓口）を求めている。
（3）顧客はソーシング契約（特別供給契約）を望んでいる。
（4）顧客は「ソリューション」を求めている。
（5）顧客からの要求に対して，抱き合わせ販売や包括販売の機会がもたらされる。
（6）顧客は顧客自身のニーズに特別対応した製品やサービスを望んでいる。
（7）顧客に関する深い知識が明確な競争優位につながる。

以上の要因を背景として，現代企業は，顧客満足を徹底すべく，顧客対応の機能を多く持とうとしているのである。この顧客志向と製品・サービス事業の効率性と経済性を両立させるという点で，顧客や市場別に特化したフロント・バック型組織と，製品別ないし職能別に編成されたバック部門からなるフロント・バック型組織を採用することは効率的であり，競争優位につながるのである。

しかしながら，フロント・バック型組織において固有の問題がないわけではない。この組織形態はフロントとバックに明確に分化しているけれども，有効に機能するためには双方の統合と協働が不可欠なのである。したがって，フロントとバックの間の連係と調整がきわめて重要かつ困難な管理課題となるのである。そのためにまず，フロント・バック型組織では，フロント部門とバック部門の役割，権限と責任を明確にしなければならない。それでも，フロント部

門とバック部門とのコンフリクトや意見の不一致が生じることさえある。こうした課題の克服には，高度な調整スキルと専門的知識を持った管理者の育成と調整システムの構築が必要となる。これは，組織全体としての管理・調整能力を向上させることにほかならないのである。こうした組織の管理・調整能力向上は，同時に，その企業の明確な競争上の優位性につながる。こうした能力は組織固有の能力として組織に蓄積されるものであるため，競合他社にとってフロント・バック型組織は容易に模倣したり実行したりすることはできないからである。この点において，フロント・バック型組織は，今日における企業の競争優位の現実的かつ持続的な源としての「組織の対応能力」(Nadler, Tushman, 1999) を獲得できる新たな組織形態であるといえる。

第5節　企業間関係とネットワーク組織

1．今日の企業間関係

　現代のように急激かつ不連続な変化が常態であるような経営環境下においては，あらゆる職能を内部化しようとすることは，組織の調整コストを増加させ，組織の環境適応能力を著しく低下させることになる。企業は外部環境からさまざまな資源を調達・獲得し，そうした外部資源を活用することによってその存続と発展が可能となるのである。いうまでもなく，企業はオープン・システムとして，経営環境との相互作用のなかで活動しているのである。

　さて，あらゆる多くの企業は他の企業との競争活動の中で活動しているのであるが，だからといって，企業と企業との関係は常に競争的であるわけではない。今日の企業は，必要な職能をすべて内部化することが競争優位につながるものではないことを既に認識している。その結果，ある企業では，自分の能力を最も発揮しうる職能分野に特化し，他は外部委託（アウトソーシング）し，またある企業は自社の能力やノウハウ，経営資源の不足を，他の企業と連携することで補完しようとするのであり，現代の企業間関係は競争的であると同時に協調的なのである。したがって，現代企業にとって，他の企業との協調的な関係をいかに構築しマネジメントするかは，持続的な競争優位の獲得にとってま

すます重要になってきているのである。

　すでに本章冒頭で述べたフォレットの主張にみられるように，過度の合理性や「効率至上主義」の経営学と異なり，「効率」のみではなく，すべての人間の創造性，彼ら彼女らのモラリティ，モチベーションをも重視し，さらには，ローカルな現場から出てくる知識，問題発見力，問題解決などを汲み上げ，それらを他の人々と相互主義的に，協働的につなげていくという方法を唱えること，また，そのような経営こそが長期的には最も効率的あるという考え方が今日の経営には必要不可欠となっているのである。フォレットは，組織マネジメントの責任は組織階層のトップに集中させること，つまり，組織の集権化ではなく，各事業部組織全体にくまなく存在するものとして認識していた。権限と責任は程度の差があっても業務ライン全体にひろがっていると考えていた。経営学において，利益を上げるということは，コスト削減するということ以外に，組織および組織に関わるより多くの人々の創造力を有効に発揮できる環境づくりが重要なのである。むしろ，組織の創造力発揮によって新しい製品やサービスの提供によって，顧客を中心とした，より多くのステークホルダーに満足を与え，より一層の信頼関係を築くことの方が利益向上につながるのであり，そのための新しい組織構造や組織形態を考察することが必要なのである。

　それでは，現代企業が他との協調関係を構築しようとする際に，どのような戦略的意図や要因が存在するのだろうか。

　それには，（1）提携など他の企業との協調関係を通じて，規模の経済性やシナジー効果が得られる。また，職能業務の結合による効率化の機会が得られることで，生産コストやその他業務コストを節約することができる。（2）他の企業と協調関係を結ぶことで，経営上のリスクを分散することができる場合がある。例えば，次世代のテクノロジー（ナノ・テクノロジーやバイオ・テクノロジー）に関する基礎研究やイノベーティブな製品・製造技術への投資は，事業としての将来性や成功の可能性がきわめて不確実であるという点でリスクを伴う。さらに今日の技術革新・研究開発にはますます大規模・多額の投資が要求されるようになっており，金額の面でも，リスクの面でも，もはや1つの企業が負担できる水準を超えている。このような場合には他の企業と協調すること

で研究開発への投資に伴うリスクを分散することができるのである。

また，（3）ウィリアムソン（Williamson, 1975）らによる取引費用理論によれば，中程度の資産特殊性を有する財やサービスを市場から購入することは取引費用が高いため効果的ではなく，また，組織内で内製することは組織の調整コストを増大させる。そのため，外部の専門サプライヤーの方がより効率的に生産することができる。また，専門サプライヤーの方は，他の複数の企業の需要をまとめることで「規模の経済」を享受することができる。さらに，（4）あらゆる領域において高度の能力を備えた万能の企業組織というのは現実的とはいえない。そうした企業組織を構築しようとすれば，法外に高い調整コストに直面すると同時に，結果的に経営資源の浪費と環境への適応能力の低下という状況に陥るであろう。むしろ，今日の企業は，自社の最も得意とする領域，最も高い競争力領域の活動を遂行し，その他の領域については，そこで最も高い競争力を有する企業と協調することで，企業全体として競争優位を達成しようとするものである。

例えば，技術的に複雑で量的にも膨大であるような活動はもはや1社のみでは遂行不可能であるため，企業間の協調が必要とされる。

また，新しい製造技術や次世代技術の開発といった活動は1企業の能力で遂行できる水準をはるかに超えているため，他との共同開発にあたることで，互いが必要としているノウハウや技術，経営資源を獲得・補完しながらプロジェクトを進めていくのが効果的なのである。さらには，こうした協調関係から，他の企業の思考様式，行動様式，組織文化を学ぶことで，新たなノウハウや能力を身につけるといった組織学習効果も期待できる。

2．戦略的提携（strategic alliance）

今日，最も多く見られ，また戦略的にも重要となっている協調関係の形態として，戦略的提携，さらに「ダイナミック・ネットワーク」ないし「ヴァーチャル企業」と呼ばれる企業間関係が指摘される[5]。

提携（アライアンス）は，長期にわたる契約や，時にはジョイント・ベンチャーのような資本関係を伴う，2つ以上の企業による協調関係の構築である。

こうした提携は，企業の戦略的意図に応じて，技術提携，研究開発提携，販売提携，生産提携などさまざまな形で展開されている。

　今日では，経済のグローバル化の進展に伴って，国際提携も著しく増大している。かつての日本的企業取引システムの特徴とされた系列が市場競争の激化に伴い解体され，系列を超えた提携も行われるようになっている。また，財閥系企業間の提携やメガ・バンクの登場など目をみはるものがある。もはや，今日の企業間の提携は，競争優位の獲得や企業の存続にとって，いかに戦略的に重要となっているかを示している。

　外部委託や外部調達（アウト・ソーシング）も今日きわめて重要な企業間協調関係の1つである。ソーシング関係においては，バリュー・チェーンの一方の段階に位置する企業に対して，他方の別の段階にある企業が部品や原材料，各種サービスを供給するという形が取られる。ここにおいても，顧客企業とサプライヤー企業との関係は長期的な供給契約に基づいて構築される。サプライヤー企業は顧客企業から，需要変動のリスク軽減と販売規模の確保といった有利な条件が提供される代わりに，顧客企業向けの特別揃えの製品やサービスを供給する。こうしたソーシング関係においては，将来の事業計画についてのコミュニケーションや製品・サービスの共同開発といったことが行われ，両社はパートナーとなる傾向にある。

　しかし，こうしたソーシング関係に伴う問題として，機械主義的行動とホールド・アップのリスクが存在するのである。それは，特殊部品の供給関係を取り結んだ後に，サプライヤーは顧客企業が特殊部品の供給について自社に依存していることを機会主義的に利用して，価格吊り上げを行おうとするかもしれない。その一方で供給する特殊部品の製造がサプライヤーにとって特別な設備投資を必要とする場合には，サプライヤーは投資資金を早期に回収するために，できるだけ大きな販売量を確保する必要があり，顧客企業がサプライヤーのそうした弱みにつけ込んで発注規模と引き換えに部品価格の値下げを迫ってくるかもしれない。こうしたリスクを軽減するために，顧客企業はデュアル・ソーシングによって単一のサプライヤーへの過度の依存を回避しようとする。また，サプライヤーの方は顧客企業用の投資を行うことによるホールド・アッ

プのリスクを軽減するために，特殊な投資の担保として顧客企業の資本参加を要求することがある。

さて，戦略的提携では，このようなソーシング関係とは異なり，バリュー・チェーンの各段階にある企業同士ではなくて，競合関係にある企業同士の協調が行われる。提携関係においては，参加する企業の間で，情報共有と交換，コミュニケーションが行われ，研究開発や製造，販売など提携の目的とされる活動が共同で進められ，提携の成果も共有し合うことになる。

提携関係のデザインは，基本的に３つの選択肢がある。

第１は，提携関係のどちらか一方の企業が提携業務の運営責任と意思決定を引き受けるという「オペレータ型アライアンス・モデル」である。

第２は，「シェアード (shared) アライアンス・モデルであり，提携参加企業が提携業務についての責任を分担し合い，意思決定も両社から派遣されたマネジャーなどによって共同が行われる。このシェアード・モデルは，両社がそれぞれ得意分野において能力を発揮するといった相互補完的な関係にあるような提携においてしばしば採用され，効果を発揮するものである。しかし，一方で両社間のコンフリクトの発生や意思決定の遅延といった問題もある。

最後は，提携業務が，提携関係にある親会社から独立した事業会社で遂行されるような「自律的ジョイント・ベンチャー・モデル」である。これは，きわめて革新的な新しい技術の開発や大規模な投資プロジェクトなど，大規模でしかも複雑なため，リスク分担が必要な提携業務において採用され，環境の変化やリスクに柔軟に対応できるという点で，」このモデルは優位性を持っている。

このように，提携には基本的に３つのモデルが示されるが，当然，戦略的提携は経営上の固有の問題が生じることを指摘しておかなければならない。それは，提携関係の調整をめぐっての固有の問題であり，成果の割には調整コストがかかりすぎてしまえば提携の効果は薄れる。また，提携関係のなかでの自社の自由裁量の確保や，コンフリクトの解消，交渉と合意形成の問題などがあげられる。したがって，このような調整関係に関わる問題を最小限にしようとするならば，まず，どのようなパートナーと提携を結ぶかという選択はきわめて重要な戦略課題となるのである。

第3章　企業のグローバル化と現代の組織形態　71

　ナドラーやタッシュマンらによれば，提携を双方にとって実りあるものとするには，提携パートナーの選択に当たって以下の点を十分検討しなければならないとしている。

（1）パートナーは目標を共有し，類似した業務プロセスや価値観（ものの考え方）や文化を備えていなければならない。

（2）自社の保有資源および強みを確認するとともに，提携を通じて補完しようとする資源とは何であるのかを明確にしておくべきである。その上で，提携先のパートナー候補企業の能力・資源の評価を適切に行う必要がある。

（3）提携に関する戦略と目標について明確にし，合意しておくことが重要であり，かつ互いに戦略的意図を理解しておかなければならない。

（4）提携関係にある企業の経営者，上級管理者はチームワークと共同作業のマネジメントに不可欠の技能と責任感を備えていなければならない。提携業務や，ジョイント・ベンチャーの管理のために，パートナー企業の管理者が共同で組織，業務プロセス，ガイドラインを設計していくことが重要である。

（5）パートナー企業の上級管理者には，提携業務やプロジェクト管理・監督に関する厳格な成果責任と明確な役割が配分される必要がある。そのために，互いの協調とチームワークを促進する報酬システムのデザインが必要になる。

（6）パートナー企業が互いを信頼するとともに，提携のマネジメントは困難な課題であり，長期的な成功のチャンスは限定されていることを理解しておくべきである。

（7）提携の成功がきわめて困難な課題であることから，提携を取り結ぶパートナーは，すでに提携を経験していることが望ましい。

3．ネットワーク組織

　提携と並んで，今日戦略的に重要となっている企業間協調形態は，「ネットワーク組織」「ダイナミック・ネットワーク」「ヴァーチャル組織」と呼ばれる

企業間関係である。

「ネットワーク」とは，人間や集団，組織の間のさまざまな関係，結びつきを意味している。今日の企業間関係のなかで見られるネットワーク組織とは，さまざまな活動を遂行するそれぞれ独立した企業が，その独立性を維持しつつ互いに協調関係を取り結ぶことで構築される企業の連合体である。こうした独立した企業のネットワークは，市場においてあたかも単一の企業のように協調して行動するため，しばしばこうしたネットワークは，「ヴァーチャル企業」と呼ばれるのである。

ネットワーク組織は，その最も進んだ形態においては，企業と個人の多重で多様な関係のパターンが自己組織的に形成されたものとしてとらえることもできる（今井，金子，1988）。

しかし，今日，現実的に多くの企業によって戦略的に展開されているネットワーク組織は，ネットワークのなかに，中央で統括する中核企業ないし「ネットワーク・インテグレーター」（ガルブレイス，ローラー三世，1996，2002）を置く形態であり，ダイナミック・ネットワークとも呼ばれるものである。

企業は多重かつ多様なネットワークからなるネットワーク組織のイメージは図表3-7のようになる。

図表3-7 直接的関係のネットワーク

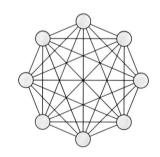

出所：Picot, Dietl, Franck, 1997（アーノルド・ピコー，ヘルムート・ディートル，エゴン・フランク著，丹沢安治・榊原研互・田川克生・他訳『新制度派経済学による組織入門―市場・組織・組織間関係へのアプローチ（第4版）』白桃書房，2007年，199ページ）

第３章　企業のグローバル化と現代の組織形態　73

　このようにネットワークの個々の企業が互いに直接的に関係を取り結ぶとなると，その協調関係の数は，ネットワーク参加企業がｎ社の場合，$1/2n(n-1)$となり，もはや，個々の企業によって調整できる水準を超えてしまい，ネットワーク全体としての協調的行動を取ることはきわめて困難になる。したがって，企業ネットワークのなかに，ネットワークの中央本部としての中核企業，「ネットワーク・インテグレーター」を置き，こうした企業がネットワーク全体の統括や企業間協調関係の調整を行うのである。

　今日戦略的に展開されているネットワーク組織とは，ネットワーク・インテグレーターと多くの自律的な専門能力を有する企業との協調関係によって構築されるような形態である（図表３－８参照）。

図表３－８　ダイナミック・ネットワーク

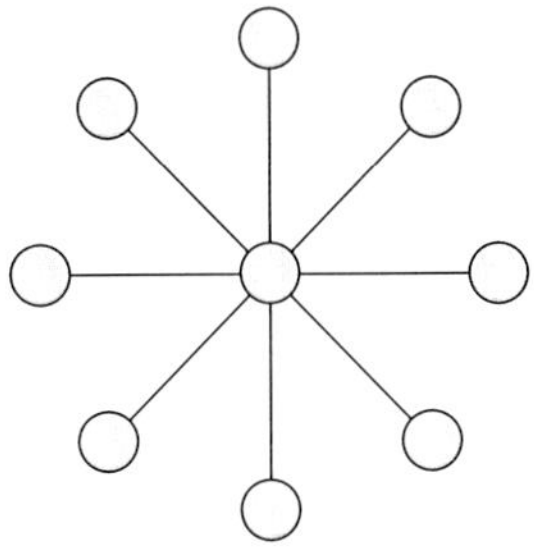

出所：Picot, Dietl, Franck, 1997，邦訳書，2007年，199ページ。

　ネットワーク組織において，ネットワークに属する各企業は，専門的な企業として活動したり，ネットワーク・インテグレーターの役割を果たすことができる。専門的企業は，自らが専門特化した機能を遂行し，ネットワーク内の各企業にサービスや製品を提供するのである。

　ネットワーク・インテグレーターの機能は以下の通りである。

（１）ネットワーク・インテグレーターは，通常，ネットワーク組織が行っ
　　　ている事業のバリュー・チェーンの主要な段階を担っており，ネット

ワーク内の各企業の活動を，顧客に対して価値を生み出すように取り
まとめ，調整する。

（2）ネットワーク・インテグレーターは，ネットワーク組織を構成する各
企業の意思決定と行動の調整を行う。つまり，ネットワーク内の各企
業が協調関係を維持できるように配慮し，ネットワーク全体をリード
するのである。

（3）ネットワーク・インテグレーターは，ネットワーク組織が行う事業の
戦略を策定し，ネットワークを構成するメンバー企業の選別を行い，
そうしたメンバー企業を情報・コミュニケーション・システムで結び
つける。

（4）インテグレーターは，ネットワーク組織の物流機能を管理し，ネット
ワークを支援する情報システムを構築する。「時間による競争」に対処
するために，ネットワークを代表して物流と情報を管理するのである。
インテグレーターは，ネットワークの中央でマーケティングを行い，
ネットワーク全体の調達を集約して行うことで，ネットワーク組織が
規模の経済性を享受することを可能にする。

ネットワーク組織を構成するどの企業も互いに独立しており，取引相手を自
分で選択する自由裁量を有するのであり，ネットワーク内で調整は行われる
が，同時に価格メカニズムも機能しているのである。この点において，ネット
ワーク企業は互いに競争相手であると同時に協調関係にある。こうしたネット
ワーク組織は，不安定で変化が激しい産業分野において最も効率的な組織形態
なのである。

【注】

（1）Follet, M. P., *The New State: Group Organization the Solution of Popular Government*,
New York, 1918.（三戸公監訳，榎本世彦・高澤十四久・上田鷲訳『新しい国家民主的
政治の解決としての集団組織論』文眞堂，1993 年）
Follet, M. P., *Creative Experience*, Longmans, Green and Co., 1924.

第 3 章　企業のグローバル化と現代の組織形態　75

（2）ガルブレイス，J. R. & ローラー三世，E. E. 著，寺本義也監訳，柴田高・竹田昌弘・柴田道子・中條尚子訳『マルチメディア時代に対応する 21 世紀企業の組織デザイン』産能大学出版部，1996 年。

（3）大前研一編著『マッキンゼー　現代の経営戦略』プレジデント社，1979 年。

（4）Nadler, David A. and Tushman, Michel L., *Competing by Design*, Oxford University Press, Inc., 1997.（斎藤彰悟監訳，平野和子訳『競争優位の組織設計』，春秋社，1999 年）

（5）佐久間信夫・坪井順一編著『リーディングスリニューアル経営学　現代の経営組織論』学文社，2005 年，76 ～ 80 ページ参照。

◆参考文献◆

Arnold Picot, Helmut Dietl and Egon Franck, *Organisation : Eine ökonomische Perspektive.* 4. aktualisierte und erweiterte Auflage, Schäffer-Poeschel Verlag GmbH, 2005.（アーノルド・ピコー，ヘルムート・ディートル，エゴン・フランク著，丹沢安治・榊原研互・田川克生・他訳『新制度派経済学による組織入門（第 4 版）―市場・組織・組織間関係へのアプローチ―』白桃書房，2007 年）

Barney, Jay B., *Gaining and Sustaning Competitive Advantage*, Second Edition,Pearson Education, Inc., 2002.（バーニー，岡田正大訳『企業戦略論（基本編）』ダイヤモンド社，2003 年）

Galbraiht, J. R., Lawler Ⅲ, E. E. and associates, *Organaizing for the Future: the New Logic for Managing Complex Organizations*, Jossey-Bass, 1993.

Galbraith, Jay, R., *Designing the Global Corporation*, Jossey-Bass, 2000.（平野和子訳，斉藤彰悟監訳『グローバル企業の組織設計』春秋社，2002 年）

第4章
レスリスバーガーの人間関係論

第1節　はじめに

　アメリカでは，1920年代の「産業合理化運動」の時期に，工場の作業能率を向上させようという目的で，心理学的研究が盛んに行われるようになった。心理学的研究は，テイラー（Taylor, F. W., 1856 - 1915年）の「科学的管理法」の延長線上に，一流労働者の選択，労働者の作業への適応・順応などを内容とするものであった。1920年代のアメリカの人事管理（personnel management）は，最適な労働者の選抜，温度などの物理的作業条件が作業能率に与える影響，疲労の原因とその除去などについての心理学的研究に基礎を置いていた。「ホーソン実験」（Hawthorne Studies）はこのような時代背景の中で行われ，その後の経営学研究と経営実践に大きな影響を与えることになった。

　「ホーソン実験」は，物理的作業条件が，個別労働者の生理や心理にどのような影響を与え，さらにそれが作業能率にどのように影響するのかを解明しようとする目的で始められた。しかし，実験の結果は，研究者たちの仮説をくつがえす意外なものであった。労働者の作業能率に影響を与えているものは，物理的作業条件や賃金でさえなく，労働者集団の中に形成されている非公式組織であったのである。

　この実験はテイラー以来の経営学研究の大きな転機となり，これを契機に労働者の社会心理学的側面に大きな関心が向けられるようになった。すなわち，ホーソン実験は「リーダーシップ理論」，「動機づけ理論」（motivation theory）などをはじめとする「行動科学」（behavioral science）的研究の大きな流れの源流

第 4 章　レスリスバーガーの人間関係論　77

となったのである。ホーソン実験はメイヨー（Mayo. E.）をリーダーとするハーバード大学の研究者たちによって遂行されたが，それをいわゆる「人間関係論（human relations）として理論化したのはレスリスバーガー（Roethlisberger, F. J., 1898 – 1974 年）らであった。本章では，ホーソン実験とその実験結果を検討し，レスリスバーガーの人間関係論をみていくことにする。

　レスリスバーガーは，1898 年ニューヨークに生まれ，コロンビア大学卒業後，ハーバード大学大学院で修士号を取得し，ハーバード大学で教鞭をとった[1]。彼はメイヨーの指導の下でホーソン実験に参加し，実験結果の報告と理論化の成果を *Management and the Worker*（1939 年）および *Management and Morale*（1941 年）の 2 冊の著書としてまとめた。その後も彼はホーソン実験の成果に基づいた 4 冊の研究書を出版しているが，経営管理論史の中で最も重要な業績は上記 2 冊の著書である[2]。

第 2 節　ホーソン実験と人間関係論

　ホーソン実験は 1924 年から 1932 年まで，アメリカのシカゴ西部に位置するウェスタン・エレクトリック社のホーソン工場において行われた。この調査は，労働者の作業能率とその物理的な作業条件との関係を明らかにしようとする目的で行われた。ホーソン工場は，主にベル式電話装置の部品を製造する，当時としては福祉制度の整った近代的な工場であった。

　アメリカでは，1920 年代の産業合理化運動に伴って導入されたベルト・コンベヤー・システム，作業の大幅な細分化，大量生産方式の採用などによって，労働者の不満の増大やモラール（勤労意欲）の低下といった問題が起こっていた。ホーソン工場においても，こうした労働者の問題に対処するために，能率専門家たちを招いてその解決を図ろうとした。すなわち，作業時間の変更，休暇時間の長さと配分の変化，照明度の調整などによって労働者の不満や緊張を緩和し，それによって作業能率の増進方法を発見しようと試みていたのである[3]。

　しかし，これらの試みからは良い成果を得ることができなかったため，ホー

ソン工場は 1924 年に，「全国科学アカデミー調査研究協議会」（The National Research Council of the National Academy of Sciences）の協力を得て，またロックフェラー財団の財政的援助により，ある実験を行った。これは照明の明暗が作業能率に及ぼす影響を明らかにすることを目的とするもので照明実験と呼ばれ，ウェスタン・エレクトリック社の技師ペンノック（Pennock, G. A.）らが中心となり，1924 年 11 月から 1927 年 4 月まで行われた。この実験はコイル捲きの作業部門において，段階的に照明度を増減させた作業グループ（実験グループ）と照明度は一定に保ちながら隔離された空間で作業を行ったグループ（コントロールグループ）とを作り，両グループの作業能率を比較しようというものである。その結果，照明度を減少させれば能率は低下するであろうという当初の予測ははずれ，実験グループもコントロールグループも能率は徐々に向上していったのである。つまり「より良き照明はより良き能率を生む」という当初の仮定の証明は失敗に終わったのである。

　ウェスタン・エレクトリック社の技術者による実験は失敗に終わったため，会社はハーバード大学経営大学院の付属機関である産業調査部（Department of Industrial Research of Harvard Graduate School of Business Administration）に実験の継続を依頼することになった。継電機組立作業実験（the relay assembly test）と呼ばれるこの実験は，1927 年 5 月から 1929 年 6 月まで，ハーバード大学のエルトン・メイヨー（Mayo, Elton）が中心となり，レスリスバーガー（Roethlisberger, Fritz, J.），ドーナム（Donham, W. B.）などによって遂行された。継電器組立作業の内容は，コイル，誘導子，接触バネ，絶縁体を継電器に組み立て，4 個のネジで締めつけるもので，機械的な反復作業であった。この実験の目的は，照明実験と同じ仮定にもとづき，休憩時間，労働時間，などの物理的な作業条件の変化と作業能率の関係を究明することであった。6 名の女子工員が選抜され，他の作業員から隔離した部屋で，作業員が親しい雰囲気の中で作業できる環境を作り，作業の能率に貢献するさまざまな要因の研究が行われた。

　実験は，作業条件の変化が能率に影響を与えるという伝統的な仮説に立ったものであり，疲労および単調に関するものが中心で，以下のような具体的な疑問を解明する目的で行われた。すなわち，①従業員はほんとうに疲労するか，

②休憩時間は望ましいものか，③1日の作業時間は短い方がよいか，④従業員の作業並びに会社に対する態度はどうか，⑤作業設備のタイプを変えるとどんな効果があるか，⑥午前に作業能率の低下があるのはなぜか，などであった[4]。「条件変化としては，集団出来高賃金制，休憩時間の導入，軽食サービス，おやつの提供などを行った。作業条件の改善にともない生産性が上昇し，さらに終業時間の切り上げ，労働時間短縮を施すと，能率が改善されていった。その後，変更前の作業条件に復しても生産性は上昇を続けたのである。その結果，作業条件の変化自体は能率の向上と直接には関係ないことがわかった」[5]。物的作業条件の変化を作業能率と関係づけようという当初の試みは失敗し，物的作業条件の変化にかかわらず作業能率は上昇しつづけたのである。

メイヨーが1928年春にこの実験に参加する頃には6人の女子工員の間には新しい社会環境が作られていた。女子工員達は自由な雰囲気の中で，強要感をもたずに仕事をすることによって，相互に個性ある人格としてとらえられる社会集団を形成していた。女子工員は，実験担当者から実験条件について相談を受け，自分たちの意見が受容されていることを知ることにより，仕事に責任をもつ積極的な態度に変わっていったのである[6]。この実験は，1期から13期まで続けられ，第7, 10, 13期の作業条件はほぼ同じであったにもかかわらず，生産性はそれぞれ2,500台，2,800台，3,000台と増加しつづけた。作業条件の変化は作業能率の決定要因ではないことが明らかになった。

1928年8月からは雲母剥離作業実験（the Mica Splitting Test）が行われた。この実験においても，照明実験と同様，5人の女子工員が選抜され，報酬制度の変更や労働時間の増減が作業能率に与える影響を調査する目的で行われた。その結果，作業の能率に影響を与えているのは報酬制度や労働時間ではなく，職場の人間関係と職場外の個人的な状況という2つの要因であることが明らかになった。これらの実験から分かったことは，作業能率に影響を与えているのは，物的な作業条件ではなく，作業の心理的な満足感であるということである。女子工員たちは監督方法が改善されたこと，すなわち作業条件の変更について事前に相談を受けたことや作業量や作業方法を自主的に決め，監督者の監視を受けないことなどに満足感を抱いた。また，自分達が重要問題の解決に協

力しているという意識が仕事への責任感や積極的な作業態度という変化をもたらしたのである。

　継電器組立作業実験における能率の向上は，監督方法の改善からもたらされ，監督方法の改善は女子工員とのコミュニケーションからもたらされた。この事実に着眼したメイヨーらは，対従業員関係を改善するために大規模な面接を実施した。これは面接実験（the Interviewing Program）と呼ばれるもので1928年秋から1929年初めにかけて，ホーソン工場の全従業員4万人のうち，2万1,126人を対象に行われた。面接調査は従業員の労働条件，作業状況，賃金，昇進，クラブ活動，監督者の好き嫌いの6項目について質問をする形で実施された。しかし，従業員は個人的な不満や話題について話すばかりで，監督や人事管理についての従業員の考えを聞き取ろうとする面接担当者の目的は達成されなかった。ところが，この調査からは，個人が感情を述べる背後には社会的背景，すなわち会社の社会的組織，会社内の出来事，職場の人間関係，技術の変化，経営政策，などがあり，従業員の考え方は，かれらの生活全般の状況のなかで理解する必要があることが判明したのである[7]。

　つまり，①従業員の行動は彼らの「感情」（sentiments）から切り離しては理解することができない。この感情という用語は日常用いられる言葉より広い意味をもち，「忠誠」「誠実」「連帯」などのニュアンスを含むものである。そして，②こうした「感情」は，そのまま直接に現れないで，容易に偽装されるとともに，無数の異なった形態をとって表現されるのである[8]。

　このように，従業員の行動は彼らの置かれている全体的状況との関連においてのみ理解できる。すなわち，従業員の行動は次の2つの感情によって規制されるのである[9]。

① その人間の社会的な位置づけ（social conditioning）ないし個人的な経歴（personal history）－過去の家庭生活や社会的交際を通じて個々人が現在の自分の職場に対して抱くに至った価値，希望，恐怖，期待などの感情。
② 作業における社会的状況－その人間が自分の所属している作業集団の同僚や上司との間にもつ感情。

第 4 章　レスリスバーガーの人間関係論　81

　このように，休憩，作業時間や賃金などの作業条件の変化が作業能率にどの
ような影響を与えるのかを知るためには，休憩，作業時間などの個別の要素を
孤立的に取り上げるだけでは不十分である。調査員達の結論は，労働者の生産
高の変化は，社会的行動（social behavior）の一形態としてとらえるべきであり，
工場の社会的，集団的生活の全体的状況との関連においてとらえなければなら
ない，というものであった[10]。

図表 4 － 1　変化への行動反応

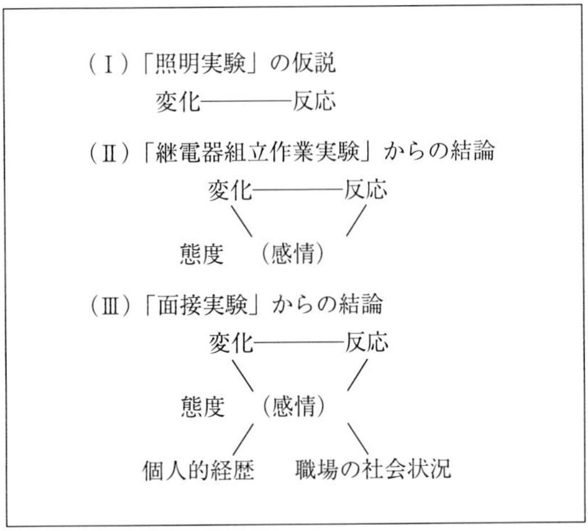

```
（Ⅰ）「照明実験」の仮説
        変化―――――反応

（Ⅱ）「継電器組立作業実験」からの結論
            変化―――――反応
                        ／
        態度　　（感情）

（Ⅲ）「面接実験」からの結論
            変化―――――反応
                        ／
        態度　　（感情）
        ／　　　　　　＼
    個人的経歴　　職場の社会状況
```

出所：権　泰吉『アメリカ経営学の展開』白桃書房，1984 年，127 ページ。

　調査員達の関心は面接実験を契機に，個人的行動から集団的行動に移ること
になり，個人心理学的研究から社会・集団心理学的研究に移ることになったの
である[11]。面接実験の成果を踏まえて，1931 年 11 月から 1932 年 5 月まで，
バンク配線作業観察実験（the Bank Wiring Observation）が行われた。この実験の
目的は，①面接実験の成果をさらに発展させること，および　②会社の社会的
集団に関するより正確な情報を得ること，であった。この実験は，バンク（差
し込み式電話交換台）配線作業を行う 14 名の男子工具に対して行われた観察実験
である。配線工 9 人，ハンダ工 3 人，検査工 2 人が選ばれ，集団的出来高払制

度の下で，日常的な作業についての観察が行われた。その結果，次のような事実が明らかになった[12]。

① 作業集団は会社側が期待するよりもかなり低い自主的な作業基準をもち，労働者たちがその基準に従って「生産高の制限」（restriction of output）を行っている。
② 集団の生産高記録に粉飾がある。
③ 品質記録が作業の実際の品質だけでなく，作業者と検査工との人間関係までも表現している。
④ 各人の生産高の相違が能力や熟練の差を正確に反映していない。

このような事実の背景には，彼らの行動を規制している「掟と規範（codes and norms）が存在していることが判明した。この作業集団には以下の４つの感情が共有されていたのである[13]。

① 仕事に精を出しすぎてはいけない。さもないと「賃率破り」である。
② 仕事を怠けすぎてもいけない。さもないと「さぼり屋」である。
③ 仲間の誰かが迷惑するようなことを監督者に話してはいけない。さもないと「裏切り者」である。
④ あまりお節介であってはいけない。たとえば検査工であっても，検査工ぶってはいけない。

この集団の「掟と規範」は賃率の切下げを防ぐために，割当作業量の増大やスピード・アップを防ぐために，そして仕事ののろい同僚を職長の叱責や解雇から守るために必要なものであり，能率の向上によって得られる金銭的利益よりも優先されていたのである[14]。「集団のなかで一番好かれる人物は，集団がきめた生産高を確実に維持していく人であり，そして，その人は，集団内部において，自然に選ばれた指導者として，経営側から公式に権限を委譲された人よりも，はるかに大きな統制力を発揮していた」[15]のである。すなわち，企業の組織図によって示される公式組織（フォーマル組織）とは別に従業員の非公式な組織（インフォーマル組織）が形成されており，この非公式組織の「掟と規範」

が作業能率に大きな影響を与えていたのである。

バンク配線作業観察実験の成果を踏まえ，①職場のインフォーマル組織，②インフォーマル組織における掟と規範，③インフォーマル組織の歴史，つまりその発生，成長，発展，消滅，④企業全体の技術的・経済的目的と矛盾するインフォーマル組織，⑤あるインフォーマル組織を全体組織から分離させるような社会的諸条件，などに関心が集まるようになり，研究が進められることになった[16]。

第3節　レスリスバーガーの人間関係論

ホーソン実験はメイヨーとレスリスバーガーによって主導されたが，精神科医であるメイヨーは産業心理学の立場から，その実験結果を「人間関係論」（human realations）の根本思想として提示した。しかし，メイヨーの記述した命題やホーソン実験の内容は，メイヨー自身ではなく，メイヨーの同僚たちによって体系化されていった。

レスリスバーガーは，ドイツの社会学者パレート（Pareto, V.）が提示した「社会システム」（social system）の概念を用いながら理論化を試みた。レスリスバーガーは，企業体を「技術的組織」（technical organization）と「人間的組織」（human organization）とに区分し，両組織が密接な相互作用，相互依存関係にあることを明らかにする。「技術的組織」は物的施設，工具，機械原材料，製品

図表4－2　社会的単位としての企業体の体系

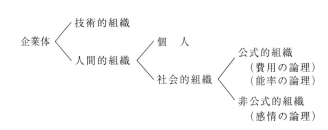

などの体系であり，「人間的組織」は企業目的に向かって協力している人間関係の複合体であるが，企業を１つの社会的単位としてとらえる場合には，「人間的組織」の方が重要であると考える。

　レスリスバーガーによれば，「人間的組織」は「個人」（individual）と「社会的組織」（social organization）とに区分される。「社会的組織」は企業の中で「個人」の日常的な交渉関係にもとづいて形成される組織であるが，これはさらに「公式的組織」（formal organization）と「非公式組織」（informal organization）とに区分される。

　「公式組織」は企業によって明文化された管理システムであり，企業の経済的な目的を達成することを目ざし「費用の論理」（logic of cost）と「能率の論理」（logic of efficiency）によって支配される。「非公式組織」は，企業の中に自然発生的に形成されてくる組織であり，「感情の論理」（logic of sentiments）によって支配される。

　レスリスバーガーは企業体が「経済的機能」（economic function）と「社会的機能」（social function）の２つの機能をもつと考える。「経済的機能」は商品を生産し販売することによって利潤を得ることができるようにすることであり，価格や競争などに対応することであり，「対外的均衡」（external balance）を図ることである。「社会的機能」は協力する個人や集団の社会的欲求を満たしていくようにすることであり，「対内的均衡」（internal balance）を図っていくことである。「対外的均衡」と「対内的均衡」は，本来相互作用，相互依存の関係にあるが，従来はもっぱら「対外的均衡」に注意が向けられ，能率増進運動などのように，その研究は大きな発展を遂げた。レスリスバーガーは，「対内的均衡」の重要性を指摘し，その研究の必要性を主張したのである。

　レスリスバーガーは，「技術的組織」と「社会的組織」の変化のスピードが一様でないことを指摘している[17]。「技術的組織」や「公式組織」は「社会的組織」や「非公式組織」よりも変化のスピードが速いのである。新しい機械の導入や新しい組織への移行は直ちに行われるのに対し，従業員によって形成される「感情」の変化は緩慢である。技術革新が行われると，従業員の間に形成されている社会的規範や慣行との間に摩擦が起き，従業員の不信や反対がもた

第4章　レスリスバーガーの人間関係論　85

らされることになる。

　人間関係論は従来の人間や集団についての観念を大きく変えただけでなく，経営実践においても大きな貢献をすることになった。

① 　従来の「経済人モデル」にかえて，「社会人モデル」が採用されるようになり，経営における人間的側面に大きな関心が払われるようになった。

② 　レスリスバーガーは，人間の協働を確保することの重要性を指摘した。彼はそのための具体的制度については言及していないが，経営実践において，後に，従業員PR，提案制度，従業員参加，態度調査，人事相談制度，福利厚生活動などの人事管理制度が次々と導入されることになった。

図表4－3　伝統的管理論と人間関係論の比較

区　分	伝統的管理論	人間関係論
展開された時期	1900年代〜1930年代	1930年代〜1960年代
人間観	機械的存在（経済人モデル）	感情的存在（社会人モデル）
従業員管理	経営者による徹底的管理	従業員の自発的行動を重視
人間組織	公式組織の重視	非公式組織の重視
価値基準	能率の論理	感情の論理
制度としての具体的成果	タスク管理，職能別組織など	提案制度，カウンセリング制度，福利厚生制度など
問題点	人間性疎外の現象	人間行動の動機への関心が希薄

出所：文載皓「人間関係論」佐久間・坪井編著『現代の経営管理論』学文社，2002年，112ページ。

第4節　おわりに

　「ホーソン実験」は大きな成果をあげ，人間関係論として理論化され，人事

管理論の中に導入され，実務の中に適用されていくことになった。一方，人間関係論は行動科学としても発展し，リーダーシップ論などの新しい分野の研究が進められることになったのである。ここでホーソン実験で得られた成果をまとめてみることにしよう[18]。

① 経営体における人間の生産能率を決定的に左右するものは，作業上の物理的諸条件ではなく，むしろ感情，気分，態度などの非合理的な，人間的な要素である。

② 労働者は安定した地位を見出し，共同の仕事達成に自分が重要であると感じることができるような人間的環境をもちたいと欲求し，これが思うようにいかないと自発的労働意欲を持続することができなくなる。

③ 労働意欲を持続的に高めるためには，人間関係を，内心の満足と安定感を確保できるようにする必要がある。

④ 労働者は職場における日々の協働において，互いに影響され合い，仲間意識を作り上げる傾向がある。

⑤ 労働者はこの仲間意識に規制されて，資本家にとっては非論理的，非合理的に見える行動をとる場合がある。

⑥ そこで，労働者集団の中に形成されている，インフォーマル組織をとらえなければ，生産能率の向上は達成できない。

⑦ 科学的管理法の流れをくむ労働生理学者や産業心理学者は，この点を閑却して，生産能率の向上を物的なもののみに求めたため，産業不安を助長する結果になった。

　人間関係論の成果は，実務の領域において，人事管理に応用されていくことになった。すなわち，職場におけるインフォーマル組織を認識し，そこにおける感情を把握し，そこに働きかけることによってモラール（勤労意欲）を向上させ，能率の向上と利潤の増加を実現しようとした。そのための管理技術や管理制度として，勤労意欲調査，職場人事相談，提案制度，従業員 PR 活動，個人接触制度などが考案され，発展していったのである[19]。

　人間関係論の研究成果は，1950 年代以降，「後期人間関係論」ないし「新人

間関係論」と呼ばれる研究領域へと発展継承されていった。グループ・ダイナミックス理論を確立したレヴィン（Lewin, K.）やリッカート（Likert, R.），アージリス（Argyris, C.）らは，リーダーシップ理論を発展させた。また，人間関係論は，いわゆる「経済人」モデルを否定し，人間の内的・心理的要因を重視したが，マズロー（Maslow, A），マグレガー（McGregor, D.），ハーズバーグ（Herzberg, F.）らは，人間関係論のこの視点を重視し動機づけ理論を展開していくことになった。

【注】

（1）村田稔「レスリスバーガー，F. J.」岩尾裕純編著『講座経営理論Ⅰ　制度学派の経営学』中央経済社，1972 年，341 ページ。

（2）同上稿，342 ページ。

（3）権泰吉『アメリカ経営学の展開』白桃書房，1984 年，124 ページ。

（4）岡田和秀「メイヨー」車戸實編著『新版 経営管理の思想家たち』早稲田大学出版部，1987 年，61 ページ。

（5）三浦庸男「人間関係論と行動科学」佐久間信夫・大平義隆編著『改訂版 現代経営学』学文社，2008 年，185 ページ。

（6）同上稿，185 ページ。

（7）同上稿，187 ページ。

（8）篠原三郎「大恐慌と『人間関係論』」川崎・橘・吉田編著『現代資本主義と経営学説』ミネルヴァ書房，1978 年，26 ページ。

（9）F. J. Roethlisberger, *Management and Morale*, 1941, pp.19-20.（野田一夫・川村欣也訳『経営と労働意欲』ダイヤモンド社，1957 年，24 ～ 26 ページ）

（10）権泰吉，前掲書，127 ページ。

（11）同上書，128 ページ。

（12）Roethlisberger, F. J. & Dickson, W. J., *Management and the Worker*, Harvard University Press, 1939, pp.6-14.

（13）*Ibid.*, p.522.

（14）Roethlisberger, op. cit., p.82.（前掲訳書，101 ページ）

（15）権泰吉，前掲書，129 ページ。

（16）同上書，129 ページ。

(17) 篠原三郎，前掲稿，30 ページ。

(18) 稲葉襄『企業経営要論』中央経済社，1991 年，266 ～ 267 ページ。

(19) 同上書，268 ページ。

◆参考文献◆

稲葉襄『企業経営要論』中央経済社，1991 年。

権泰吉『アメリカ経営学の展開』白桃書房，1984 年。

篠原三郎「大恐慌と『人間関係論』」川崎文治・橘博・吉田和夫編著『現代資本主義と経営
学説』ミネルヴァ書房，1978 年。

Roethlisberger, F. J., *Management and Morale,* Harvard University Press, 1941.（野田一夫・
川村欣也訳『経営と労働意欲』ダイヤモンド社，1957 年）

Roethlisberger, F. J. & Dickson, W. J., *Management and the Worker*, Harvard University
Press, 1939.

第5章
ウェーバーの官僚制組織論

第1節　ウェーバーの生涯と主要業績

　社会学の大家であり，経営学においても官僚制組織論の代表的論者として知られるマックス・ウェーバー（Max Weber, 1864 - 1920）は，1864年に，8人兄弟の長男として，ドイツのテューリンゲン州の都市エアフルトで生まれた[1]。ウェーバーは，1870年にデッベリーン私立学校に入学した後，1872年に王立王妃アウグスタ＝ギムナジウム（日本の中学・高校一貫校に相当）に転校した。彼は熱心な学生であり，歴史書，古典文学，哲学書を中心に多くの本を読み漁り，従兄の大学生とも何度も思想や本の内容について手紙のやりとりを行っていたほか，1877年のクリスマスには2編の論文を執筆している。

　ウェーバーは，1882年に高校を卒業後，その年にハイデルベルク大学に入学した。彼は法学を専攻していたが，国民経済学，歴史学，哲学，神学などの講義も聴講し，幅広い分野での学識を深めていった。1883年から1年間兵役に従事した後，彼が5歳の時に家族で移住したベルリンに帰省し，ベルリン大学に編入した。1885年末からの一時期，司法官試補試験の準備のためにゲッティンゲン大学で勉強していた時期もあったが（翌年合格），その後，再びベルリン大学に戻り，1889年に学位論文『中世商事会社史序説』で博士の学位を取得した。その3年後には，教授資格申請論文『帝政時代ローマの農業史』で，ローマ法，ドイツ法，商法での教授資格を取得した。

　ウェーバーは弁護士の仕事と大学での講師を行いながら生計を立て，1894年にフライブルク大学の経済学教授に就任した。その後，彼は，1896年にハ

イデルベルク大学に教授として招聘された。彼は家庭問題や精神的な病，仕事上のストレスなどのさまざまな事情から，1903年に教職から退くことになるが，その後も研究活動を精力的に行った。1918年にウィーン大学で再び教授になり，第一次世界大戦終戦後の1919年には，ミュンヘン大学に教授として招聘された。そして，1920年6月に，ウェーバーは，肺炎のため56歳で死去した。

　ウェーバーは，『社会科学と社会政策にかかわる認識の「客観性」(Die 'Objektivität' sozialwissenschaftlicher und sozialpolitischer Erkenntnis)』(1904年)，『プロテスタンティズムの倫理と資本主義の精神 (Die protestantische Ethik und der 'Geist' des Kapitalismus)』(1904～1905年) など，多くの著書，論文を発表した。ウェーバーによる研究の中で経営学において頻繁に取り上げられるのは，彼が『経済と社会 (Wirtschaft und Gesellschaft)』の中で展開した官僚制組織についての研究である。

　ウェーバーは，『経済と社会』の執筆に生前から取り組んでいたものの，その初版が出版されたのは彼の死後の1922年であった[2]。これは，彼の妻であるマリアンネ・ウェーバー (Marianne Weber, 1870 - 1954) によって，彼が校正段階にまで進捗していた原稿を第1部，その他の遺稿を第2部と第3部として編纂し出版された。その後，1956年には，ヨハンネス・ウィンケルマン (Johannes Winkelmann, 1900 - 1985) により，全面改訂が施された再編集版が第4版として出版され，現在までに第5版 (1976年) までが出版されている。

第2節　ウェーバーの近代官僚制組織の概念

1．ウェーバーの歴史観と近代官僚制組織の位置づけ

　経営学では，官僚制組織という用語は，ウェーバーが近代官僚制組織として示した概念のことを指すのが一般的である。官僚とは，「支配者に代って，管理的職務を行うために，優遇された条件のもとに雇用された専門人[3]」のことである。そして，官僚は，近代以前から皇帝や王族など君主の下で運営される組織にも存在していた。ウェーバーは，このような組織を家産官僚制と呼ん

でおり，近代官僚制組織と区別している。

　だが，ウェーバー自身が官僚制組織の定義をしておらず，近代官僚制組織を含め，彼の官僚制組織に対する理解を正確に把握することは容易ではない。とはいえ，ウェーバーの近代官僚制組織の概念は，彼の歴史に対するとらえ方（歴史観）と密接に結びついているほか，合理性という概念を中心に規定されているという特徴がある。そのため，ウェーバーの近代官僚制組織の概念を理解するには，彼の歴史観と合理性の概念をまず最初に理解する必要があるだろう。

　ウェーバーは，歴史を，以下のように，魔術からの解放，すなわち思い込みを排していく合理化（Rationalisierung）の過程としてとらえている[4]。この合理化の過程においては，人間は，どんな摩訶不思議なことの原因や仕組みばかりか，社会や自然の中に内在する法則をも究明することができるとされる。これらの法則を究明することで，人間が社会と自然を制御することも可能となる。

　一方，この法則を制御することができない人間や集団は競争に負け淘汰されることになる。そのため，人間は競争に負けないよう，最良の選択や方法などを追求せざるを得なくなり，その結果，人間はまるで「鉄の檻（stahlhartes Gehäuse)」に閉じ込められたような自由のない状態に陥ることになる。人間がこのような「鉄の檻」から抜け出すことは，淘汰されるということを意味する。そのため，合理化の過程の歴史の果てに現れるこの「末人（letzten Menschen)」は，意思のない機械のような存在として永久に生きていくしかない[5]。

　このようにウェーバーは，合理化の過程では，一般法則と目的を達成するための最善の方法の追求が進められるとしている。彼は，一般法則に則ったものであること，またそれ故に予測可能（計算可能）であることを「形式合理性」，目的を達成する手段として優秀であることを「目的合理性」と呼ぶ[6]。目的合理性の観点から優れた機械は，その動きが予測可能であるため，形式合理的な特徴も有しているといえる。

　しかしながら，ウェーバーは，これらのほかに，「実質合理性」や「価値合理性」という概念も提示している。実質合理性は一般法則ではなく特定の状況

からみて最良の方法であることであり，価値合理性は特定の善悪の価値規準に則ったものであることである。人間や集団の目的や価値は，状況や個人の価値観などによって変化するものである。そのため，不変の一般法則に則ったものを採用することは，これらの目的や価値の違いに対応しにくくなるということを意味している。したがって，形式合理性の進展は実質的には非合理をもたらすものであり，形式合理性は実質合理性と対立する概念である。

　これまでの内容を整理すれば，ウェーバーが示した合理化の過程は，形式合理性と目的合理性の追求の過程であると同時に，実質合理性の喪失の過程であるといえる。そして，彼は，この合理化の過程で登場する，形式合理的にも目的合理的にも最も卓越した組織形態として，近代官僚制組織を特徴づけている。実際に，近代官僚制組織は，「形式合理的な『法』を拠り所として，専門資格を備えた『官僚』（Beamte, bureaucrat）たちにより運営される組織形態[7]」や「所与の目的を達成するための合理的なシステム[8]」などと定義されてきた。

　歴史の中で合理化は社会全体で進行してきたのであり，それ故に，合理化を体現した組織形態である近代官僚制組織も，官庁に限らず，合理化が進んだ近代のあらゆる分野の組織（たとえば，病院，企業，学校など）で確認できるという[9]。また，近代官僚制組織は，目的を達成するための機械であり，その目的もまた「競争で敗北しないため」といった普遍的な動機に基づくものである。そのため，近代官僚制組織は，特定の人々の恣意的な支配の道具であり，身分制度や物理的暴力に基づく[10]家産官僚制とは大きく異なっている。

2．近代官僚制組織の特徴

　ウェーバーは，近代官僚制組織の特徴として，以下の6つをあげている[11]。

① 規則に従って明確な権限が配分されていること。
② 階層制が存在すること。
③ 文書を重視し，スタッフに依拠して職務が執行されていること。
④ 職務活動が専門的訓練を前提としていること。
⑤ 兼職が禁止されていること。

⑥　官僚が技術学の専門知識を備えていること。

　まず，第1の特徴は，感情や利害関係などではなく，規則に従って権限が割り当てられ，役割分担と責任の所在が明確にされていることである。次に，第2の特徴は，組織の中で命令系統の序列が明確に規定されていることである。なお，これは下位の階層にある者がより上位の階層にある者に必ず服従しなければならないという意味ではなく，下位の階層の者が誰に訴えを起こせばいいのかをより明確にする役割を果たすということが重要である。そして，第3の特徴は，スタッフによって職務が執行され，そこでは口頭よりも文書が重視されるということである。なお，ここでいうスタッフは，事務所を自宅としていないなど，仕事と家庭，会社の財務と家計，などを明確に分離していることを前提としている。

　また，第4の特徴は，財務，法務，研究開発，労務といった職務活動の遂行には専門的訓練が必要であるということである。そして，第5の特徴は，組織構成員は自身が所属する職務の遂行に全労働力を注ぐことが求められ，それ故に兼職が禁止されているということである。最後に，第6の特徴は，職務の執行は規則に従って行われるが，その規則は法学，経営学，簿記などの技術学に基づいているため，これらの専門知識を十分に備えた者が職務を執行しているということである。

第3節　合法的支配と近代官僚制組織の関係

1．支配と組織の関係

　ウェーバーは，支配（Herrschaft）を，「明示できる人々の下で，特定の内容を持った命令への服従を見出しうるチャンス[12]」と定義する。彼にとって，組織は支配のための手段という性格が強い。たとえば，彼は，組織を，「一群の人々による支配者の命令への継続的な服従ならびに命令権力・強制権力の行使への参加」や「命令権力の分配」などと規定している[13]。また，組織は支配が安全に機能するための対策（Vorkehrungen）として重要な役割を果たすとされる[14]。ここでは，ウェーバーの近代官僚制組織に対する理解を深めるた

めに，彼の考える支配と組織の概念，および両者の関係を検討する。

ウェーバーは，支配の構造を，支配者たるヘル（Herr），支配の「装置（Apparat）」，被支配者（Beherrschten）という３つの概念で規定する[15]。そして，いかなる支配も管理（Verwaltung）として機能するとされる[16]。支配とは，服従を見出しうるチャンスであるため，支配が機能している状態とは，命令に対して服従がなされている状態と考えられる。したがって，管理とは，命令を発することではなく，命令を発した相手がそれに服従するように努力することを意味しているといえよう。

そして，当然であるが，支配する者がいるということは，支配される者がいるということである。だが，支配者がすべて１人だけの力で被支配者を服従させることは困難である。そのため，支配者が支配を安定したものとさせるためには，支配者の代理で管理業務を遂行する官僚などの管理幹部（Verwaltungsstab）で構成される，支配の「装置」が必要である。このような支配構造は，これを企業に例えれば，また株主ではなく経営者を実質的な支配者

図表５－１　ウェーバーの支配構造と経営組織における支配構造

（支配構造の一般モデル）

支配者

支配の「装置」
（管理幹部・官僚）

被支配者

（経営組織における支配構造）

経営者

中間管理層

労働者

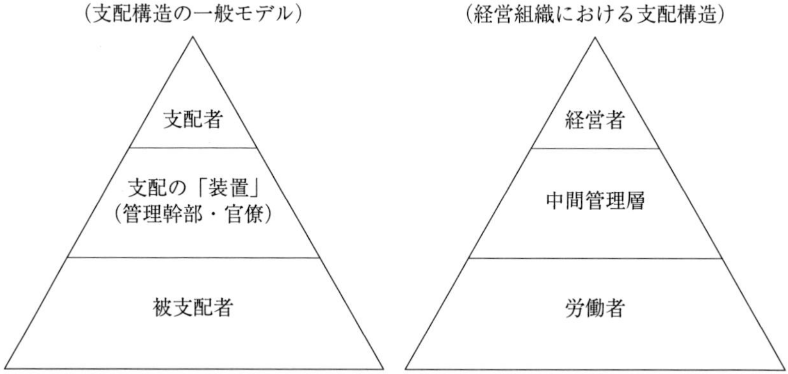

出所：左図は小阪隆秀「第１章　経営組織と官僚制―ヴェーバー官僚制組織における支配の構造―」稲村毅・百田義治『叢書　現代経営学⑧　経営組織の論理と変革』ミネルヴァ書房，2005年，61ページを一部修正，右図は山岡熙子『経営官僚制と人間問題』千倉書房，1986年，23ページを基に筆者作成。

第5章　ウェーバーの官僚制組織論　95

と仮定した場合には，図表5－1のように図示することができる。

　だが，支配の「装置」が有効に機能するには，その構成要素である各官僚を有機的に結びつけ，支配の装置の部品として有効に機能させるようにすることが求められる。これは，自動車の部品を並べただけでは，自動車が完成しないのと同じである。そして，支配者同様，官僚が管理を行うことができる範囲も限られているのであり，命令権力を分配し，命令系統の階層を形成していくことが求められる。

2．正当性の違いに基づく3つの支配の類型と近代官僚制組織

　先述したように，ウェーバーは，目的を達成するための手段として最も優れており（目的合理性），また組織全体が規則に従って機能するため計算可能性が高い（形式合理性）近代官僚制組織を，あらゆる組織形態の中で最も合理的な特徴を備えた組織形態としてとらえている。そして，組織を支配のための安全装置としてとらえるウェーバーにとって，近代官僚制組織は，最も合理的な支配を可能にする組織形態でもあった。以下，ウェーバーが考える合理的な支配の特徴を検討していく。

　ウェーバーは，被支配者が支配を受け入れる動機には利害関係，情緒，価値観などさまざまなものがあるものの，これらは非常に不安定なものであるとする。支配が安定したものとして確立されるには，その支配が正当なものであると信じられていることが不可欠であるとされる。実際に，あらゆる支配構造は自らの支配の正当性（Legitimität）を支配対象のみならずより多くの人々に信じさせようと努力しているという[17]。

　このことから，ウェーバーは，支配の正当性を評価する基準（信念）の違いに基づいて，支配を以下の3つの種類に分けている[18]。

①　合法的支配（legale Herrschaft）
②　伝統的支配（traditionale Herrschaft）
③　カリスマ的支配（charismatische Herrschaft）

　まず，第1の合法的支配は，その支配が目的の達成手段や善悪，計画性など

の観点から合理的なものであるという点で，正当性があるとみなされている支配である。次に，第2の伝統的支配は，その支配が伝統的なものであるという点で，正当性があるとみなされている支配である。そして，第3のカリスマ的支配は，その支配者個人が卓越した資質を備えている点で，正当性があるとみなされている支配である。

これら3つの支配のうち，合理性を支配の妥当性の基準とするものは合法的支配だけである。そして，ウェーバーは，合法的支配が合理的な正当性があるとみなされるのは，支配の原理となる規則などの法（Recht）が合理的な志向（目的合理性や価値合理性など）から制定されたものであり，なおかつ上司の命令や行動，服従義務，権限配分などがこの法に従ってなされているからであるとする[19]。具体的には，合法的支配の下では，①規則に縛られた経営，②割り当てられた権限の範囲内での経営，③統制のための階層の形成，④技術的な規則または規範としての規則の存在（および管理幹部の登用条件としての専門的訓練），⑤地位の専有の不在，⑥口頭よりも文書を重視する文書主義の浸透がみられるとされる[20]。

合法的支配の形態は，さまざま存在する。ウェーバー自身が，輪番制や抽籤制，選挙制の官吏制度，議会や委員会，合議制的な団体などにおいて，合法的支配に合致する場合があるとしている[21]。そもそも彼がいうように，歴史が合理化の過程であり，この過程において組織の合理化も進められているのであれば，合法的支配の特徴を備えた組織を見つけることはそれほど難しくはないということになるだろう。

だが，最も純粋な合法的支配，すなわち，形式合理性，目的合理性の観点から最も優れた支配を可能にするのは，これらの合理性を最大限に追求した近代官僚制組織においてだけであるという。実際，第2節で検討したように，ウェーバーが提示した近代官僚制組織は，上述した合法的支配の特徴をすべて備えている。ただし，近代官僚制組織の特徴の中には，合法的支配の特徴に含まれている官僚の任命方法については明示されていない。だが，管理には専門知識が求められるという特徴があるため，最も純粋な合理的支配を遂行するには，官僚は選挙ではなく専門資格に基づいて任命されることが求められる[22]。

第4節　近代資本主義の進展と近代官僚制組織の発展

　近代官僚制組織という概念は，18 ～ 19 世紀のヨーロッパ社会における市民社会の形成と資本主義の発展の中で構築されてきた[23]。ウェーバーは，産業における近代官僚制組織の発展に大きく着目しており，実際，彼は，資本主義的経営の下での支配を，自由意思に基づく契約を基礎としている点で，合法的支配の顕著な類型の１つとして位置づけている[24]。また，彼は，近代国家の発展の歴史を，近代的な官吏制度と官僚制的経営の歴史に帰着するとし，「近代的な高度資本主義の全発展は，経済経営の官僚制化の進展と一致する。官僚制的支配形態の役割は，いたるところで増大しているのである[25]」と述べている。

　本節では，三戸公 (1973) の学説に従って，産業における近代官僚制組織の歴史を把握していく[26]。三戸 (1973) は，近代官僚制組織の特徴を，①規則中心の原則，②階層化の原則，③専門化の原則という３つの基本的原則に集約している[27]。すなわち，合理的な規則・規律による体制の下で，協業の規模の拡大により階層が形成され，分業により各業務の専門性が高まっていることが，近代官僚制組織の基本的な特徴とされている。

　そして，三戸は，これらが基本的であるのは，この３つの原則が作用することで，以下の４つの副次的原則が新たに生まれるようになるからであるとする。副次的原則は，①権限の原則，②文書主義 (の原則)，③没主観性の原則，④本職性の原則の４つである。階層化と専門化が進展すれば，規則に従って権限が秩序づけられ，伝達手段や記録媒体として口頭よりも利便性・汎用性が高い文書が盛んに活用されるようになる。職務の専門化が進むため，職務の遂行には専門知識の習得とそのための訓練の実施が欠かせないものとなる。また，規則に従った職務の遂行は，機械が動くように，主観を交えない没主観的な行為である。その他に，各職務は労働者がもつ全労働力の最大限の活用を前提に割り当てられるほか，職務の遂行に必要な人材を確保するためのさまざまな制度的誘因も拡充されていく。これらを背景に，官僚は兼職をせずにすべての労

働力を本職にあてるようになる。

　三戸（1973）は，上述した3つの基本的原則が確立された時期とこれらに加えて4つの副次的原則も確立された時期をそれぞれ，近代官僚制組織の①成立期と②確立期に分け，産業における近代官僚制組織の確立の歴史を検討している。

　まず，成立期について，三戸は，マルクスの学説の検討を通して，産業において近代官僚制組織が成立していく様を把握している。近代資本主義が確立され，工場などの生産手段を所有する資本家の影響力が増大する中で，市場競争での勝利に不可欠な生産性の向上が産業全体で大きな課題として認識されるようになる。労働者は生産性向上のための単なる手段と化し，生産システムが最も効率的に稼働するよう，規則に従って行動することが求められるようになる。そして，複数の労働者が協業する工場では，分業体制が敷かれる中で，労働者の業務の細分化，専門化，階層化が進むようになる。

　生産システムにおける目的合理性の追求は，スピードと精密性の面で人間よりも有能な機械の導入とその普及，およびその機械の自動化と連続運転可能時間の長時間化により，ますます確固たるものとなる。そして，人間に代わり機械を中心とする生産体制が確立された後も，生産性の向上に向けた生産システムの精密化は継続されていく。その結果，人間の代替手段として導入された機械においても，その性能の専門化，さらには単機能化が深められていくことになる。このように，産業における近代官僚制組織は，より生産性の高い生産システムの構築の中で形成されてくることとなる[28]。

　そして，三戸公（1973）は，資本を独占する企業が生まれ，生産システムだけでなくこれを管理する組織においても近代官僚制組織としての要素が確立されたことをもって，産業における近代官僚制組織は確立されたとする。生産性の向上に最も長けた企業が市場での競争に勝利し，その市場を独占するようになる。消費者には，その勝利者である生産者が供給する製品しか購入の選択肢として与えられなくなる。生産システムの拡大とともに，事務所が各地に置かれるなど，生産システムの管理部署・部門なども規模を拡大していく。そして，この大規模化した組織においては，組織全体で規則中心の原則，専門化の

原則，階層化の原則による合理化が図られるようになる。そもそも，生産性の向上が生産システムの目的とされたのは，それが生産部門も含めた組織全体の共通の目的である利潤の極大化を達成するための合理的な手段だからである。

このような近代官僚制組織の確立期が最初に現れたのは，20世紀初頭のアメリカであった。三戸は，テイラーが提唱した科学的管理法を，現代の産業官僚制組織の基礎と位置づけている。従来の勘ではなく科学的根拠に基づいて管理を行う，形式合理性の高い科学的管理法に対し，ウェーバー自身も「最高の勝利（höchsten Triumphe）」や「経営の機械化と規律化の最終的帰結（letzten Konsequenzen）」などと評価している[29]。そして，工場における機械化は，テイラーの時点では未だ熟練労働者を必要としていたものの，フォード・システムにおいてはその必要もなくなった。機械が規則正しく機能することだけが求められ，組織全体の合理化もこれまで以上に進展することとなる。このことから，三戸は，フォード・システムの段階になって「産業における官僚制組織は，頭の先から足のつま先まで完璧のもの[30]」となり，完成形態に到達したとしている。

第5節　近代官僚制組織論への批判と経営組織論の発展

経営組織論の研究は，19世紀末〜20世紀初めごろに開始され，この初期の頃の研究は，伝統的組織論ないし古典的組織論などと呼ばれている（以下，便宜上，伝統的組織論に統一して表記する）[31]。この伝統的組織論は，組織を，所与の目的を達成するための手段であり，環境の影響を受けないという環境から閉鎖されたクローズド・システムとしてとらえるという特徴がある。

また，人間の目的達成の手段としての側面が強調されるほか（機能人仮説），人間は情緒や価値観などに関係なく自己利益の最大化を追求する利己的な存在としてとらえられている（経済人仮説）。また，組織は変化をすることのない静態的な存在としてとらえられている。これらの特徴は，ウェーバーの近代官僚制組織の特徴とも大きく合致するものであり，彼の近代官僚制組織論は，伝統的組織論の代表的研究の1つとして知られている。

組織理論の発展史は，官僚制組織の精緻化とその克服を巡って展開されてき
たともいわれ[32]，ウェーバーの近代官僚制組織論は，現代の経営組織論の重
要な礎石として位置づけられている[33]。20世紀以降の経営組織論は，近代官
僚制組織の問題点の究明，さらにはその克服によって発展してきた側面が大き
い。森本（1975）は，経営組織論の発展につながった近代官僚制組織の問題点
として，①逆機能（dysfunction），②人間仮説，③組織原則の3つをあげる[34]。

　第1の逆機能とは，意図せずにもたらされる効果のことである。官僚制組織
論では，精密な機械である近代官僚制組織がもたらす結果はすべて予測できる
と期待されているが，実際には，予期していなかった逆機能がもたらされると
批判された。具体的には，①組織の自己目的化，②人間性疎外，③貢献意欲の
低下などがある[35]。人間よりも機械や規則の方が強調され，規則を維持する
ためにまた別の規則が作られるという状態が生まれる。人間特有の感情や価値
観，多様性などが不要なものとして否定されるような，人間性疎外と呼ばれる
状況がもたらされることになる。当然，人間としての存在意義を認められない
労働者の貢献意欲は低下していくことになる。

　第2の人間仮説は，機能人仮説と経済人仮説であり，伝統的組織論では，こ
れらのいずれかまたはその両方が採用されていた。だが，1924年から1932年
にかけて実施されたホーソン実験の結果により，機能人仮説と経済人仮説が非
現実的な仮説であることが実証された。そして，その結果を踏まえて発展した
人間関係論では感情や人間関係といった自己利益の追求以外の要素が人間の行
動を規定するとの人間仮説が提示された。

　また，従来は規則に基づいて規定された公式の組織が主な研究対象であっ
た。だが，ホーソン実験と人間関係論により，従来検討されてこなかった，組
織構成員間で形成される，規則に基づいて規定されていない非公式の組織が，
公式組織の目的達成にも大きな影響を及ぼしていることが明らかとなった。こ
の意味で，人間関係論は，近代官僚制組織論の人間仮説，さらには組織のとら
え方をも大きく覆す影響を及ぼしたといえよう。

　第3の組織原則は，専門化の原則や命令一元制の原則などであり，伝統的組
織論では，合理的な原則を組織に当てはめることで，生産性や経営効率の向上

第５章　ウェーバーの官僚制組織論　101

などが実現できるとされていた。この組織原則論に対して徹底的な批判を加え
た論者にサイモンがいる。たとえば，意思決定においては，専門化の原則は上
司よりも専門家の命令に従うことを要求するのに対して，命令一元化の原則は
専門家よりも上司の命令に従うことを要求する。だが，このような原則が競合
するようなケースへの対処法は，組織原則論では示されていないのである[36]。

　このように，経営組織論の発展は，ウェーバーがその特質を体系的に究明し
た近代官僚制組織に内在する問題への批判によってもたらされてきたといえ
る。だが，このことはウェーバーの研究の功績を否定するものではない。とい
うのは，経営組織論に限らず，あらゆる学問領域での理論は，既存理論の問題
点（論理的矛盾や実態との乖離など）の究明とそれを克服する新しい理論の構築を
繰り返すことで発展してきたからである。また，近代官僚制組織に対する批判
が高まったのは，合理的な管理のための近代官僚制組織の必要性が高まり，そ
の普及が急速に進むにことに相まってその負の影響が深刻な社会問題となった
からである[37]。ウェーバーにとっての近代官僚制組織は，あくまで研究対象
であり，第２節で述べたように，そもそも彼自身も，この組織形態に実質非合
理性の点から大きな問題が内在していることを認識していたのである。

【注】

（１）ウェーバーの生涯については，中野泰雄『マックス・ウェーバー研究─社会思想史的
　　　考察─』新光閣書店，1977 年，および，ディルク・ケスラー（森岡弘通訳）『マックス・
　　　ウェーバー』三一書房，1981 年を参照のこと。
（２）『経済と社会』の編纂史については，以下を参照のこと。折原浩『マックス・ウェー
　　　バー基礎研究序説』未来社，1988 年。
（３）山岡熙子『経営官僚制と人間問題』千倉書房，1986 年，３ページ。
（４）本項の合理化の過程については，以下を参照のこと。吉田浩「マックス・ウェーバー
　　　における『形式合理性』と『実質合理性』との二律背反関係について：ウェーバー合
　　　理化論の批判的検討」『徳島大学社会科学研究』第 18 号，2005 年，63 〜 66 ページ。
（５）「鉄の檻」と「末人（最後の人間とも訳される）」という表現は，『プロテスタンティズ
　　　ムの倫理と資本主義の精神』の中に登場する。Weber, M. "Die protestantische Ethik
　　　und der 'Geist' des Kapitalismus, II.Die Berufsidee des asketischen Protestantismus,"

Archiv für Sozialwissenschaften und Sozialpolitik, Band XXI, J. C. B. Mohr, 1905, S.108-109.（大塚久雄訳『プロテスタンティズムの倫理と資本主義の精神』岩波書店，1989年，366ページ）

（6）ウェーバーの合理性の概念については，吉田浩，前掲書のほかに以下を主に参照した。池内秀己「四 管理論・組織論における合理性と人間性」『組織・管理研究の百年（経営学史学会年報 第8輯）』2001年，42～44ページ。鈴木秀一『経営文明と組織理論』学文社，1993年，47～74ページ。

（7）山岡熙子，前掲書，13ページ。

（8）森本三男『経営学全書22 経営組織論』丸善株式会社，1975年，39ページ。

（9）Weber, M. *Wirtschaft und Gesellschaft: Grundriss der verstehenden Soziologie: mit einem Anhang, Die rationalen und soziologischen Grundlagen der Musik (1. Halbband),* neu herausgegebene Auflage, besorgt von Johannes Winckelmann, 4. Auflage, J. C. B. Mohr, 1956a, S.128,（世良晃志郎訳『支配の諸類型』創文社，1970年，26～27ページ）

（10）小阪隆秀「第1章 経営組織と官僚制―ヴェーバー官僚制組織における支配の構造―」稲村毅・百田義治編著『叢書 現代経営学⑧ 経営組織の論理と変革』ミネルヴァ書房，2005年，47～48ページ

（11）Weber, M., *Wirtschaft und Gesellschaft: Grundriss der verstehenden Soziologie: mit einem Anhang, Die rationalen und soziologischen Grundlagen der Musik (2. Halbband),* neu herausgegebene Auflage, besorgt von Johannes Winckelmann, 4. Auflage, J. C. B. Mohr, 1956b, S.559-560（世良晃志郎訳『支配の社会学Ⅰ』創文社，1960年，60～63ページ）

（12）Weber, 1956a, a.a.O., S.28.

（13）Weber, 1956b, a.a.O., S.549.（前掲訳書，27ページ）

（14）Ebenda, S.548-549.（同上訳書，27ページ）

（15）Ebenda, S.549.（同上訳書，27ページ）

（16）Ebenda, S.545.（同上訳書，16ページ）ただし，必ずしも訳書に従っているわけではない。

（17）Weber, 1956a, a.a.O., S.122.（前掲訳書，3～5ページ）

（18）Ebenda, S.124.（同上訳書，10～11ページ）

（19）Ebenda, S.125.（同上訳書，13～14ページ）

（20）Ebenda, S.125-126.（同上訳書，14～17ページ）

（21）Weber, 1956b, a.a.O., S.552.（前掲訳書，35ページ）

（22）Weber, 1956a, a.a.O., S.127.（前掲訳書，20ページ）

（23）山岡熙子，前掲書，13～14ページ。

（24）Weber, 1956b, a.a.O., S.552.（前掲訳書，34ページ）

第 5 章　ウェーバーの官僚制組織論　103

(25) Ebenda, S.552.（同上訳書，35 ページ）

(26) 三戸自身は，ウェーバーの近代官僚制組織を「官僚制組織」と表記しているが，これ
は先述したように経営学的では一般的な用法である。三戸公『官僚制』未来社，1973
年。

(27) 同上書，116 〜 118 ページ。

(28) 同上書，67 〜 70 ページ。

(29) Weber, 1956b, a.a.O., S.695.（前掲訳書，37 ページ）

(30) 三戸公，前掲書，125 ページ。

(31) 本節の内容は，以下の文献を主に参照のこと。森本三男，1975 年，前掲書。森本三男
『現代経営組織論』学文社，1998 年。

(32) 小阪隆秀「三　ヴェーバー官僚制論再考―ポスト官僚制組織概念と組織人の自由―」
『経営学の展開と組織概念（経営学史学会年報　第 17 輯）』2010 年，37 ページ。

(33) 鈴木秀一，前掲書，46 ページ。

(34) 森本三男，前掲書，1975 年，40 ページ。森本もまた，ウェーバーがいう近代官僚制組
織を「官僚制組織」と表記している。

(35) 森本三男，前掲書，1998 年，18 ページ。

(36) Simon, H. A., *Administrative Behavior: A Study of Decision-Making Processes in
Administrative Organizations (4th ed.)*, The Free Press, 1997, pp.29-43.（二村敏子・桑
田耕太郎・高尾義明・西脇暢子・高柳美香訳『新版 経営行動―経営組織における意思
決定過程の研究』ダイヤモンド社，2009 年，43 〜 62 ページ）

(37) 小阪隆秀，2010 年，前掲書，40 ページ。

◆参考文献◆

池内秀己「四　管理論・組織論における合理性と人間性」『組織・管理研究の百年（経営学
　史学会年報　第 8 輯）』2001 年，41 〜 56 ページ。

石坂巌『経営社会学の系譜―M. ウェーバーをめぐって』木鐸社，1975 年。

大塚久雄編『マックス・ヴェーバー研究』東京大学出版会，1965 年。

折原浩『マックス・ウェーバー基礎研究序説』未来社，1988 年。

小阪隆秀「官僚制組織論の基本的性格と Weber の『支配』概念」『商学集志』（日本大学商
　学研究会）第 51 巻第 1 号，1981 年，37 〜 56 ページ。

小阪隆秀「第 1 章　経営組織と官僚制―ヴェーバー官僚制組織における支配の構造―」稲村
　毅・百田義治編著『叢書　現代経営学⑧　経営組織の論理と変革』ミネルヴァ書房，2005
　年，47 〜 75 ページ。

小阪隆秀「三　ヴェーバー官僚制論再考―ポスト官僚制組織概念と組織人の自由―」『経営

学の展開と組織概念（経営学史学会年報　第17輯）』2010年，36〜52ページ。

齋藤美雄『官僚制組織論』白桃書房，1980年。

鈴木秀一『経営文明と組織理論』学文社，1993年。

ディルク・ケスラー（森岡弘通訳）『マックス・ウェーバー』三一書房，1981年。

中野泰雄『マックス・ウェーバー研究—社会思想史的考察—』新光閣書店，1977年。

フリードリヒ・H.テンブルック（住谷一彦・小林純・山田正範訳）『マックス・ヴェーバーの業績（マックス・ヴェーバー研究双書4)』未来社，1997年。

三戸公『官僚制』未来社，1973年。

森本三男『経営学全書22　経営組織論』丸善，1975年。

森本三男『現代経営組織論』学文社，1998年。

山岡熙子『経営官僚制と人間問題』千倉書房，1986年。

吉田浩「マックス・ウェーバーにおける『形式合理性』と『実質合理性』との二律背反関係について：ウェーバー合理化論の批判的検討」『徳島大学社会科学研究』第18号，2005年，63〜143ページ。

Simon, H. A., *Administrative Behavior: A Study of Decision-Making Processes in Administrative Organizations (4th ed.)*, The Free Press, 1997. （二村敏子・桑田耕太郎・高尾義明・西脇暢子・高柳美香訳『新版 経営行動—経営組織における意思決定過程の研究』ダイヤモンド社，2009年）

Weber, M., "Die protestantische Ethik und der 'Geist' des Kapitalismus, II.Die Berufsidee des asketischen Protestantismus," *Archiv für Sozialwissenschaften und Sozialpolitik*, Band XXI, J. C. B. Mohr, 1905. （大塚久雄訳『プロテスタンティズムの倫理と資本主義の精神』岩波書店，1989年）

Weber, M., *Wirtschaft und Gesellschaft: Grundriss der verstehenden Soziologie: mit einem Anhang, Die rationalen und soziologischen Grundlagen der Musik (1. Halbband)*, neu herausgegebene Auflage, besorgt von Johannes Winckelmann, 4. Auflage, J. C. B. Mohr, 1956a. （第1部の第3章と第4章のみの訳書として，世良晃志郎訳『支配の諸類型』創文社，1970年）

Weber, M., *Wirtschaft und Gesellschaft: Grundriss der verstehenden Soziologie: mit einem Anhang, Die rationalen und soziologischen Grundlagen der Musik (2. Halbband)*, neu herausgegebene Auflage, besorgt von Johannes Winckelmann, 4. Auflage, J. C. B. Mohr, 1956b. （第2部の第9章の第1〜4節の訳書として，世良晃志郎訳『支配の社会学I』創文社，1960年）

第6章
バーナードの組織論

第1節　バーナードの主要業績

　バーナード (Barnard, C. I., 1886 - 1961年) は，1886年にアメリカのマサチューセッツ州で生まれ，1906年にハーバード大学に入学し経済学を専攻した。しかし，1909年に中退して，アメリカ電話電信会社 (AT & T) に入社した。その後 AT & T の子会社であるペンシルベニア・ベル電話電信会社に移り，1927年から20年間，やはり AT & T の子会社であるニュージャージー・ベル電話会社の社長として勤務した。同時に，彼はロックフェラー財団の理事長，アメリカ軍奉仕協会会長，アメリカ科学財団議長，財務長官補佐，国連原子力委員会アメリカ代表顧問などの要職を歴任した[1]。彼はフランスのファヨール (Fayol, H.) と同様，企業経営者としての経験を活かし，*The Function of the Executive* (1938年) と論文集 *Organization and Management* (1948年) を発表している。

　このうち近代組織論研究の礎を築き，サイモン (Simon, H. A.) らの組織論研究や行動科学的組織論研究に多大な影響を与えたのは *The Function of the Executive* (『経営者の役割』) である。本書は，バーナードがハーバード大学ローウェル研究所で行った8回の公開講義の原稿に加筆・修正する形で執筆されたものである。きわめて難解といわれるバーナードの理論体系は人間の理論，協働体系の理論，組織論，管理論の4段階で構成されている[2]ので，以下順を追って検討していくことにする。

第2節　個人と協働の理論

　バーナードは人間を自由意志をもち，能動的に行動し，選択能力を持つ存在として理解する。彼は人間の特性について次のように述べている。「これらの特性とは，(a) 活動ないし行動，その背後にある，(b) 心理的要因，加うるに，(c) 一定の選択力，その結果としての，(d) 目的，である[3]」。バーナードの人間観は，現状肯定的な受身的人間観ではなく，人間は自由意志と選択能力を持って行動するとする積極的人間観である。すなわち「人間にはつねに選択力があり，同時に人間は主として現在および過去の物的，生物的，社会的諸力の合成物[4]」である。

　伝統的経済学においては，人間は自己の利益を最大化することを目指して行動し，そのために必要な情報を全て入手できる存在であることが前提とされてきた。このような人間は「経済人モデル」と呼ばれ，こうした人間モデルを前提として経済理論が構築されてきた。

　一方，人間関係論における人間モデルでは，人間は非合理的な感情に従って行動する存在であるとする「社会人モデル」が提示された。

　一方，バーナードは人間を生物的要因，物的要因，社会的要因から制約を受けながら自由意志と選択力を持つ存在として捉える。バーナードのこの人間モデルは「全人仮説」と呼ばれる。

　バーナードは，人間は自由意志にもとづいて選択行動をとるが，その行動は責任ある選択行動であるとして，次のように述べている。「ほとんどの人が，選択力を正常かつ健全な行動に不可欠なものと信じていることは，われわれの行動からして明らかである。したがって自由意思の理念は，個人責任，道徳責任，法的責任の教義と結合している。これは自律的人格という感覚を保持するためにも必要であろう[5]」。バーナードは「責任」を「反対の行動をしたいという強い欲望あるいは衝動があっても，その個人の行動を規制する特定の私的道徳準則の力」と定義し，人間を目的をもって行動する道徳的な存在として理解する。このような人間の理論はバーナード理論体系の基礎をなすものととら

えられる[(6)]。

　個人は動機を満足させるために目的的行為を行うが，その行為は求める結果と同時に求めざる結果をもたらすことになる。個人行動による目的の達成度は有効性（effectiveness）によって示され，動機の満足度は能率（efficiency）によって示される。

　「ある特定の望ましい目的が達成された場合に，その行為は『有効的』であるという。行為の求めない結果が望んでいる目的の達成よりもいっそう重要であり，しかも不満足なときには有効な行為でも『非能率的』という。求めない結果が重要でなく些細なものであるときには，その行為は『能率的』である[(7)]」。

　個人が目的を達成しようとするとき，個人の生物的能力や環境の物的要因によって制約されることがある。環境の物的要因による制約に対しては，個人はその物的要因を変更することによって目的を達成しようとするが，生物的能力による制約に対しては2人以上の個人の協働によってこの制約を解決しようとする。こうした協働が効率的であるためには，次の2つの条件が必要である[(8)]。

① 複数人の生物的能力の結合が効率的であること。
② 協働に参加する各個人にとって，その協働が満足できるものであること。

　協働は個人的・社会的な性質を持つものであるため，目的達成においては生物的・物的要因に加え，個人的・社会的要因という制約をも克服しなければならない。

第3節　バーナードの組織の概念

1．『経営者の役割』における組織論の位置づけ

　私たちは，今日，行政機関，会社，学校，病院，家族，といった一般的に組織と呼ばれるものと密接に関わりながら生活している。後述するように，バー

ナードは，一般的に組織と呼ばれるものを「協働体系（coöperative system）」と呼び，協働体系の構成要素の１つである「組織（organization）」と区別しているので，ここでもこれに従う。

バーナードの主著『経営者の役割』の目的は，これらのあらゆる協働体系に見られる普遍的な経営者（または管理者）の役割，すなわち管理という機能の一般的性質の究明にある。アメリカ経営学は，バーナードがいうところの協働体系をいかに管理するかを主たる問題意識としてきた。この管理の一般理論の追求という点では，バーナードもまた同じであるといえる[9]。

だが，このような管理の一般理論の構築には，その管理が行われる協働体系とは何か，さらには協働体系で活動する人間とは何かを究明することが求められる。第１節で述べたバーナードの理論体系は，このような事情によるものである。『経営者の役割』の理論体系において，組織論は，管理の一般理論の構築のための基礎理論という重要な役割を担っている[10]。

また，各協働体系が置かれている状況はそれぞれ異なっており，それ故に各協働体系には多様性が存在する。例えば，軍隊，病院，教会，民間企業といった協働体系は，それぞれ異なった特徴を有している。さらに，同じ種類の協働体系同士においても，例えばＡ社とＢ社でその内容が全く同じということはないであろう。だが，このように協働体系の実際の状況がそれぞれ少なからず異なっているにもかかわらず，我々はこれらの協働体系をすべて「組織」と呼んでいる。バーナードは，これはあらゆる協働体系に共通して存在する側面があるからであるとし，彼はこれを組織と呼ぶ[11]。そして，バーナードは，この組織の不変的な性質や機能の究明に向けた研究結果を踏まえることで，管理の一般理論の究明を試みたのである。

２．バーナードの組織の概念：協働体系との関係に基づく把握

本節１.で述べた事情から，バーナードの組織論を理解するためには，「協働体系と組織との関係を明確に認識することはきわめて重要である[12]」。バーナードの協働体系と組織の定義は次の通りである。バーナードは，協働体系を「少なくとも一つの明確な目的のために二人以上の人々が協働することによっ

て，特殊の体系的関係にある物的，生物的，個人的，社会的構成要素の複合体である[13]」と定義する。そして，組織を「二人以上の人々の意識的に調整された活動や諸力の体系[14]」と定義する。

バーナードによれば，協働体系は，①物的体系，②人的体系，③社会的体系，④組織という4つの補助体系から成り立つ[15]。体系とは，規定の秩序の下で，すべての構成要素が相互依存的に機能して関連をもつがゆえに全体として扱われるべきものである[16]。例えば，ロボットは，そのパーツをただ並べただけではロボットとは呼べない。ロボットは，各パーツが特定の秩序（設計図で示された組み合せなど）の下に結合され，1つの全体として機能して（話す，動く，考えるなど）初めてロボットと呼べる。そして，ロボットを動かしているパーツが1つでも老朽化したり故障したりすれば，ロボット全体としての機能もまた影響を受けることになるように，体系の各構成要素は相互依存的な関係にある。

協働体系もまた，4つの補助体系が，構成要素としてそれぞれ相互依存的に結びつけられることで，機能している（図表6−1）。だが，4つの補助体系の中でも，組織は，他の3つの構成要素を相互依存的に機能させる役割を果たしているという点で，「協働体系のなかでは組織が中核[17]」である。先述したように，協働体系は，2人以上の人々の協働により，物的，生物的，個人的，社会的構成要素が相互依存的に結びつけられることで生じるとされている。この「2人以上の人々の協働」の部分に該当するのが組織である[18]。

例えば，企業という協働体系を考えてみた場合，物的要素には，建物や生産設備，資金などがあり，物的体系の機能としては，設備投資や出資などがある。また，個人的要素には従業員や管理者の個人的な感情や目的，生物的要素には各人の身体的特徴や年齢などがある。人的体系は，個人的要素と生物的要素の体系であり，その機能としては，感情の変化や年齢や体力による労働への制約などがある。そして，社会的要素は，組織間の分業や売買といった交換であり，社会的体系にはその交換の実際の方法や内容などがある。

そして，企業では，これらの物的体系，人的体系，社会的体系が，共通の目的の下に調整，統合され機能している。例えば，設備投資や人材育成，分業体

図表6－1　バーナードの協働体系の概念図

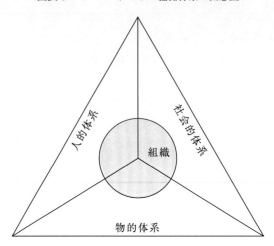

（注）出所に示した原著では，「体系」は「システム」と表記され，また「社会的体系」は「交換システム」と表記されている。
出所：占部都美『近代組織論（Ⅰ）―バーナード＝サイモン―』白桃書房，1974年，30ページを一部修正。

制などは，組織の共通の目的の下に調整され，管理されている。これら3つの補助体系がこのように統合されなければ，協働体系は1つの体系として成立，存続しえない。このように，組織は協働体系の中核的要素である。

また，設備投資の内容は労働者の技能や分業体制などの状況によって影響を受けることになる。同様に，既存設備の性能や労働者の技能といった状況の違いによって，どのような分業体制を整備するかも変わってくる。このように，協働体系を構成する各補助体系は，相互依存関係にある。

3．バーナードの組織の概念：組織の概念規定に基づく把握

先述したように，バーナードは，組織を「2人以上の人々の協働」であり，また「活動や諸力の体系」であるとしている。バーナードにとって，組織はあくまで，「物理学で用いられるような『重力の場』または『電磁場』に類似した一つの『概念的な構成体』[19]」である。そして，彼はまた，組織を，「触知

しえない非人格的なものであり，主として関係の問題である[20]」と規定する。このような組織の概念規定が示すように，バーナードにとって，組織の構成要素は「諸力や活動」であり，人間自体は組織の構成要素ではなく，これらの構成要素を生み出す源泉であると位置づけられている。

このような人間の位置づけは，バーナードが「構成員（members）」という用語を「貢献者（contributors）」と置き換えて用いていることからも伺える[21]。すなわち，人間は組織の構成要素（構成員）ではなく，その構成要素である諸力や活動を生み出す組織の貢献者であるとされている。そして，貢献者には，組織図に構成員として記載されている者以外の人間も含まれる。例えば，企業は，商品の購入，原材料の供給，出資などの活動が無ければ機能できないのであるから，顧客や供給業者，投資家などもまた組織の貢献者に含まれる[22]。

また，バーナードは，組織を次のようにも規定する。組織とは，「つねに，調整された人間努力の非人格的な体系である。そこにはつねに，調整および統一の原理としての目的がある[23]。」すなわち，人々の活動は，個人的な動機によるまとまりのないものではなく，共通の目的の下に調整され，その達成に貢献するものとなって初めて組織の構成要素となるのである[24]。

4．公式組織と非公式組織

バーナードは，「組織」という用語の他に，「公式組織（formal organization）」と「非公式組織（informal organization）」という用語も用いている。この「公式組織」という用語は，前項までに検討した「組織」のことである。一方，非公式組織は，共通の目的が除外された「個人的な接触や相互作用の総合，およびすぐ前に述べたような（群集心理や世論などを形成・共有しているような：引用者補注）人々の集団の連結[25]」と定義されている。

ここで注意しなければならないのは，非公式組織が，共通の目的が除外されたと規定されていることである。先述したように，組織は個人的な目的ではなく共通の目的のために行われる活動の非人格的な体系である。したがって，共通の目的を持たない非公式組織は組織ではなく，「非公式組織についても『組織』という用語を用いるのは適当とは思われない[26]。」

第4節　組織の成立と存続，および経営者の役割

1．バーナードの組織の成立の条件

　バーナードは，組織の要素として，①コミュニケーション（communication），②貢献意欲（willingness to serve），③共通の目的（common purpose）をあげる。すなわち，「組織は，（1）相互に意思を伝達できる人々がおり，（2）それらの人々は行為を貢献しようとする意欲をもって，（3）共通目的の達成をめざすときに，成立する[27]」とされる。なお，先述したように，組織における貢献とは貢献者の協働のことを指す。このことから，彼は，貢献意欲を「協働意欲（willingness to coöperate）[28]」とも呼んでいる。

　先述したように，組織は，共通の目的の下に意識的に調整された非人格的な体系である。したがって，共通の目的がなければ組織は成立せず，また人間に共通の目的の達成のために貢献しようとする意欲がなくても組織は成立しない。ただし，バーナードは，組織は重力場のようなものとして規定され，活動と諸力という動態的な要素で構成されるとした。したがって，共通の目的が意味するところは，ある目的が存在していることにあるのではなく，ある目的が貢献者に共通の目的として受け入れられているということにある[29]。

　また，ある目的を伝達（コミュニケーション）することができなければ，その目的が貢献者に共通の目的として受け入れられ，また貢献者がその目的に対する貢献意欲をもつことは不可能である。このように，組織の3つの要素は，組織の成立の条件であると同時に，相互依存関係にある。そして，このような相互依存関係がバランスよく保たれている状態は「均衡（equilibrium）」と呼ばれる。なお，組織の3つの要素の均衡は，組織内部の要素間の均衡であることから，「内的均衡」とも呼ばれる[30]。

　ただし，バーナードは，先述したように，組織はその他の協働体系の構成要素と相互依存関係にあるとしている。したがって，彼は，組織を，組織外部の環境とも相互依存関係にあるものとしてとらえている。そのため，この内的均衡は，人間の個人的な動機といった外部環境にも適合したものであることを前

第6章　バーナードの組織論　113

提としている。彼は，「要するに，組織がまず成立するのは，前述の３要素を
そのときの外部事情に適するように結合することができるかどうかにかかって
いる⁽³¹⁾」と述べている。このような組織の外的要因との均衡は，「外的均衡」
とも呼ばれる⁽³²⁾。

２．バーナードの組織の存続の条件

　バーナードは，組織の存続には，組織の成立要件である３つの要素に関わる
内的均衡，外的均衡に加えて，有効性（effectiveness）と能率（efficiency）の外的
均衡が必要であるとする。ここでいう有効性と能率は，第２節で登場した個人
のそれとは異なり，組織の有効性と能率のことである。組織における「有効性
は，環境状況に対して設定された組織の目的の達成度⁽³³⁾」であり，能率とは，
「その体系の均衡を維持するに足るだけの有効な誘因を提供する能力⁽³⁴⁾」であ
る。

　まず，組織の有効性の外的均衡について，バーナードは，これを，「環境情
況に対して組織目的が適切か否かの問題である⁽³⁵⁾」とする。たとえば，組織
の目的が達成不可能なものであれば，貢献者の貢献意欲は低下することになる
だろう。このことは，協働体系の構成要素である組織と人的体系間の外的均衡
が，保たれていないことを意味している。

　次に，組織の能率の外的均衡は，「組織と個人との間の相互交換の問題であ
る⁽³⁶⁾」が，要するに，組織が提供する誘因と貢献者が提供する貢献が釣り
合っているかどうかである。いいかえれば，組織の能率の外的均衡とは，組織
が，貢献者（潜在的な貢献者も含む）たちに対して，組織の存続に必要な貢献を
獲得するだけの誘因を与えているかどうかということである。

　バーナードは，組織の貢献者である人間は，組織人格（organizational
personality）と個人人格（individual personality）の２つの人格を持つとする⁽³⁷⁾。組
織の目的に従って意思決定するのは組織人格であり，個人の価値観や意思に
従って意思決定するのは個人人格である。だが，個人が，組織に貢献しようと
するか否かの判断は個人人格，すなわち個人の自由意思によってなされる。し
たがって，組織の成立と存続に必要な貢献意欲を確保するには，個人人格を満

足させなければならない。バーナードは，この満足は，個人が組織への貢献よりも自分が得られる誘因の方が大きい（誘因＞貢献）と主観的に判断することで生じるとする[38]。そして，もし十分な誘因を提供することができない場合には，その不十分な誘因でも貢献を引き出せるように，貢献者を説得することが求められる。

３．バーナードの経営者の役割

バーナードの『経営者の役割』の原著は，*The Functions of the Executive* であり，直訳すれば経営者（もしくはより広義には管理者）の職能であるといえる。バーナードは，管理職能（executive functions）は，「協働努力の体系を維持する専門業務[39]」であるとする。具体的には，①コミュニケーション体系の提供，②不可欠な努力の確保の促進，③目的の定式化と規定であるとされる[40]。これらは，先述した組織の３つの要素に対応するものである。

ただし，管理職能が協働体系の維持にあるのであれば，その職能は協働体系の中核要素である組織を成立させるだけでは十分ではないといえる。すなわち，管理職能は，組織の存続の条件とも合致するものでなければならないだろう。この組織の存続の条件に対応するのが，バーナードが「管理過程（executive process）」と呼ぶ概念である。すなわち，管理職能そのものは，「一つの有機的全体としての管理過程を構成する諸要素にすぎない[41]」のであり，管理職能は組織（管理）過程の部分あるいは側面であり，両者を区別するのはあくまで説明の便宜上であるとしている[42]。したがって，管理過程は，組織の存続に必要な均衡を維持するための調整の過程のことである。

そして，管理職能と管理過程が密接に結びついたものであるとすれば，経営者の役割が組織の定義にある調整の機能の遂行にあることは明らかである。「多くの事情のもとで，調整の質こそ組織の存続における決定的要因である[43]。」すなわち，バーナードの経営者の役割は，組織の内的均衡と外的均衡に向けた調整を通し，組織を成立，そして存続させていくことであるといえよう。この調整においては，管理者が，「直接的な欲望や衝動に支配されず，組織の要求する組織準則に従おうとする態度を引き出すこと[44]」すなわち，

第6章　バーナードの組織論　115

リーダーシップを発揮することが重要である。

第5節　複合組織と管理組織

　バーナードは，1人の管理者が管理できる範囲の組織を単位組織（unit organization）と呼ぶ。そして，彼は，1人の管理者が管理できる範囲には限界があるため，組織は新たに単位組織を作り出したり，その他の単位組織を結合したりしながら，規模を拡大していくとする。このように複数の単位組織が結合した組織を，彼は，複合組織（complex organization）と呼ぶ[45]。ただし，複合組織は単位組織の寄せ集めではなく，共通の目的の下に調整された1つの組織である。したがって，これを構成する各単位組織もまた，複合組織全体の共通の目的の下に調整され，統合されている。各単位組織の管理者は，複合組織全

図表6－2　コミュニケーション体系としての複合組織の概念図

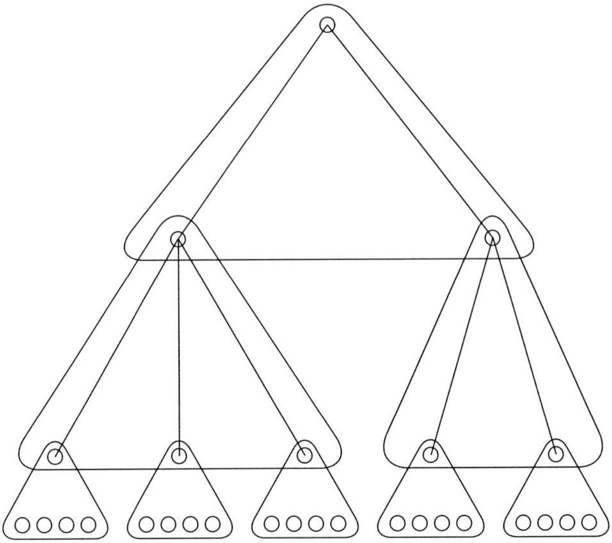

（注）○印は管理者であり，直線はコミュニケーションの経路である。
出所：飯野春樹『文眞堂現代経営学選集3バーナード研究』文眞堂，1978年，129ページ。

体の存続と単位組織の存続という2つの目的が両立するように，管理を遂行していくことが求められるのである。

　そして，この複合組織を維持するために形成されるのが，各単位組織の管理者たちで構成される管理組織である。複合組織が組織として維持されていくには，各単位組織に複合組織全体としての目的が伝達，共有され，この全体の目的に向けての貢献意欲が確保されなければならない。この管理組織は，より上位の単位組織からより下位の単位組織へと連なるピラミッド型のコミュニケーション体系である（図表6-2）。複合組織における各管理者は，複合組織全体へとコミュニケーション経路を張り巡らせるための媒介という重要な役割も担っている。

第6節　権威と命令の受容

1．権威受容説

　最後に，バーナードの学説，概念の中で最も知られているものの1つである，「権威受容説」と「無関心圏」について検討する。組織の存続に向けた調整を行っていくに当たっては，彼らが発する命令が組織の貢献者に権威として受容されていかなければならない。バーナードは，「一つの命令が権威をもつかどうかの意思決定は受令者の側にあり，『権威者』すなわち発令者の側にあるのではない[46]」とする。彼は，権威とは，「協働体系の要求に服従しようとする個人の意欲と能力[47]」の別名であるとする。権威受容説とは，権威は命令を受けた者がそれを受容してはじめて確立されるとする考え方のことである。

　ただし，バーナードの権威受容説が，命令の受容だけを権威の源泉としたのではないという点には注意する必要がある。実際，彼は，「権威は，一方では，個人の協働的態度に依存し，他方では，組織のコミュニケーション体系に依存する。後者なくして前者は維持されえない[48]」と明確に述べている。バーナードは，権威を「公式組織におけるコミュニケーション（命令）の性格[49]」と定義し，そして，コミュニケーションには，命令の受容だけでなく命令その

第6章　バーナードの組織論　117

ものの性格という側面があるとしている(50)。したがって，命令の受容もまた，命令を発する人の能力（リーダーシップの権威）や職位（職位の権威）といった(51)，命令体系の状況に依存しているのである。

2．命令の受容の条件

バーナードは，人間が命令を受容する条件として，以下の4つをあげる(52)。

① 命令を理解でき，また実際に理解すること。
② 意思決定に当たり，命令が組織目的と矛盾しないと信じること。
③ 意思決定に当たり，命令が自身の個人的利害と両立できると信じること。
④ 受令者が精神的にも肉体的にも命令に従うことができること。

もし権威の最終的な決定が受令者側にあるのであれば，管理者が組織をまとめ上げることは困難であると思われるかもしれない。だが，バーナードは，永続的な組織における命令は，以下の理由から，受け入れられるのが通常であるとする(53)。

まず，第1の理由は，このような組織で慎重に発せられる命令は，上述した4つの条件を満たしているのが通常であるからである。

次に，第2の理由は，個人には，命令を受け入れるかどうかについて考えることなく，ただただ黙って命令に従うことがあるからである。このただ黙って命令に従う範囲のことを，無関心圏（zone of indifference）という。「たとえば，タイピストとして一定の契約のもとに就職すれば，『これをタイプせよ』という命令は，その書類の内容のいかんにかかわらず，無関心に受容するがごとくである(54)。」

そして，第3の理由は，組織の貢献者たちの利害が無関心圏の安定性をある程度まで維持するような影響を与えているからである。第2節で述べたように，協働は，1人で目的を達成する際の制約を克服するために行われる。そして，組織の貢献者たちは組織の命令に従うことで利益を得ており，これらの貢献者たちは，常日頃から命令に従おうという積極的な関心を抱いている。そし

て，これらの貢献者たちの意識は組織の命令や業務に関係のないところ（すなわち非公式組織）で共有され，各貢献者たちの行動を規律づけることになる。

【注】

（1）高柳暁・岩尾裕純「バーナード, C. I.」岩尾裕純編著『講座経営理論／3　マネジメント・サイエンスの経営学』中央経済社，1974 年，381 ページ。

（2）岡田和秀・高澤十四久「VI バーナード」車戸實編『新版 経営管理の思想家たち』早稲田大学出版部，1987 年，87 ページ。

（3）Barnard, C. I. *The Functions of the Executives [30ᵗʰ Anniversary Edition]*, Harvard University Press, 1938/1968, p.13.（山本安次郎・田杉競・飯野春樹訳『新訳 経営者の役割』ダイヤモンド社，1968 年，13 ページ）

（4）Ibid., pp.13-15.（訳書 16 ページ）

（5）Ibid., p.13.（訳書 14 ページ）

（6）岡田・高澤，前掲書，88 ページ。

（7）Barnard, , op.cit., p.19.（訳書 20 ページ）

（8）Ibid., p.55；森本三男『経営組織論』丸善，1975 年，57 ページ。

（9）飯野春樹「第三章　協働体系と組織」山本安次郎・田杉競編著『バーナードの経営理論―『経営者の役割』の研究―』ダイヤモンド社，1972 年 a，61 ページ。

（10）同上書，61 ページ。

（11）Barnard, op.cit., p.66.（訳書，68 ページ）

（12）飯野春樹，1972 年 a，前掲書，57 ページ。

（13）Barnard, op. cit., p.65.（訳書 67 ページ）

（14）Ibid., p.73.（訳書 76 ページ）

（15）Ibid., p.240.（訳書 251 ページ）

（16）Ibid., p.77.（訳書 80 ページ）

（17）Ibid., p.240.（訳書 251 ページ）

（18）飯野春樹『文眞堂現代経営学選集 3 バーナード研究』文眞堂，1978 年，120 ページ。

（19）Barnard, op. cit., p.75.（訳書 78 ページ）

（20）Ibid., p.75.（訳書 78 ページ）

（21）Ibid., p.75.（訳書 78 ページ）

（22）Ibid., p.77.（訳書 79 ～ 80 ページ）

（23）Ibid., pp.94-95.（訳書 98 ～ 99 ページ）

第 6 章　バーナードの組織論　119

(24) バーナードは，以下のようにも述べている。「われわれが『組織』と名づける体系は，人間の活動で構成される 1 つの体系である。これらの活動を 1 つの体系たらしめるものは，さまざまな人間の努力がここで調整されるということである（Barnard, op.cit., p.77.（訳書 80 ページ）。」

(25) Ibid., p.115.（訳書 120 ページ）

(26) 飯野春樹「第四章 公式組織と非公式組織」山本安次郎・田杉競編著『バーナードの経営理論―『経営者の役割』の研究―』ダイヤモンド社，1972 年 b，92 ページ。ただし，バーナード自身は，『経営者の役割』の結論において，「非公式組織はすべての公式組織の中に見出される（Barnard, op. cit., p.286.（訳書 299 ページ）」とも述べている。このことを踏まえ，山本安次郎は，公式組織と非公式組織の関係については，「いろいろな考え方がありうる。バーナード自身種々の解釈を許すような考え方をしているところがある（山本安次郎「第十三章　結論」山本安次郎・田杉競編著『バーナードの経営理論―『経営者の役割』の研究―』ダイヤモンド社，1972 年 b，283 ページ）」としている。本稿では，上述した結論は，バーナードの本論の組織の概念規定と矛盾しているように思われるので，飯野の見解を採用した。

(27) Barnard, op.cit., p.82.（訳書 85 ページ）

(28) Ibid., p.83.（訳書 87 ページ）

(29) 飯野春樹，1972 年 a，前掲書，68 ページ。

(30) e.g., 山本安次郎「第六章 組織の均衡」山本安次郎・田杉競編著『バーナードの経営理論―『経営者の役割』の研究―』ダイヤモンド社，1972 年 a，133 ページ；河野大機『バーナード理論の経営学的研究（千倉経営学研究叢書 4）』千倉書房，1980 年，47 ページ。

(31) Barnard, op. cit., pp.82-83.（訳書 86 ページ）

(32) e.g., 山本安次郎，1972 年 a，前掲書，133 ページ；河野大機，前掲書，47 ページ。

(33) 飯野春樹，1978 年，前掲書，124 ページ。

(34) Barnard, op. cit., p.93.（訳書 97 ページ）

(35) Ibid., p.83.（訳書 86 ページ）

(36) Ibid., p.83.（訳書 86 ページ）

(37) Ibid., p.88.（訳書 91 ページ）

(38) Ibid., pp.85-86.（訳書 88-89 ページ）

(39) Ibid., p.216.（訳書 226 ページ）

(40) Ibid., p.217.（訳書 227 ページ）

(41) 加藤勝康「第十章 管理過程」山本安次郎・田杉競編著『バーナードの経営理論―『経営者の役割』の研究―』ダイヤモンド社，1972 年，219 ページ。

(42) Barnard, op. cit., p.235.（訳書 245 ページ）

(43) Ibid., p.256.（訳書 268 ページ）

(44) 田杉競「第十一章 管理責任とリーダーシップ」山本安次郎・田杉競編著『バーナードの経営理論―『経営者の役割』の研究―』ダイヤモンド社，1972 年，241 ページ。

(45) 先述したように，バーナードは，共通の目的を持つ組織とそれを持たない非公式組織との違いを強調するために，組織をあえて公式組織と呼ぶことがある。複合組織もまた，『経営者の役割』のところどころで複合公式組織と表記されている。

(46) Barnard, op. cit., p.163.（訳書 171 ページ）

(47) Ibid., p.184.（訳書 192 ページ）

(48) Ibid., p.175.（訳書 183 ページ）ただし，「コミュニケーション」は訳書では「伝達」と訳されている。以下，同じ。

(49) Ibid., p.163.（訳書 170 ページ）

(50) Ibid., p.163.（訳書 170 ～ 171 ページ）

(51) Ibid., pp.173-174.（訳書 182 ページ）

(52) Ibid., p.165.（訳書 173 ページ）

(53) 以下の段落の内容は，特に注のない限りは，以下を参照のこと。Ibid., pp.167-171.（訳書 175 ～ 180 ページ）。

(54) 飯野春樹「第七章 コミュニケーションとオーソリティー」山本安次郎・田杉競編著『バーナードの経営理論―『経営者の役割』の研究―』ダイヤモンド社，1972 年 c，164 ページ。

◆参考文献◆

飯野春樹『文眞堂現代経営学選集 3 バーナード研究』文眞堂，1978 年。

飯野春樹『バーナード組織論研究』文眞堂，1992 年。

占部都美『近代組織論（Ⅰ）―バーナード＝サイモン―』白桃書房，1974 年。

岡田和秀・高澤十四久「Ⅵ バーナード」車戸實編『新版 経営管理の思想家たち』早稲田大学出版部，1987 年。

河野大機『バーナード理論の経営学的研究（千倉経営学研究叢書 4）』千倉書房，1980 年。

高柳暁・岩尾裕純「バーナード，C. I.」岩尾裕純編著『講座経営理論／3 マネジメント・サイエンスの経営学』中央経済社，1974 年。

森本三男『経営組織論』丸善，1975 年。

山田保『日本的経営と欧米的経営―バーナード近代組織論の新展開』中央経済社，1983 年。

山本安次郎・田杉競編著『バーナードの経営理論―『経営者の役割』の研究―』ダイヤモンド社，1972 年。

Barnard, C. I., *The Functions of the Executives [30th Anniversary Edition]*, Harvard

University Press, 1938/1968.（山本安次郎・田杉競・飯野春樹訳『新訳 経営者の役割』ダイヤモンド社, 1968 年）

第7章
サイモンの意思決定論

第1節　はじめに

　グローバル競争が深化する今日，意思決定は企業の存亡に係わる経営管理的な技能としてますます重要になっている。企業組織の存続は経営者の戦略的意思決定とその決定を実行する現場の活動によっている。また現場では活動の方法に係る意思決定が行われる。企業組織は意思決定を誤ると市場競争において窮地に立たされる。その窮地を乗り越えるために，企業組織は不正会計や製品情報の偽装などの不祥事につながる誤った意思決定を行うこともある。利潤の増大につながらない意思決定，および不祥事につながる意思決定は企業組織の存続可能性を損なうような経営行動である。

　企業組織の意思決定は，経済学，経営科学，決定理論，システム分析，行動科学ないし組織科学，戦略的経営などさまざまな視点から研究が行われている[1]。本章では，現代経営組織の要論を提供するという本書の趣旨に照らして，行動科学ないし組織科学に通底するコンセプトを提示したサイモン（H A. Simon）の意思決定研究の核となる議論を見ていく。

第2節　意思決定の記述的研究

　意思決定に関する議論は，その目的に応じて規範的意思決定論と記述的意思決定論に大別される[2]。規範的意思決定論は，最適な意思決定とはどのような意思決定か，意思決定者は最適な意思決定を下すためにどのように行動すべ

きか，などの規範を提示することを目的とする意思決定論である。記述的意思決定論は，実際に意思決定はどのように行われるのか，意思決定者はどのように行動するのか，など現実の意思決定を記述することを目的とする意思決定論である。

　サイモンによる研究は，①意思決定過程の視点から組織を理解することを目的として，②人間による選択の構造の基本となる概念，および意思決定過程に影響を及ぼす組織変数や技術について詳細に検討することによって，③組織の中の人間の意思決定の現実，および意思決定過程としての公式組織について記述している。このような３つの特徴から，サイモンによる意思決定論は記述的意思決定論であるといえる[3]。

　実際に，サイモンは1945年の『経営行動』についての研究[4]において，専門化，命令の一元性，統制の幅，および組織編成の基準（目的別，過程別，顧客別，場所別）といった広く知られている経営原則はいずれも，経営組織が能率的であるかどうかを記述し診断するための基準であり，しばしば矛盾するため組織についての科学的な記述に適していないとしている。その上で，組織について科学的な記述を行うためには，組織の中の個人の意思決定，個人の意思決定に対する組織の影響，および意思決定の合理性について研究しなければならないとしている[5]。サイモンは人間（の意思決定・行動）の集合体としての組織の実際の姿を描くことなしに経営原則ないし組織の科学は成立し得ないとし，意思決定の記述的研究を試みたのである。

第３節　企業組織における意思決定

1．意思決定と限定合理性および経営人

　サイモンによれば，意思決定とは「全ての行為に先立つ選択」[6]であり，「なにがなされるべきかを決定すること」[7]である。人間は，意識的であれ無意識的であれ，行為に先立って多くの選択肢の中から１つを採用し行動している[8]。

　選択すなわち意思決定を行う人間について，社会科学では経済人と経営人と

いう2つの人間モデルがある（図表7－1を参照）。経済人は，近代経済学，ゲーム理論，統計的決定理論などが前提とする人間モデルであり，人間の認知能力の限界ないし制約を前提としない概念である。経済人という人間モデルは，意思決定者は，あり得るすべての選択肢とその結果を完全に知っており，どのような選択肢であっても常に採用できると想定する。またどの選択肢が自らの利得を最大化できるかを理解しており，その利得を最大化する選択肢すなわち最適解を採択するように行動すると想定する。この人間モデルに基づいて描かれる選択行動は意思決定者を取り巻くすべての環境状況に適応可能な，完全合理的な行動である。

　これに対して，サイモンが提示した経営人は，人間の認知能力には限界があり（＝知識の不完全性），そのため意思決定の場面で想起できる選択肢は限られており，また各選択肢の結果を事前に完全に予測することはできない（＝予測の困難性）という実際の人間の姿を描く概念である。経営人としての意思決定者は思いつく限りの選択肢の中から，目的に照らして満足し得る選択肢すなわち満足解を採択するように行動する。採択した選択肢（＝満足解）が偶然にも最適解と一致することはあり得る。しかし，人間はそもそも環境状況を完全に認識することは不可能であり，大半の事象を考慮の対象から除外することによって状況を単純化し理解する。人間はそうした状況理解の下に意思決定を行う。人間の認知能力には限界があるため採択した選択肢が最適解であるかどうかを判断する術はない。意思決定を行うとき，人間は意図の上では合理的であ

図表7－1　社会科学における意思決定の人間モデル

人間モデル	経済人	経営人
意思決定の原理	最大化	満足化
選択対象	客観的にあり得るすべての選択肢	思いつく限りの選択肢
選択する解	最適解＝最善の選択肢	満足解＝満足し得る選択肢
適応対象	「現実世界」の全ての複雑性に対処	知覚した状況＝単純化した状況
人間の特性	完全合理性	注意の制約，限定合理性

出所：二村敏子ほか訳（2009）『経営行動』新版，ダイヤモンド社，185ページより筆者作成。

ろうとするけれども，それには限界がある。そのため，偶然にも最適解と一致する選択肢を採択しているとしても，人間の意思決定＝選択という行為それ自体は常に限定合理的にならざるを得ない。このように，人間は限定合理的に意思決定を行うということを想定するのが経営人という人間モデルである。

2．意思決定の過程

　サイモンによれば，意思決定は経営管理者の職能の本質である。しかし，意思決定は組織全体の目的や政策の決定のみに係る過程ではない。選択すること＝意思決定することは人間の行為が存在するところすべてにあるプロセスであるという[9]。すなわち意思決定は企業「組織全体のどこにでもある」[10]選択の過程であるという。

　意思決定過程は次の4つの活動を含んでいる[11]。その4つの活動とは，①意思決定が必要となる条件を見きわめるため環境を探索する「情報活動」，②可能な行為の代替案を発見し，開発し，分析する「設計活動」，③利用可能な行為の代替案の中からある特定のものを選択する「選択活動」，④過去の選択を再検討する「再検討活動」である。個人や企業組織は何らかの問題に直面するとき，その問題を解決するために，このような一連のプロセス的活動を通じて意思決定を行う。

3．意思決定のプログラム化

　企業組織が事業活動において直面する問題には，日常的・反復的に生じる問題と1回限りの例外的な問題がある。サイモンによれば，問題を処理する手続きや方法が既に存在しており，新たに対処する必要がないような日常的・反復的に生じる問題に対する意思決定はプログラム化できるし，非効率を解消するためにそうするほうがよい。例えば，原材料・部品の発注，従業員への給与の支払い，製造現場における製品の組付作業など，日常的・反復的に行う業務の方法についてその業務を行うたびに新たに上記した一連のプロセス的活動を繰り返して意思決定することは非効率である。日常的・反復的に生じる業務・問題について，その解決法を決めておくこと，サイモンの言葉でいえば，意思決

定をプログラム化することは一般的である。ここで，日常的・反復的に生じる問題に係る意思決定をプログラム化することとは，その解決法を習慣化・慣例化すること，マニュアルなどの標準的な処理手続を作成すること，組織の設計によって構造的に問題を解消すること，および統計的手法やICTを利用してオートメーション化することなどを意味する（図表7−2を参照）。サイモンのいう意思決定のプログラム化とは，いい換えれば，意思決定の制度化である。

またサイモンによれば，企業が事業活動において例外的にしか直面しない問題，また組織の存亡に係るような特別重要な問題に対する意思決定はプログラム化できない。このような問題に対して企業組織ないしそのメンバーは，一般的に，経験や洞察および直観に基づく判断によって解決を図る。このような問題を解決するために，あるいはその解決法を改善するために，企業組織は（限定的ではあるが）合理的な意思決定を行うことができる人材の選抜，キャリア形成を通じたそのような人材の訓練，プロジェクトチームなど特別な組織単位の設置，ICTを利用したシミュレーションなどを実践している（図表7−2を参照）。

現代の企業組織は，しばしば「ピラミッド型」と呼ばれる垂直的な階層制を1つの特徴としている。サイモンによれば，組織の上層部は一度きりの構造化

図表7−2　サイモンが提示する意思決定の種類とその技術

意思決定の種類	意思決定技術	
	伝統的	現代的
プログラム化しうる意思決定：日常的反復的決定	(1) 習慣 (2) 事務上の慣例 (3) 組織構造	(1) オペレーションズ・リサーチ (2) コンピューターによるデータ処理
プログラム化しえない意思決定：一度きりの構造化しにくい例外的な方針決定	(1) 判断，直観，創造力 (2) 目の子算 (3) 経営者の選抜と訓練	発見的問題解決法 (a) 人間という意思決定者への訓練 (b) 発見的なコンピューター・プログラムの作成

出所：稲葉元吉・倉井武夫共訳『意思決定の科学』産業能率大学出版部，1979年，66ページより一部修正のうえ引用。

しにくい例外的な問題に直面しやすく，プログラム化し得ない意思決定を迫られることが多い。また組織の中層部および下層部は，日々の業務や活動において同様の問題が日常的・反復的に生じるため，意思決定をプログラム化することが効率的である。

4．意思決定の価値的要素と事実的要素

　サイモンによれば，意思決定は価値判断と事実判断の両方を含む。価値判断とは目的や目標の選択・設定を意味する。事実判断とはその設定した目的・目標に対して適切な行動の選択を意味する。意思決定を価値的要素と事実的要素に分けて考えることによって，「正しい」決定ないし「良い」決定とは何かを理解できるようになるという。彼によれば，価値判断は主観的な要素でありその「正しさ」は人よって異なる。設定された目的の「正しさ」を客観的・経験的に評価することはできない。一方，事実判断は目的の達成という視点から客観的・経験的に評価・検証することが可能である。つまり，意思決定の「正しさ」ないし「良い」意思決定であるかどうかは，事実判断においてのみ可能であるという[12]。

　例えば，「市場シェアを向上する」「収益を向上する」「国際化を進める」という企業経営に係る複数の目標のうち，「収益を向上する」という選択肢を採択することは，サイモンの言う価値判断＝目標の選択である。次に，例えば，収益を向上するための手段として，「製品開発のスピードを高める」「営業・販売を強化する」「企業買収を積極的に行う」という選択肢のうち，「営業・販売を強化する」ことを決定することは，事実判断＝行動の選択である。「収益を向上するために，営業・販売を強化する」という意思決定は価値判断と事実判断を含んでいる。「収益を向上する」という価値判断は正しいかどうかを評価できない。一方，「営業・販売を強化すれば収益は向上する」という事実判断は，事後的に，客観的・経験的に評価可能である。このように意思決定を価値的要素と事実的要素に分類することによって，意思決定はその正しさについて検証可能性を持つ概念になる。このことは，意思決定の科学化に係るサイモンの貢献の1つといえよう。

第4節　意思決定の側面から見た企業組織

1．意思決定と組織の階層制

　サイモンによれば，組織の中に埋め込まれている「経営過程は決定の過程である」[13]。先述したように，現代の企業組織は，垂直的な階層制を1つの特徴としている。また，意思決定は企業組織の中のどこにでもある選択の過程である。企業組織は手続的調整（＝権限ラインの確立と個人の活動分野の決定）と実体的調整（＝仕事内容の特定）を行い，個人が専門能力を発揮できるように組織メンバーに責任の付与（＝自由裁量の制限）を行う。そうすることによって，企業組織は意思決定の過程を内包する垂直的な階層制組織となる。

　サイモンは，現代の企業組織を意思決定の視点から次のような3層構造になっていると議論している。その3層構造とは，組織全体の目的や政策の決定に係る意思決定を行う上層部（経営者，取締役会など），上層部の決定を実行する下層部（現場の従業員，現場組織），上層部の決定を下層部に伝達する中層部（中間管理職など）である。この階層組織では，上層部が，例えば社会の公衆衛生に貢献するとか，競争力を獲得するというような達成すべき一般的な目的を決定する。この一般的な目的を達成するためのいくつかの手段（例えば，開発，調達，製造，流通，販売など）を特定する。この特定された手段を実行するための下位組織（例えば開発部門，調達部門，製造部門，流通部門，販売部門など）を設置する。これらの下位組織は上層部が決定した一般的な目的を達成するための下位目的を設定する。この下位組織は各々の目的を達成するための手段をいくつか特定し，その手段を部門内の課や更に下層の組織（＝上層部から見ると下位組織の下位組織）に割り当てる。以下これを繰り返すことによって，現代企業組織は階層的分業構造を持つ組織になる[14]。サイモンはこのような，意思決定の側面から見た企業組織の特徴を「手段－目的のハイアラーキー」[15]または「決定のハイアラーキー」[16]と称している。

2．意思決定の統合のシステムとしての組織

　現代の企業組織は，経営過程＝決定の過程を内包する垂直的な階層制組織であり，「手段－目的のハイアラーキー」を特徴とする。このハイアラーキーが組織として機能するためには，下位組織と下位組織内の個人（＝企業組織の事業部門や部門内の部署・課など，およびそこに所属する人々）の意思決定は，当該の下位組織の目的だけでなくより上層の組織が決定した目的を志向するという合目的的な決定である必要がある。下位組織と下位組織内の個人の意思決定を合目的的にするためには，調整と統合が必要になる。本項では統合についての，また次項では調整についてのサイモンの議論をみていく。

　人々が企業組織に参加する目的は個人的であり，多様である。例えば，従業員として企業組織で働く人々の目的は，家族を養うため，金儲けをするため，夢をかなえるためなどさまざまである。サイモンは価値判断の成否は評価できないとしているので，組織の中の人間が個人的に抱く目的それ自体は組織によって問われないことになる。この点で，サイモンの意思決定論は，組織の中の個人の精神的自由を保障する論理をもっているといえよう。しかし，人間集団が１つの組織として機能するために，組織の中の人間は組織の目的を与件として事実判断を行わなければならない。この点について，サイモンは「個人は，決定をする際には，彼が参加している組織化された集団の影響を受けなければならない。彼の決定は，彼自身の心的な過程の産物であるばかりでなく，組織化された集団の機能が影響を与えている，より広い考慮も反映していなければならない」[17]と指摘している。そうでなければ，人々の意思決定が散逸的になり，人間集団は組織として成立しないからである。

　意思決定の統合は，組織からの働きかけと人間がもつ順応性によっている。サイモンによれば，組織の中の個人は組織によって設定される環境のなかで意思決定を行う。個人にとって組織が設定する環境は与件である。組織の中の個人の行動はこの「所与の」環境に適応的になる[18]。このとき「組織が遂行している機能の一つは，組織メンバーの決定を組織の目的に適合させ，決定を正しく行うために必要とされる情報をかれらに提供するような心理的環境の中にかれらを置くこと」[19]であるという。一方，組織の中の個人はどのような方法

が組織の目的にとって有用であるか，実際に行動する中で試行錯誤することで，あるいは行動に先立って伝達される情報や経験から得た知識などに基づいて推測や理論的予測を行うことによって学習する。この学習によって記憶や（ファイルや文書などの）記録を蓄積し，人々は次第に「心理的環境」（＝組織によって設定される，個人にとっての「所与の」環境）に適応的な行動や意思決定を行うようになるという。この学習の過程ないし順応の過程を通じて，行動や決定は習慣化され，組織ルーティンとして定着するという。この習慣・組織ルーティンもまた個人の意思決定にとって所与の環境ないし「心理的環境」の一部になる[20]。要するに，サイモンによれば，組織に参加する人間の個人的な目的は何であれ，組織からの働きかけに対して人間が順応性を示すことによって，人々の意思決定は組織の目的を志向するものとなる，すなわち人々の意思決定は統合されるという。

3．意思決定の調整のシステムとしての組織

　前項では，人々の意思決定の統合のメカニズムについて，主として人間の順応性という点から議論した。次に考えるべきことは，①なぜ個人は組織に参加し，順応したがるのかということ，および②組織はどのように個人の意思決定に影響を与えるのかということである。

　①について，サイモンはバーナード（C I. Barnard）が言う誘因に基づいて議論している。サイモンによれば，人間はある組織で活動することが個人的な目標の達成に有効であるとき，組織に参加し貢献しようとする。ここでの個人的な目標は経済的インセンティブ，名声，社会的地位，協働の喜びなどを含む。人々が組織に参加する理由は，個人的に満足し得る報酬が与えられるかどうかによるという[21]。

　②について，サイモンは，権限，コミュニケーション（助言と情報），訓練，能率，および組織への忠誠心の開発と一体化という組織の諸様式が個人の意思決定にどのように影響を与えるのかを論じている。サイモンによれば，これらの様式を通じて組織は，個人の意思決定を直接的に規定するのではなく，人々に価値前提（＝組織の目的とその目的にとって何が望ましいかという意思決定の前提）と

事実前提（＝組織や個人が実際にどのような状況にあるのかという意思決定の前提・事実認識）という決定前提を与える。そうすることによって個人が組織にとって望ましい意思決定を行うように調整する。すなわち，「個人に対する組織の影響は，組織によって個人の決定が決められることではなく，個人の決定の土台となる前提のいくつかがその人に対して決められること」[22]である。このようにして組織からの影響を受けて行われる決定は，「価値前提と事実前提という一組の前提の集合から導き出される結論」[23]であるという。以下では，個人に対する組織の影響様式としての権限，コミュニケーション，訓練，能率，および組織への忠誠心と一体化について見ていく。

（1）権　限

　権限とは，「他者の行為を導く決定をする権力」[24]であり，「不服従者に対して制裁を適用する上位者の権力ではない」[25]。企業組織において，権限は部下が上司の決定を受容することによって成立する概念である。人間には他者の命令を受け入れることができる心理的な許容範囲がある。この許容範囲をサイモンは受容圏と呼んでいる。部下の受容の範囲を超えて上司が権限を行使しようとするとき，不服従が生じる。上司と部下の間に意見の不一致があり，合意に至ることができないとき，権限は「最後の言葉に対する権利」[26]として機能し，上司は強制力を持って決定を下すことができる。

　手続的調整，すなわち組織図を描くことによって組織メンバーの活動と権限の範囲を特定し，公式組織を作成すること，および実体的調整，すなわち組織活動の中身を決定し，マニュアルやルールを設定することは，組織における個人の責任を明確にする。個人の責任を明確にすることは，組織の中に権限のハイアラーキーを作ることを意味する。この権限のハイアラーキーは意思決定の専門化を可能にする。ある活動に対する意思決定の責任をその活動に関する専門的な知識やスキルを持つ人に与えることによって，組織は専門知識から利益を得ることができる。権限のハイアラーキーの適切な個所に専門家を配置することは組織の有効性を高めるために重要である。個人の責任と権限のハイアラーキーを明確にすることによって，組織内のコンフリクトを回避することが

できる。権限を分割し，仕事内容に基づいて部署や個人に分配することによって，個人の意思決定の土台となる前提のいくつかを作り出し，個人が組織にとって望ましい意思決定を行うように調整できる。経営者および組織の上層部がこのように，手続的調整と実体的調整を行って組織の中の個人の意思決定を調整することを可能にするのも権限の機能の1つである。

（2）コミュニケーションと訓練

コミュニケーションとは「組織のあるメンバーから別のメンバーに決定の諸前提を伝達する」[27]公式および非公式の過程である。コミュニケーションの公式の過程は，公式組織の権限のハイアラーキーに沿って行われる，ある部署から他の部署への垂直的・水平的な伝達の過程である。コミュニケーションの公式の手段は口頭による伝達，または組織内の情報フロー（＝文書，メモ，記録，報告書，マニュアル，フォローアップ・システム，web上のデータベースなど）である。コミュニケーションの公式の過程は，公式組織の枠組みに埋め込まれている。一方，非公式のコミュニケーションの過程は，公式組織の構造を示す組織図には描かれない組織メンバーの社会的関係から成る非公式組織に埋め込まれている。公式組織は非公式組織に補われることによって有効性を高めるのと同様に，コミュニケーションの公式の過程は非公式な過程に補われることによってその有効性が高まる。コミュニケーションの公式および非公式の過程を通じて，情報は組織の中であらゆる方向に流れる。公式の過程を通じて行われるコミュニケーションは権威と権限を伴う伝達であるため，非公式の過程による伝達よりも人々の注意と考慮を確保できる。

コミュニケーションにかかるコストは意思決定の集権化と分権化，あるいは公式組織の設計に影響する。ある活動に対する意思決定に必要な情報の多くはその活動の現場で発生する。また決定権を実際に活動する主体から切り離すことによって，コミュニケーションのコスト（＝意思決定とそれを伝達するための時間と労力）が増大する。これらのことから，専門知識を持って活動する部署や個人に意思決定の責任と権限を配分する必要がある。意思決定の責任と権限を分割し配分すること，すなわち意思決定の分権化を行うことは，その一面とし

てある特定の活動に係る責任と権限を特定の部署や個人に集中すること，すなわち意思決定の集権化を意味する。

権限やコミュニケーションが外側から個人の意思決定に影響を与える決定前提を設定する様式であるのに対して，訓練は，以下で議論する能率の基準および組織への忠誠心と一体化と同様に，個人の内側から影響を与える様式である。訓練とは個人に対する，組織に参加する前の教育と後の教育である。訓練は権限の行使やコミュニケーションを行うことなしに，個人が適切に意思決定を行うことができるようにするための手段である。組織は活動主体となる組織メンバーを訓練し，「必要な能力を与えることによって意思決定過程のいっそう高度な分権化を」[28]行うことができる。この意味で訓練はコミュニケーションの代替的な手段であるとサイモンは議論している。

（3）能　率

能率とは，目的を達成するための行動に係る意思決定，すなわち事実判断において最も効率的かつ効果的な方法を選択するための基準である。目的それ自体の決定，すなわち価値判断について，能率の基準は何の意味ももたない。先述したように，価値判断の「正しさ」は客観的に評価できないからである。一方，事実判断の「正しさ」は，組織のメンバーのある行動が組織目標の達成にどの程度貢献したのか，そのためにどれだけの費用を必要としたのかという経営状況の分析を行うことによって評価できる。この意思決定の「正しさ」に関する評価は能率の基準によって行われる。

企業組織の場合，能率とは収益と費用の差額を最大化するという基準で行動を選択することである。現実問題として，人間の意思決定は常に限定合理的なので，能率は絶対的な最大化＝極大化ではなく効率と効果が相対的に大きい行動を選択するための基準である。また組織の中の個人による意思決定は常に能率の基準によって支配されているわけではない。能率の基準は，組織の中の個人がもし（限定）合理的に意思決定を行うならば，利用できる全ての選択肢の中から最大の利益を組織にもたらす選択を行うであろうということを意味する。能率を基準にして意思決定を行う場合，コストを同程度必要とする選択肢

であれば，より組織目的の達成度が高い選択肢を採ることになる。また目的の達成度が同程度の選択肢であれば，よりコストが少ない選択肢を採ることになる。

　経営者の役割は組織全体の目的を決定し，利用し得る限られた資源を使用して組織の目的を最大限に達成するような選択をすること，また組織のメンバーにそのような選択を行うように，権限を行使したり，コミュニケーション経路を利用したり，訓練を行ったりすることである。企業組織における意思決定は，能率を基準にして可能な限り合理的に行われなければならない。人々は個人的な考慮によって組織に参加するかどうかを決定する。参加を決定した後の行動を規定するのは，その個人的な考慮ではなく，権限に対する人々の受容圏の限りにおいて，能率の基準である。

（4）組織への忠誠心と一体化

　組織に参加する個人は，当初は，権限のハイアラーキーやコミュニケーション経路を通じて組織目的を伝達される。また組織目的に照らして「正しい」と思われる意思決定を行うよう訓練される。組織の中の個人は能率の基準によってその行動を評価される。このような，組織による個人の意思決定の調整によって，組織目的は次第に個々の参加者に内在化され，組織の中の個人の心理や態度と一体化される。組織の中の個人は「組織への愛着ないし忠誠心を獲得し，それによって自動的に－すなわち外部からの刺激を必要とせずに－組織目的に合致した決定を間違いなくすることになる」[29]。

　人々の組織に対する忠誠心および一体化は，組織それ自体と組織の目的を対象とし得る。組織それ自体に忠誠心を持ち一体化している個人は組織の成長と存続に関心があり，行動についての選択肢や機会主義的な組織目的の変更に対して，存続と成長の観点から評価する。一方，組織の目的に忠誠心を持ち一体化している個人は，行動について選択肢を組織目的の達成に対する効果の観点から評価し，組織目的の変更に対して強い抵抗を示す。

　また人々の組織への忠誠心および一体化は，組織全体と組織の特定の部署を対象とし得る。例えば，「わが社のためになる」という理由で意思決定を行う

第7章　サイモンの意思決定論　135

場合，その人は企業組織全体に一体化している。「営業部のためになる」とい
う理由で意思決定を行う場合，その人は営業部＝企業組織の特定の部署に一体
化している。個人の意思決定が組織全体の目的に合致している場合，また個人
が属する部署の目的に合致している場合，どちらの場合も個人の意思決定とし
ては「正しい」。

　組織全体の利益とその組織の特定の部署の利益が一致しない場合，企業組織
の特定の部署およびその部署の目的に忠誠心を持ち一体化している個人は，自
らの部署さえ良ければよいというセクショナリズム的な観点から意思決定を行
うことがある。このような意思決定は，部門間のコンフリクトを発生させる原
因となる。セクショナリズム的な意思決定が行われないようにするためには，
手続的調整と実体的調整による公式組織の（再）設計，権限の行使，コミュニ
ケーション過程を利用して助言や情報を伝達すること，訓練を行うこと，およ
び能率の観点から組織全体の目的に対する各部署の行動を評価することによっ
て，各部署およびそこに所属する個人の意思決定を調整することが重要にな
る。

【注】

（1）宮川公男『意思決定論』新版，中央経済社，2010 年を参照。
（2）小橋康章『決定を支援する』東京大学出版会，1988 年，第 2 章を参照。
（3）経営学史学会監修，田中政光編集『サイモン』文眞堂，2011 年を参照。
（4）本章は，*Administrative Behavior*（邦訳『経営行動』）については，1997 年に発行され
　　た Fourth Edition（邦訳第 4 版，2009 年発行）を参考にしている。Fourth Edition は，
　　1945 年に発行された初版の内容とその内容を充実させるための「コメンタリー」に
　　よって構成されている。
（5）二村敏子・桑田耕太郎・高尾義明・西脇暢子・高柳美香訳『経営行動』新版，ダイヤ
　　モンド社，2009 年，43 〜 81 ページを参照。
（6）同上書，1 ページより引用。
（7）同上。
（8）同上書，4 ページを参照。
（9）稲葉元吉・倉井武夫共訳『意思決定の化学』産業能率大学出版部，1979 年，54 ページ

を参照。

(10) 二村ほか，前掲，1ページ より引用。

(11) 稲葉，倉井，前掲，55〜56ページを参照。

(12) 二村ほか，前掲，4〜6，および83〜88ページを参照。

(13) 同上書，9ページ より引用。

(14) 高橋伸夫訳『オーガニゼーションズ』第2版，ダイヤモンド社，2014年，192〜195
ページを参照。

(15) 同上書，115ページより引用。

(16) 同上書，6ページより引用。

(17) 二村ほか，前掲，170ページより引用。

(18) 同上書，143ページを参照。

(19) 同上書，143ページより引用。

(20) 同上書，150〜155ページを参照。

(21) 同上書，221〜222，および228ページを参照。

(22) 同上書，277ページより引用。

(23) 同上。

(24) 同上書，279ページより引用。

(25) 同上書，302ページより引用。

(26) 同上書，283ページより引用。

(27) 同上書，323ページより引用。

(28) 同上書，343ページより引用。

(29) 同上書，431ページより引用。

◆参考文献◆

経営学史学会監修，田中政光編著『サイモン』文眞堂，2011年。

小橋康章『決定を支援する』東京大学出版会，1988年。

宮川公男『意思決定論』新版，中央経済社，2010年。

March J. G., and H. A. Simon, *Organizations,* second edition, John Wiley & Sons Limited,
1993.（高橋伸夫訳『オーガニゼーションズ』第2版，ダイヤモンド社，2014年）

Simon, H. A., *Administrative Behavior: A Study of Decision-Making Processes in
Administrative Organization,* Fourth Edition, The Free Press, 1997.（二村敏子・桑田耕太
郎・高尾義明・西脇暢子・高柳美香訳『経営行動』新版，ダイヤモンド社，2009年）

Simon, H. A., *The New Science of Management Decision,* Revised, Prentice Hall College
Division, 1977.（稲葉元吉・倉井武夫共訳『意思決定の科学』産業能率大学出版部, 1979年）

Simon, H. A., *Models of Man,* John Wiley & Sons, Inc., New York, 1970.（宮沢光一監訳『人間行動のモデル』同文館，1970 年）

Simon, H. A., *Reason in Human Affairs,* Stanford University Press, 1983.（佐々木恒男・吉原正彦訳『意思決定と合理性』文眞堂，1987 年）

第8章
モチベーション理論の展開

第1節　経営学におけるモチベーション理論

　モチベーションとは課題に取り組む個人への「動機づけ」であり，経営学におけるモチベーション理論では，従業員への誘因や動機を明らかにし，効果的に人を動かす方法が模索されてきた。テイラー（F. W. Taylor: 1856 - 1915）の科学的管理法でも人間の動機づけは重要なテーマであり，目標を達成した従業員に高い賃金を支払うという物質的側面からモチベーションが考慮された。物質的誘因での動機づけの考え方は，「経済人」という人間観に依拠していたことを示している。

　1927年から開始されたホーソン実験（〜32年）では，生産性の改善が，職場の人間関係にあることが発見された。従業員にとって，良い人間関係が仕事に対するモチベーションになっており，安定感や帰属感という社会的欲求を持つ社会人という人間観の発見とともに人間関係論が展開されることになった。物質的報酬に加えて，人間関係に配慮した管理の必要性が提示されたのであった。そして，人間関係論の知見に行動科学の成果を取り入れて，モチベーション理論とリーダーシップ理論という行動科学的経営学研究が進展していく（図表8 - 1）。

　本章では，行動科学的経営学研究に影響を及ぼした行動科学の学説を考察したのち，モチベーション理論の主要学説について，内容理論と過程理論という2つの観点から説明する。その上で，近年のモチベーション理論について紹介しつつ，最後に，企業に求められるCSR（Corporate Social Responsibility, 企業の社

第8章　モチベーション理論の展開　139

図表8－1　モチベーション理論への発展

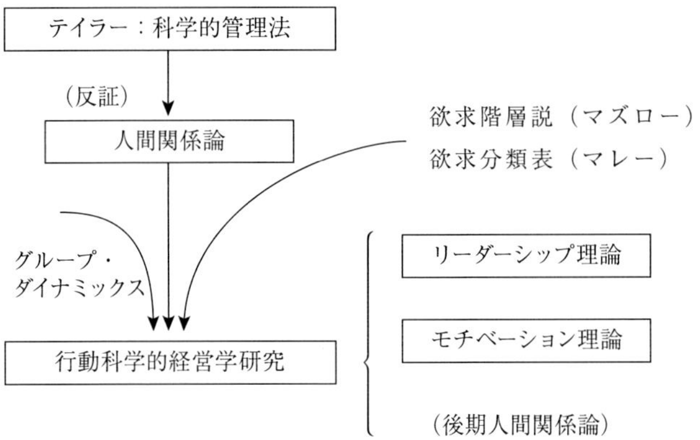

```
┌─────────────────────┐
│ テイラー：科学的管理法 │
└─────────────────────┘
            │
 （反証）    ↓
      ┌───────────┐         欲求階層説（マズロー）
      │ 人間関係論 │         欲求分類表（マレー）
      └───────────┘
            │
 グループ・  │              ┌─────────────────┐
 ダイナミックス│             │ リーダーシップ理論 │
            ↓↓             └─────────────────┘
   ┌───────────────────┐
   │ 行動科学的経営学研究 │       ┌───────────────┐
   └───────────────────┘       │ モチベーション理論 │
                              └───────────────┘

                                （後期人間関係論）
```

会的責任）との関係性からも従業員のモチベーションについて考えていく。

第2節　経営学に影響を及ぼした行動科学研究

1．行動科学的経営学研究

　ホーソン実験は，社会人仮説を提示したことで経営学の人間観に大きな影響を及ぼしたが，人間関係論に基づく人事管理は人間性に配慮し過ぎたため，「砂糖のように甘い経営」と批判されるようになった。しかし，人間関係論を端緒にして，経営学において行動科学の成果が導入されるようになり，行動科学的経営学研究が進展していく[1]。

　行動科学とは，文化人類学，心理学，社会学などの成果に基づいて行われる個人・集団行動を研究する学際的領域である[2]。そして，行動科学を取り入れた経営学研究がリーダーシップ理論とモチベーション理論なのである。リーダーシップとは，個人が集団に働きかけて目標達成と組織維持を図らんとする行動であり[3]，経営学では，集団を機能させるリーダーの個人的特性・資質に加えて，リーダーシップの影響を受ける集団の思考や行動が研究対象となっている。これに対してモチベーション理論では，個人の仕事に対する動機の解

140

明が主たる研究目的となっている。

　両者とも，従業員を有効に活用して，企業として高い成果を上げることを研究目的にしているが，集団を対象とするか，個人を対象とするかにおいて異なる特徴を有している。もちろん，リーダーシップとモチベーションが相互に関係を有していることは明かである。個人のモチベーションが高ければ，より良い集団思考や行動が構築される可能性が高まりリーダーシップが機能しやすくなる。また，リーダーシップがより良い集団思考と行動を導けば，それらが個人に還元されていき，個人のモチベーションを高めるとも考えられるからである。経営学が取り入れた代表的な行動科学研究には以下のものがある。

2．経営学が取り入れた行動科学研究

　まず，個人行動と集団行動の違いを明らかにするレヴィン（K. Z. Lewin: 1890 – 1947）のグループ・ダイナミクス（集団力学）研究がある。個人は自身の知識・価値・行動を有するが，集団行動の場合には，個人の単純総和ではなく，まったく異なった集団としての知識・価値・行動を構築することをレヴィンは指摘する。集団からの影響や圧力を受けて個人の価値観が変化するからであり，個人が集団の「新しい価値と信念の体系を受け入れ」るのである。レヴィンは，社会的行動が「認識によって導かれる」と述べ，集団から受け入れた価値や信念が個人の認識を変化させ，新たな行動を惹起させるという[4]。集団行動の理解には，個人ではなく，集団そのものの価値や信念などを理解する必要があることを示している。

　グループ・ダイナミクス研究は，集団行動を導くためのリーダーシップ研究の前提となっている。1940 年代には，レヴィンはマサチューセッツ工科大学で集団力学研究所を創設しており，同研究所は後にミシガン大学社会調査研究所（ISR）に移設され，以降，ISR がグループ・ダイナミクス研究の中心となった。そして，ISR の所長を務めたのがリーダーシップ研究の泰斗リッカート（R. Likert：1903 – 1981）であり，リーダーシップの「ミシガン研究」が ISR を中心に活発化していった[5]。

　モチベーション理論に影響を及ぼしたのが，マズローの欲求階層説とマレー

の欲求分類表である。マズロー（A. H. Maslow：1908 - 1970）は，人間を，究極的には自己実現を追求する存在ととらえたうえで，欲求が階層的に発言することを提示している（図表8 - 2）。人間の欲求は，低次の生理的欲求から高次の自己実現欲求まで階層的に形成され，低次欲求が満たされると1つ上の欲求を満たそうとする。最も低次の①生理的欲求は，食事や睡眠など生命を維持するものであり，これが満たされると，②安全・安定欲求という安全で安定した生活環境（居住空間や職業確保など）を求めるようになる。生理的欲求と安全・安定欲求が生理的・物質的な欲求であるのに対して，③所属・愛の欲求は，組織への所属を求めたり，愛情を欲したり与えたいという社会的欲求である。より高次の社会的欲求が④尊厳欲求であり，自尊心，組織内での承認や評価を求めるようになる。そして，最高次の欲求が⑤自己実現欲求であり，理想とする自分の姿へ近づくために，人間は能力を最大限に発揮できるよう努力するという[6]。

①から④の欲求は，満たされると人間を動機づける要因ではなくなり，より高次の欲求を求めるようになる。このことから，これらは不足・欠乏している欲求を満たす行動を人間に取らせる欠乏動機と呼ばれる。これに対して，⑤自己実現欲求は，一時的に満たされても，さらに高い目標に向かって自身を成長させようとする。決して充足することなく，自己実現を追求し続けるよう人間を行動させるため，⑤は成長動機と呼ばれる[7]。マズロー理論は，アージリス，マグレガー，ハーズバーグらの研究に強い影響を及ぼすことになった。

マレー（H. A. Murray：1893 - 1988）は，人間を動機づけ，行動に向かわせる20種類の社会的・心理的な欲求一覧（欲求分類表）を提示した。マレーによれば，欲求とは何らかの行動を惹起させる要因であり，達成，親和，攻撃，自律，反作用，防衛，服従，支配などの欲求が存在している[8]。マレーの欲求分類に基づけば，達成や親和などの欲求に強く動機づけられる人間は，仕事を通してそれらが満たされるほど，個人の高い業績を引き出せると考えられ[9]，このことを明らかにしたのがマクレランドの達成動機理論である。

図表 8 - 2　ズローの欲求階層説

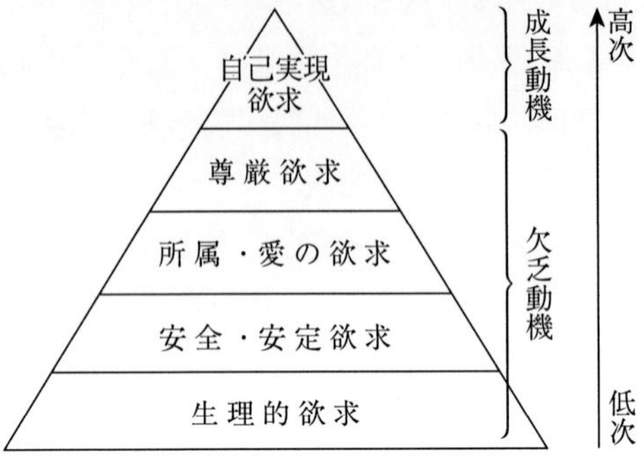

（自己実現欲求 / 尊厳欲求 / 所属・愛の欲求 / 安全・安定欲求 / 生理的欲求のピラミッド図）

成長動機 — 高次

欠乏動機

低次

出所：Maslow, A. H., *Motivation and Personality,* Harper & Brothers, New York, 1954, pp.60-67 に基づき作成。

第3節　モチベーション理論の主要学説

1．モチベーション理論の2分類

　モチベーション理論は，内容理論と過程理論の2つに分類される。内容理論は，個人を動機づける要因を解明するものであり，自己実現欲求など個人に内在する個人要因と，昇進や昇給などの職務特性に起因する環境要因に焦点を当てている[10]。過程理論は，人間のモチベーションについて，発生の心理的メカニズム，方向性，維持，終息のプロセスを明らかにするものである[11]。

　以下では，代表的内容理論であるアージリス，マグレガー，ハーズバーグ，マクレランドの研究を見た後に，過程理論について，ハルとアダムスの研究を若干紹介し，ヴルームの期待理論を詳細に検討していく。本章では内容理論を中心に考察していく。内容理論には多くの研究成果があり，近年でも，それらに基づきさまざまな研究がなされているのに対して，過程理論は心理学的な性質が強く，期待理論を除くと人間のモチベーションや行動を十分に説明できないからである[12]。

第8章　モチベーション理論の展開　143

図表8－3　モチベーション理論の主要学説

内容理論		過程理論	
未成熟－成熟理論	アージリス（1957年）	動因理論	ハル（1943年）
X理論・Y理論	マグレガー（1960年）	期待理論	ヴルーム（1964年）
動機づけ－衛生理論	ハーズバーグ（1966年）	公平理論	アダムス（1965年）
達成動機理論	マクレランド（1953年，85年）		

2．内容理論

（1）アージリス：未成熟－成熟理論

　アージリス（C. Argyris：1923-）は，人間が年齢を経て成熟する過程を7つの
側面からとらえた未成熟－成熟理論を提唱した（図表8－4）。人間は成熟する
につれて，尊厳や自己実現などの高次欲求に動機づけられ，また，人間は完全
に成熟することはなく，永遠に成長し続ける存在であることが指摘されてい
る。しかし，産業界では，「人間を『互換可能な部品』たらしめる」ことで効
率性を高めようとしており，従業員には，受け身や依存的に行動する未成熟な
状態を求める管理が実施されてきた。この結果，従業員を無関心で努力を惜し

図表8－4　未成熟から成熟した状況への変化

	未成熟　　　　　　　　→	成　熟
1	受動的行動から	能動的行動へ
2	依存状態から	独立状態へ
3	少数な行動から	多様な行動へ
4	気まぐれ，思いつき，浅い，すぐ低下する関心から	深い関心へ
5	短期展望から	長期展望へ
6	従属的地位から	対等または有利な地位へ
7	自己認識の欠如から	自己認識と自己統制へ

出所：Argyris, C., *Personality and Organization: The Conflict between System and the
Individual,* Harper & Row, New York, 1957, pp.50-51 に基づき作成。

む存在に変えてしまったという[13]。

アージリスは，企業が従業員を成熟した存在としてとらえ，高次欲求を満たす動機づけの必要性を説き，職務拡大や参加的リーダーシップという人事管理を提示する。職務拡大とは，従業員に多様な仕事を受け持たせることであり，彼らは自身の能力を最大限に発揮しようとして自己実現欲求が充足されていく。また，参加的リーダーシップとは，リーダーが従業員の自己実現を支援する管理方式である[14]。アージリスは，欲求階層説に依拠しながら，従業員を成熟した存在，あるいは成熟に向かう存在としてとらえ，個々の能力を最大限に発揮できるよう支援する役割が管理に求められることを指摘しているのである。

（2）マグレガー：X理論－Y理論

マグレガー（D. McGregor: 1906－1964）は，X理論-Y理論という2つの人間観を提示している。X理論では，人間は仕事嫌いであり，強制や命令がなければ努力せずに十分な能力を発揮しない。したがって，人間は命令されるのを好み，責任を回避して安全を好むととらえられている。X理論に基づく管理は褒賞と賞罰によって行われ，従業員は強い命令・統制の下に置かれる。科学的管理法は，まさにX理論に基づく管理の典型例であった。しかし，このような管理は，人間の生理的欲求や安全・安定欲求の充足には有効であるが，一定の生活水準が達成された状況下では，人間を動機づける誘因にはなりえない。

Y理論は，「従業員と企業目標の統合」に関する概念であり，以下のように人間をとらえている。①仕事は満足感の源泉にも懲罰の源泉にもなる，②自発的に受け入れた目標達成のためには自身の行動を導き・統制して働ける，③条件次第では自ら積極的に責任を受け入れようとする，④問題を解決する想像力や創意の能力が人間には備わっていることである。このように，Y理論に基づく人間観では，人間を自主性と責任を有する存在ととらえている。しかし，多くの企業では，人間の能力がほとんど活用されておらず，目標達成への貢献を導くには，その達成が従業員の尊厳や自己実現欲求を充足する必要があるという。

第8章　モチベーション理論の展開　145

マグレガーの「Y理論は，完全に正しいかは証明され」ていないが，人事管理における重要な示唆が見られる。例えば，Y理論に基づく管理では「統合の原則」を導入する必要があるが，これは企業の成功のために努力することが，従業員の目標達成になるよう導くことであり，目標管理という人事管理方式の原型になっている。さらに，マグレガーは，従業員による意思決定への参加，自己統制にともなう権限移譲など，Y理論に基づく管理の在り様を問うている。Y理論は一種の理念型であるが，マグレガーは，自己実現の観点から人間の欲求をとらえて新たな管理手法を提唱したのであった[15]。

（3）ハーズバーグ：動機づけ－衛生理論

ハーズバーグ（F. Herzberg: 1923-）の動機づけ－衛生理論は，仕事の誘因について，従業員の欲求を充足させるものと，不満足を解消するに過ぎないものが，それぞれ独立して存在することを示す考え方である。多くのモチベーション理論が，満足と不満足が中立状態を中間にして同一線上（満足⇄中立⇄不満足）に存在するとみなしていたのに対して（一元制仮説），このような彼の考え方は「二元性仮説」といわれる[16]。ハーズバーグは，アダムとアブラハムという2つの人間像からこの着想を得ている。アダム的性質では，人間は動物に類似した存在であり，痛みや不快を発生させる事象を回避しようとする。アブラハム的性質では，人間は潜在能力を有していて，成長や達成に向けて努力する精神的にも豊かな存在ととらえられている。つまり，人間は二重性格を有しているのである。欲求階層説に依拠すると，前者は生理的や安全・安定といった低次欲求に相当し，後者は尊厳や自己実現といった高次の成長欲求に該当する。

ハーズバーグは，会計士や技師らと面談して，仕事から得られた職務満足に関する調査を行った。この調査から，職務満足については，達成，承認，仕事そのもの，責任，昇進の5項目が，職務不満足については，企業の政策と経営，監督，給与，対人関係，作業条件の5項目が，それぞれの要因として明らかにされた。ハーズバーグは，前者を動機づけ要因，後者を衛生要因と呼称し，動機づけ要因を高めても職務不満足の解消には貢献しないし，反対に衛生

要因を解消しても職務満足の向上には貢献しないというモチベーション理論を主張したのである。

多くの企業では、人事管理は衛生要因の解消を目的に設計されており、短期的には従業員の不満足を解消したとしても、絶えず発生する従業員の不満の解消に追われることになるという。この状況を踏まえて、ハーズバーグは3つの人事管理施策を提案している。まず、人事管理部門の機能の半分を動機づけ志向に変更すること、ついで、衛生要因の追及を招く過度の職務訓練を回避すること、そして、職務充実の導入・実施である。職務拡大が仕事の水平的拡大であるのに対して、職務充実は仕事の垂直的拡大であり、従業員固有の仕事をより複雑に深めていくものである[17]。

動機づけ－衛生理論では、衛生要因には低次欲求、動機づけ要因には高次欲求との関係性が強く見られる。さらに、後者には達成の概念も含まれていることから、マレー理論の成果も吸収しつつ独自の理論が展開されていると考えられる。

（4）マクレランド：達成動機理論

マクレランド（D. C. McClelland：1917－1998）は、達成欲求に注目して人間のモチベーションを明らかにする達成動機理論を提唱した[18]。達成欲求とは、困難な目標を成し遂げて高い標準に達することで、成長して自尊心を増したいと願うものである。達成欲求の充足のためには、人間は、継続的で、激しい、反復的な努力を惜しまず、目標に向かって一心不乱に働き続ける[19]。自己の成長を図ることから、自己実現欲求と同様に達成欲求も成長欲求に分類される。従業員が高い成果を上げるためには、達成欲求を強化すべきことが指摘されているのである。

マクレランドは、達成欲求の高い人間にとっては、「より良い仕事をする」ことによって動機づけられることを指摘する。そのために仕事の難易度は、容易でも、きわめて困難でもなく、中程度に困難な仕事が達成欲求を充足することになる。容易な仕事では、誰でも高い成果を収められるし、きわめて困難な仕事では、誰もが失敗してしまうため仕事に取り組む意欲を失わせるからであ

る。それゆえ，中程度に達成困難な仕事こそが，達成欲求の高い人間を動機づける誘因となり，高い成果を導くことができるという。

　高い達成欲求を有する人間は，成果に対して責任感を有するため，彼らがどのように成果を達成したかについて情報提供を求める。さらに，彼らは，仕事を優れた方法で達成するためにイノベーティブな性格になるという。高い達成欲求が，人間を職業的な成功へと導き，また，成功した起業家には達成欲求の高さも見て取れるという。マクレランドは，達成欲求の高い人々で構成される社会は，より良い経済発展さえ遂げると考えている[20]。

　マクレランドは，達成欲求を強化することが人間を動機づけ，成長志向の人間よって形成される社会が経済発展に大きな影響を及ぼすことを示唆したのであった。

3．過程理論

（1）動因理論と公平理論

　以下では，過程理論に分類される動因理論と公平理論を若干紹介したのち，期待理論を考察していく。まず，ハル（C. L. Hull：1884 - 1952）によって提唱された動因理論である。動因とは欲求に近い概念（食欲や性欲などの生理的側面）であり，動因が人間に刺激を与え，これに反応することで人間は行動する。動員理論では，刺激と反応が結合して習慣化することで，人間行動を喚起・規定することを示している。しかし，動因理論は「過去の経験」に基づいてモチベーションを説明するものであり，単純な動物の学習行動を説明するのには適しているが，人間の複雑なモチベーションと仕事行動を十分に説明できないといわれている[21]。

　公平理論は，分配的公平理論と手続き的公平理論の２つに分けられる。前者は，「報酬とコストに関する分配」結果の公平・不公平さが個人の行動に及ぼす影響を，後者は，分配の手続き・プロセスの公平・不公平さが個人の行動に及ぼす影響をそれぞれ考察している。結果にせよ，手続きにせよ，人々がそこに不公平さを認識する場合に，それを打破するために行動を惹起するのである。代表的研究者アダムス（J. S. Adams：1925 - 1984）は，投入した努力に対す

る見返りとしての報酬において，従業員が不公平を知覚した際にそれを解消しようと行動すると指摘している。とくに，仕事努力に対する報酬が他者よりも低いと感じるときに，これまで以上の努力を行うようになるという。不公平な状況が，個人のモチベーションを高めると考えるのが公平理論の特徴である。しかし，不公平な状況では，組織から離脱する人間も出てくるはずであり，現実の人間行動を十分には予測できていないという批判も多い[22]。

（2）ヴルーム：期待理論

期待理論の代表的研究者ヴルーム（V. H. Vroom：1932-）は，人間の行動選択・方向づけについて，誘意性と期待の積によって明らかにするモチベーション理論を展開した。

誘意性とは，特定の結果に対する感情的志向であり魅力度のことである。人間が特定の結果を選好するとき，それは魅力的なのであり正の誘意性となる。反対に，結果が彼にとって無関心の場合にはゼロの誘意性となり，結果を得ない方が好ましいと考える場合には負の誘意性となる。結果に対する誘意性は，人間の価値観に従って異なるため，Aにとって満足をもたらしても，Bには不満足をもたらす可能性がある[23]。

期待とは，「行為が特定結果をもたらす可能性についての瞬時の信念」と定義される。活動と結果の関連性で示され，特定の行動が特定の結果を生ずるか否かの人間による確信なのである。期待について，行為が確実にその結果をもたらすと考える場合には1の値になり，結果をもたらす可能性が半々ならば0.5の値となる。結果が期待できないと考えるならば，0の値となる。最終的には，モチベーションの強度が「誘意性と期待の積の単調な増加関数」で示される。

活動に対する結果の期待が1〜0の値を取り，その結果の誘意性は正から負の値を取ることになる。このことから，期待と誘意性がそれぞれ0よりも大きくなければ，人間を動機づけることはできない。例えば，Aは目標を達成した際に，昇進という結果を確実に期待している（期待：1）。Aにとって昇進は魅力的であるならば（誘意性：正），両者の積は正の数値となり，Aを行動せし

第8章　モチベーション理論の展開　149

めるモチベーションとなる。これに対して，Bは昇進には魅力を持っているが（誘意性：正），目標を達成しても結果が期待できないと考えるならば（期待：0），両者の積はゼロとなり，Bを動機づけることはできない。そして，人間は，さまざまな仕事をしてそれらに付随する結果を期待する。仕事努力（a）に対する結果（a'）のモチベーション＝a（誘意性×期待），仕事努力（b）に対する結果（b'）のモチベーション＝b（誘意性×期待）…仕事努力（i）に対する結果（i'）＝i（誘意性×期待）となり，a＋b＋…＋iの総和が人間の全体的なモチベーションになるのである。

　また，ヴルームは，業績が能力とモチベーションの積によって決定されるととらえている。能力の低い人間のモチベーションを向上させても高業績は期待できないし，逆に，能力を向上させてもモチベーションが低ければ高業績は期待できないことから，能力とモチベーションの双方を向上させることが管理者には求められてくるという[24]。

第4節　近年のモチベーション理論の展開

1．近年のモチベーション理論

　近年のモチベーション理論としては，まず，人間が有する基本的感情のニーズを「欲動」（drive）という概念でとらえるノーリア（N. Nohria）らの研究がある。欲動は，①獲得（有形・無形を問わず希少な何かの獲得），②結束（個人・集団との結びつき），③理解（好奇心や知ること），④防御（脅威からの防御と正義の促進）の4つに分類される。獲得に対しては報奨制度，結束に対しては企業文化，理解に対しては職務設計，防御に対しては業績・資源配分の公正性と透明性の確保をそれぞれ課題として取り組むことで，欲動が充足されモチベーションが高まるという。モチベーションは，仕事への積極的参加，職務満足，コミットメント，離職意思という側面から測定されるが，4つの欲動を全体的に充足させることがモチベーション向上の鍵になる。組織においては，直属の上司が従業員の欲動を充足／阻害することにも関与できるため，上司のマネジメントが重要な役割を担うという[25]。なお，欲動は欲求階層説の所属・愛と尊厳という2

つの欲求に注目しつつ，人間の感情的な側面をとらえている。ノーリアらの欲動理論には，自己実現という抽象的欲求よりも，一段階下に位置する具体的な人間の感情面に働きかけて，モチベーションを向上させようとする内容理論的な考察を見ることができる。

　ついで，インナー・ワーク・ライフ（個人的職務体験，IWL）の観点から，知識労働者のモチベーションを明らかにするアマビル（T. M. Amabile）らの研究がある。IWL理論では，職場において出来事が発生し，知識労働者がこれを認識することから始まる。認識とは，仕事，自己，チームについての印象と理論を探すことであり，この認識が人々の感情へと影響を及ぼす。感情とは，幸福感，愛情，悲しみ，怒りなどであり，逆説的だが，個人が抱く感情によって認識が変わってくることもある。認識と感情が相互に影響を及ぼしながら，個人を行動させるモチベーションとなって業績の良し悪しを決定するのである。なお，知識労働は創造性の高い仕事であり，創造的な仕事を促進するために，上司には，職場の雰囲気ややる気の鼓舞に気を配るのではなく，何よりも仕事を進捗させるよう支援する役割が求められる[26]。IWL理論では，職場での出来事を契機にして，モチベーションが生起し成果を生む過程をとらえる過程理論的な考察が見て取れる。

　そして，近年では，従業員のキャリアとの関係でモチベーションが考察されている。特に日本では，バブル崩壊後の不況下で従業員のキャリア・パスに着目した研究が進められてきた。その代表が，山本のキャリア・プラトー（キャリア停滞）とモチベーションの関係性についての研究である。キャリア・プラトーとは，現在の職位以上の昇進可能性が低い状況のことであり，これは在任期間や人事評価など組織構造から把握可能な客観的プラトーと，職務状況の認知・意味づけに基づく主観的プラトーに分けられる[27]。客観的プラトーでは，現在の職位在任期間が長期化するほど離職意思を上昇させ，主観的プラトーは，モチベーションを低下させる意識や行動を発生させる。このことから，キャリア・プラトーを生じさせない人的資源管理の仕組みを構築していく必要があるのだという。山本の研究からは，昇進や昇給の機会などの環境要因に焦点を当てた内容理論的考察が見られる。

2．CSR とモチベーションの関係

（1）CSR とモチベーションに関する研究

　近年では，株主，消費者，従業員などのステークホルダー（利害関係者）間に生じる社会課題の解決に向けて，企業には CSR が強く求められている。企業に対して，社会性が求められているのである。また，CSR に取り組むことの見返りの1つとして，企業としては従業員のモチベーション向上が意識されるようになっている[28]。しかし，CSR が，従業員のモチベーション向上へ及ぼす影響については，キム（C. H. Kim）らと上原らの研究がある程度である。最後に本章では，CSR とモチベーションの関係性について，これらの研究を援用しながら両者の関係性についてその枠組みを考えていく。

　キムらは，従業員志向 CSR が従業員のモチベーションに与える影響について，マクレランドの達成・親和・パワーという3つの欲求との関係性からその考察している。まず，達成欲求の充足には，従業員の誇り，忠誠，学習と能力開発，楽しみと幸福という要因が影響してくる。CSR の実践によって従業員の誇りが高まり，生きる目的の1つが付与され，企業に対する忠誠心も高めることになる。仕事に対するやりがいが生まれることで，仕事を楽しいと感じるようになり，幸福感も高まる。さらに，CSR に従業員が参画して新たな経験を積むことにより学習と能力開発も促進されていく。

　親和欲求は，組織への所属や愛などの人間関係に起因する欲求であり，①家族との愛と結束，②同僚との感情と才能の共有などによって充足される。CSR の一環として家庭との両立支援を実施することで，従業員が家族と過ごす十分な時間を得られれば①を充足できる。従業員の家族が，彼の仕事内容や役割を知る機会が増えれば，家族の仕事に対する理解が高まり雇用者に対して正当性が付与される。また，CSR による誇りややりがいは，従業員間の心理的態度を変化させて②も促進させる。これに対して，パワー欲求は権力や他者の支配に関する欲求だが，CSR は同僚や社会に対する統制を強化するものではなく，従業員にとって経営管理に不足している人道主義的側面を感じさせる。このことから，CSR はパワー欲求ではなく，人間として尊敬され，発展し，社会に価値ある仕事をしたいと望む従業員の達成と親和の欲求を充足させるのであ

る[29]。

　上原らは，従業員が自社の CSR を評価することでモチベーションを向上さ
せることを指摘する。従業員の育成に力を入れ，本業を通した CSR を実践し
ている企業では，従業員が自社の CSR を高く評価して職務満足が高まり，ま
た，モチベーションの高い従業員の多い企業のほうが，より良い CSR が実践
されるという。そして，従業員のモチベーション向上には，彼らが自社の
CSR をどのように評価するかに依存してくる。上原らは，動機づけ-衛生理論
を援用して，仕事そのものによって動機づけられる人間を「M 因子追求者」
(M)，衛生要因に不満を持ちその改善に固執する人間を「H 因子追求者」(H)
として分類している。両者間では，CSR に対する評価にも差異が生じ，モチ
ベーションにも異なる影響を及ぼすという。

　また，上原らは，CSR を社会に良い影響を与える「攻め」，悪い影響の発生
を防ぐ「守り」に分類する。M にとっては，仕事，承認，責任が職務満足を
高める要因であり，CSR はこれらを充足する機能を有するととらえている。
そして，M は，攻めと守り双方への取り組みから満足を感じるため，総合的
な観点から自社の CSR を評価するという。これに対して，H は職場環境の改
善のみに注目し CSR の意義を十分に評価しないため，CSR も不満足を解消す
る衛生要因に過ぎないのである。このことから，CSR を通したモチベーショ
ン向上には，従業員が M でなければならないのである[30]。

　なお，キムらの研究では，企業による具体的な CSR 活動について分析され
ていないし，達成・親和欲求と CSR の関係性の理解も不十分である。また，
上原らの研究では，従業員による自社の CSR 評価に主眼が置かれているため，
CSR 実践による従業員のモチベーション変化について触れられていない。以
下では，このような課題を克服しつつ，CSR とモチベーションをとらえる枠
組みを構築していく。

（2）CSR とモチベーションに関する枠組み

　CSR とモチベーションに関する枠組みを構築するうえで，CSR の方向性を
2 つに整理する。一般的には，CSR は外部のステークホルダーに対して実践さ

れるが，近年では，内部の従業員に対する CSR（労働 CSR）の重要性も高まっている。労働 CSR では，労働法規制を超える取り組みを通して，ディーセント・ワーク（働きがいのある人間らしい仕事，DW）を実現することが中心的課題となっている。キムらの研究における学習と能力開発，家庭との両立支援などは，従業員の成長やワーク・ライフ・バランス（WLB）に配慮する管理であり，DW 実現を目指した取り組みである。上原らによれば，CSR は H のモチベーション向上には有効でないことが指摘されていた。しかし，労働 CSR によって，H が仕事にやりがいを感じるようになれば，仕事そのものが動機づけ要因へと変化したといえる。M にとっても，労働 CSR は，仕事が有する動機づけ機能をさらに高めると考えられる。

　労働 CSR に加えて，対外的に実践される CSR が従業員のモチベーションに与える影響も重要である。このことについて，2011 年 3 月 11 日に発生した東日本大震災時の被災地企業の行動に焦点を当てて考えてみる。被災地企業は，震災時に地域社会の存続に大きな貢献をしたが，そのような緊急時の企業行動はまさに従業員の献身的努力によって可能になったのである。

　例えば，宮城県で作業服・用品を販売するダブルストーン（WS）は，石巻市などの被災地において，震災翌日から唯一営業継続した店舗として知られている。WS の営業継続に尽力した従業員は，被災者から感謝されたことに対して，「仕事でこんなに感謝されたことはありません」と述べ感動していたという。WS の営業継続によって，従業員は自身の仕事の社会的役割を認識・評価し，モチベーションを向上させ，困難な状況下でも仕事に従事して営業継続に尽力できたのである。南三陸町の南三陸ホテル観洋は，壊滅的被害を受けた同町の被災者を受け入れて彼らの生活を支えたことで知られている。同社の従業員の多くは，沿岸部に居住しており家族の安否さえ分からない状況であったが，彼らは自身の家族を後回しにして被災者の受け入れに尽力した[31]。従業員が宿泊業の社会的役割を認識し，地域社会の危機克服に貢献できることを評価したのであり，このことが，従業員をして不安定な状況における職務遂行のためのモチベーションになったと考えられる。

　被災地企業の CSR では，従業員の協力と貢献なくしてその実践は不可能で

図表 8−5 CSR とモチベーションの関係性

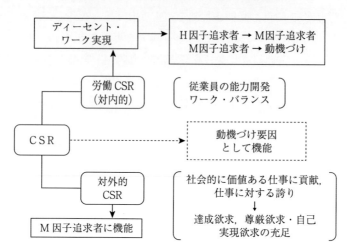

あった。そして，従業員は，企業活動を通して地域社会に貢献することに満足を感じる M だったのである。つまり，CSR を担うことで，従業員は仕事に対して誇りを有するようになり，達成欲求，あるいは尊厳・自己実現欲求が満たされていったと考えられる。

以上から，CSR と従業員のモチベーションの関係性についてまとめる（図表 8−5）。まず，本章では，CSR を動機づけ要因としてとらえ，さらに労働 CSR と対外的 CSR という 2 つに分類した。労働 CSR では，能力開発や WLB などを実施して従業員の DW を実現させ，H を仕事にやりがいを持つ M へと変化させる。既存の M に対しても，より良い仕事ができるようになり，動機づけ要因としての仕事の性質をさらに高める。対外的 CSR では，M に機能してモチベーションを高めることになる。従業員が CSR を担い社会的に価値ある仕事に貢献することで，自身の仕事を誇りに思うようになり，彼らの達成欲求や尊厳・自己実現欲求が充足していくと考えられるからである。

このように CSR の実践は，H を M に変容させ，M に対してはモチベーションをさらに強化すると考えられる。今後，この枠組みを精緻化していくためには，どのような労働 CSR 施策が従業員のモチベーション構造を変化させるの

に有効か，対外的 CSR においても，どのような取り組みが M の職務満足を向上させるのかを明らかにする必要がある。特に後者では，事業関連性の低いフィランソロピーと，本業を通した CSR の有効性の違いを検証していくことが重要である。

第5節　おわりに

　本章では，行動科学的経営学研究であるモチベーション理論の展開について考察してきた。まず，科学的管理法を反証した人間関係論に行動科学の成果を取り入れて，モチベーション理論が展開していくことを示した。とくに，マズローやマレーの研究成果が強い影響を及ぼしていた。ついで，内容理論と過程理論に分けてモチベーション理論を見てきた。内容理論は個人を動機づける要因に焦点を当てたものであり，未成熟 - 成熟理論，X 理論 -Y 理論，動機づけ -衛生理論，達成動機理論などがある。そこでは自己実現や達成といった人間の成長への欲求を重要視して，それを充足するためのマネジメントも提唱されていた。過程理論では，欲求の根本的な性質は所与としながらも，モチベーションが生起・継続するプロセスに焦点を当てており，動因理論，公平理論，期待理論などの理論展開がみられる。

　さらに，本章では，近年のモチベーション理論の展開についても考察してきた。欲動に焦点を当てるノーリアら，知識労働者の IWL を考察するアマビルら，キャリア停滞の影響を考察する山本の研究は，近年の職業環境の変化を踏まえたモチベーション理論であり，より良い人的資源管理施策についても提言されていた。最後に，企業の CSR とモチベーションの関係性についても考察し，両者の関係性について明らかにした。労働 CSR と対外的 CSR が，従業員に作用してモチベーションを高めていく可能性について言及したのであった。

　近年の日本の職業環境は，多様な就業形態の進展，就業人口の減少，正規・非正規従業員間の格差拡大，過労死や残業問題，外国人労働者の活用などさまざまな変化と課題に直面している。このような中で，優秀な人材を確保し継続的な貢献を導き出すためには，従業員の物資的欲求を充足しつつ，仕事を通し

て自己実現できるような人的資源管理が求められてくる。DW を確立して，従業員が働きがいを持ち，自身の仕事の社会的価値を評価するようになることが重要なのである。このようなことから，今後，社会課題解決に貢献する CSR が，従業員を動機づける大きな役割の１つを担っていくと考えられる。

【注】

（1）占部都美『新訂 経営管理論』白桃書房，1999 年，61 ～ 66 ページ。

（2）ハーシ・ブランチャード著，山本成二・水野基・成田攻『行動科学の展開―人的資源の活用―』生産性出版，1978 年，14 ページ。

（3）三隅二不二『リーダーシップの行動科学』有斐閣，1978 年，44 ページ。

（4）Levin, K., *Resolving Social Conflicts,* Harper & Brothers, New York, 1948.（末永俊郎訳『社会的葛藤の解決―グループ・ダイナミクス論文集―』創元社，1954 年，60 ～ 67 ページ）

（5）角野信夫「人間関係論研究（5）―人間関係から行動科学的組織論へ―」神戸学院大学経済学会編『神戸学院経済学論集』第 23 巻第 1 号，1991 年，39 ～ 40 ページ，65 ページ。

（6）Maslow, A.H., *Motivation and Personality,* Harper & Brothers, New York, 1954, pp.80-94.

（7）欠乏動機と成長動機の詳細については，三島重顕「経営学におけるマズローの自己実現概念の再考（2）―マグレガー，アージリス，ハーズバーグの概念との比較―」九州国際大学経済学会編『九州国際大学経営経済論集』第 16 巻第 1 号，2009 年，97 ～ 125 ページを参照のこと。なお，欲求階層説を修正する代表的研究者アルダファー（C.P. Alderfer）は，生存欲求（E），関係欲求（R），成長欲求（G）という 3 つの中核的欲求に基づく ERG 理論を提唱している。E は，空腹や渇きなどの生理的欲求と，給料や作業条件などの物質的欲求に相当する。R は，他者との考えや感情の共有という人間関係に関するものである。G は，自身と彼の環境に対して生産的な結果を達成したいと思う欲求である。ERG 理論でも，基本的に欲求の発現は E → R → G のように階層的に移行するが，G から E や R への逆行や ERG の同時発現なども指摘されている。

（8）欲求分類の詳細については，Murray, H.A., *Explorations in Personality: A Clinical and Experimental Study of Fifty Men of College Age,* OXFORD UNIVERSITY PRESS, New York, 1938, pp.144-242 を参照のこと。

（9）坂下昭宜『経営学への招待』白桃書房，1992 年，176 ページ。

第8章　モチベーション理論の展開　157

(10) 同上書，175 ページ。

(11) 原口俊道「モチベーションの内容理論」鹿児島経済大学経済学部学会編『鹿児島経大論集』第 26 巻第 2 号，1985 年，46 ページ。

(12) 坂下，前掲書，179 ページ。

(13) ハーシ・ブランチャード著，前掲書，87 ～ 90 ページ。

(14) Argyris, C., *Personality and Organization: The Conflict between System and the Individual*, Harper & Row, New York, 1957, pp.177-178, p.191.

(15) McGregor, D., *The Human Side of Enterprise*, McGraw-Hill, New York, 1960. pp.33-57.

(16) 原口，前掲書，57 ページ。

(17) F・ハーズバーグ，北野利信訳『仕事と人間性』東洋経済新報社，1968 年，17 ～ 18 ページ，83 ～ 89 ページ，192 ～ 193 ページ；Bockman, V.M., "The Herzberg Controversy," *Personal Psychology*, No.24, 1971, p.160。

(18) マクレランドの達成動機研究は，1953 年の『達成動機』（McClelland, D.C., Atkinson, J.W., Clark, R.A. and E.L. Lowell, *Achievement Motive*, Appleton Century, New York.）に始まる。本章では，同著ではなく，マクレランドの集大成的著書『モチベーション』（1985 年）に基づいて達成動機理論を解説している。

(19) Murray, op cit., p.164.

(20) McClelland, D.C., *Human Motivation*, Scott Foresman, Chicago, 1985, pp.227-255.

(21) C・L・ハル著，能見義博・岡本栄一訳『行動の原理』誠信書房，1960 年，343 ～ 362 ページ；坂下，前掲書，178 ページ。

(22) 謝暁静「ERG 論に基づく公正関心モデル」大阪市立大学経営学会編『経営研究』第 60 巻第 1 号，2009 年，36 ～ 37 ページ；坂下，前掲書，178 ～ 179 ページ。

(23) ある結果が次の結果を生じる際に確実に必要になり（＋1），また，ある結果が次の結果を確実に妨げる（－1）という「結果–結果」の関係性のことを結果に対する手段性といい，本来，これに基づいて誘意性は把握される必要がある。

(24) Vroom, V.H., *Work and Motivation*, John Wiley & Sons, New York, 1964（坂下昭宣・榊原清則・小松陽一・城戸康影訳『仕事とモティベーション』千倉書房，1982 年），pp.8-24, pp.203-204. ヴルームの期待理論は，ポーター＝ローラー（L.W. Porter and E.E. Lawler）や坂下昭宣らによって研究が進められて理論が精緻化している。

(25) Nohria, N., Groysberg, B. and L. Lee, "Employee Motivation: A Powerful New Model," *Harvard Business Review*, July-August 2008, pp.80-83.

(26) Amabile, T.M. and S.J. Kramer, "Inner Work Life: Understanding the Subtext of Business Performance," *Harvard Business Review*, May, 2007, pp.74-81.

(27) 山本寛『昇進の研究―キャリア・プラトー現象の観点から―』創成社，2000 年，34 ～ 35 ページ。

(28) KPMG「CSR 報告に関する国際調査 2008」2008 年，16 ページ。

(29) Kim, C.H. and H. Scullion, "The Effect of Corporate Social Responsibility (CSR) on Employee Motivation: A Cross-National Study," *Pozan University of Economic Review,* Vol.13 No.2, 2013, pp.13-17.

(30) 上原衛・山下洋史・大野髙裕「ワーク・モチベーションと CSR 評価—ハーズバーグの動機付け衛生理論と CSR 評価の関係性構築モデル—」日本経営工学会編『日本経営工学会論文誌』Vol.60 No.2，2009 年，105 〜 110 ページ。

(31) 矢口義教『震災と企業の社会性・CSR—東日本大震災における企業活動と CSR—』創成社，2014 年，138 〜 139 ページ，154 ページ。

◆参考文献◆

上原衛・山下洋史・大野髙裕「ワーク・モチベーションと CSR 評価—ハーズバーグの動機付け衛生理論と CSR 評価の関係性構築モデル—」日本経営工学会編『日本経営工学会論文誌』Vol.60 No.2，2009 年，105 〜 112 ページ。

占部都美『新訂 経営管理論』白桃書房，1999 年。

KPMG「CSR 報告に関する国際調査 2008」，2008 年。

坂下昭宣『経営学への招待』白桃書房，1992 年。

謝暁静「ERG 理論に基づく公正関心モデル」大阪市立大学経営学会編『経営研究』第 60 巻第 1 号，2009 年，35 〜 53 ページ。

角野信夫「人間関係論研究 (5) —人間関係論から行動科学的組織論へ—」神戸学院大学経済学会編『神戸学院経済学論集』第 23 巻第 1 号，1991 年，35 〜 77 ページ。

ハーシ・P・ブランチャード・K・H 著，山本成二・水野基・成田攻訳『行動科学の展開—人的資源の活用—』生産性出版，1978 年。

ハーズバーグ・F 著，北野利信訳『仕事と人間性』東洋経済新報社，1968 年。

原口俊道「モチベーションの内容理論」鹿児島経済大学経済学部学会編『鹿児島経大論集』第 26 巻第 2 号，1985 年，45 〜 68 ページ。

ハル・C・L 著，能見義博・岡本栄一訳『行動の原理』誠信書房，1960 年。

三島重顕「経営学におけるマズローの自己実現概念の再考 (2) —マグレガー，アージリス，ハーズバーグの概念との比較—」九州国際大学経済学会編『九州国際大学経営経済論集』第 16 巻第 1 号，2009 年，97 〜 125 ページ。

三隅二不二『リーダーシップの行動科学』有斐閣，1978 年。

矢口義教『震災と企業の社会性・CSR—東日本大震災における企業活動と CSR—』創成社，2014 年。

山本寛『昇進の研究—キャリア・プラトー現象の観点から—』創成社，2000 年。

Alderfer, C. P., "An Empirical Test of a New Theory of Human Needs," *Organizational Behavior and Human Performance,* Vol.4 No.2, 1969, pp.142-175.

Amabile, T. M. and S. J. Kramer, "Inner Work Life: Understanding the Subtext of Business Performance," *Harvard Business Review,* May 2007, 2007, pp.72-83.（ダイヤモンド編集部訳「知識労働者のモチベーション心理学」ダイヤモンド編集部編『動機づける力―モチベーションの理論と実践―』ダイヤモンド社，2009 年，63 ～ 99 ページ）

Argyris, C., *Personality and Organization: The Conflict between System and the Individual,* Harper & Row, New York, 1957.（伊吹山太郎・中村実訳『組織とパーソナリティ―システムと個人の葛藤―』日本能率協会，1970 年）

Bockman, V. M., "The Herzberg Controversy," *Personal Psychology,* No.24, 1971, pp.155-189.

Kim, C. H. and H. Scullion, "The Effect of Corporate Social Responsibility（CSR）on Employee Motivation: A Cross-National Study," *Pozan University of Economic Review,* Vol.13 No.2, 2013, pp.5-30.

Levin, K., *Resolving Social Conflicts,* Harper & Brothers, New York, 1948.（末永俊郎訳『社会的葛藤の解決―グループ・ダイナミクス論文集―』創元社，1954 年）

Maslow, A. H., *Motivation and Personality,* Harper & Brothers, New York, 1954.（小口忠彦監訳『人間性の心理学―モチベーションとパーソナリティ―』産業能率短期大学出版部，1971 年）

McClelland, D. C., *Human Motivation,* Scott Foresman, Chicago, 1985.（梅津祐良・薗部明史・横山哲夫訳『モチベーション―「達成・パワー・親和・回避」動機の理論と実際―』生産性出版，2005 年）

McGregor, D., *The Human Side of Enterprise,* McGraw-Hill, New York, 1960.（高橋達男訳『企業の人間的側面』産業能率短期大学出版部，1966 年）

Murray, H. A., *Explorations in Personality: A Clinical and Experimental Study of Fifty Men of College Age,* OXFORD UNIVERSITY PRESS, New York, 1938.（外林大作訳編『Ｈ・Ａ・マァレー　パーソナリティⅠ・Ⅱ』誠信書房，1962 年）

Nohria, N., Groysberg, B. and L. Lee, "Employee Motivation: A Powerful New Model," *Harvard Business Review,* July-August 2008, 2008, pp.78-84.（ダイヤモンド編集部訳「新しい動機づけ理論」ダイヤモンド編集部編『動機づける力―モチベーションの理論と実践―』ダイヤモンド社，2009 年，39 ～ 62 ページ）

Vroom, V. H., *Work and Motivation,* John Wiley & Sons, New York, 1964.（坂下昭宣・榊原清則・小松陽一・城戸康影訳『仕事とモティベーション』千倉書房，1982 年）

第9章
エンパワーメントと人材育成

第1節　エンパワーメントとは

　近年，グローバル化や技術革新の進展，消費者ニーズの多様化などにより，企業を取り巻く環境は大きく変化した。厳しくなる競争環境は，経営資源が有限であることを経営者に強く意識させ，それらを経営戦略の的に集中させる行動を促すとともに，ルールから逸脱しないことを最上とする旧来的な経営管理スタイルから脱却し，環境変化への対応力に富んだ柔軟かつ創造的な組織運営へのシフトを求めている。

　企業の中には，戦略を転換し，本格的な経営組織の改編に着手するところも増加した。従来のトップダウン型の経営組織には，下位に対して企業の全体計画や目標を体系的に展開でき，また，下位の従業員も上司からの指示を的確に把握することが可能となるため，全社一丸となって事業計画の遂行に取り組むことができるという大きな利点があった。他方，意思決定を行う権限やそのために必要となるコアな情報がトップ・マネジメントに集中するといったマイナス面もたびたび指摘されていた。この負の側面が，戦略の変化によって多様な製品分野に進出して複数の市場に直面する企業が増加するにつれ，意思決定に時間がかかってビジネス・チャンスを逃してしまう形で露呈するようになった。事業部制やカンパニー制といった分権的な経営組織の導入による社内分社化の推進や組織構造をよりフラットなものに改編する動きは，そのような事態に対処するためのものである。

　このような企業組織の改編への流れの中で注目されるようになったのが「エ

ンパワーメント」という用語あるいは概念である。エンパワーメントとは, 一般に, 本来, 上司に属する一定の業務に付随する権限を部下に与えるといった経営組織における一連の管理手法, と定義される。また, これに, 部下自身による目標設定やさらには上層部の意思決定への参加などを含むこともある (青木, 1998)。いずれにせよ, エンパワーメントによって, 下位あるいは現場の従業員の裁量は拡大される。エンパワーメントという考え方は, 1980 年代後半に, 主にソーシャル・ワークやソーシャル・ケアといった経営学とは異なる分野から生じてきた。現在では, より多くの学問領域で導入され, また, 個人だけでなく集団やコミュニティを含むより広い範囲に適用されるようになってきた[1]。

　経営学や経営組織論においても, エンパワーメントという用語はほぼ同時期の 1980 年代後半以降に用いられはじめ, 1990 年以降, 関連する研究結果が多数報告されるようになった。(渡辺・ギデンズ・今田, 2008)。先述したように, エンパワーメントという用語は, 「上司から下位への権限の委譲」とほぼ同じ意味で用いられることが多いが, 英語の empower には「〜に (… できる) ようにする」, 「〜に力 (パワー) を与える」という意味があることから, 「人間のうちにある力を引きだす」, あるいは「人間がことをなす力を獲得する」と解釈されることもある。そういった点からは, 「エンパワーメント」は, 幅広い文脈の中で用いることが可能な概念といえるだろう。しかし, この「幅広さ」はときに混乱を招く原因にもなってきた。同じ用語でも学問分野が異なればとらえられ方も異なることも多いが, 同じ学問分野, 例えば経営学では, 近年, 理論的な研究も含めてエンパワーメントの研究報告が増加し, それらの多くはエンパワーメントを権限委譲に置き換えて理解しているが, その例外も存在する, といった状況も生じている。つまり, 経営学という 1 つの学問分野の中でさえ, エンパワーメントの意味や定義が十分に定まっているとはいえないのである。

　次節では, 対象を経営学におけるエンパワーメントに限定したうえで, エンパワーメントの定義を概ね確立させたコンガーとカヌンゴ (Conger & Kanungo, 1988) による研究をはじめ, エンパワーメント研究の系譜の中で貢献が大きい

と思われる研究を紹介する。

第2節　エンパワーメント研究の系譜

　先述のとおり，経営学あるいは経営組織論の領域において，エンパワーメントをテーマとする研究が発表されはじめたのは1980年代後半である。その時期に発表され，エンパワーメント研究の嚆矢と評価されているのがコンガーとカヌンゴ（Conger & Kanungo, 1988）である。彼らの貢献は，エンパワーメントという概念の整理を経営組織論の枠組みの中で初めて行った点である。彼らはエンパワーメントが概念的に2種類に分類されると指摘した。1つはエンパワーメントを社会学的な関係概念としての解釈できること，もう1つは心理学に基づいたモチベーショナルな概念としてとらえることである。前者の社会学的な関係概念を援用すれば，エンパワーメントは上位から下位への権限委譲であるという解釈が可能となる。社会的交換理論に基づけば，他者の行動や反応に個人の成果が影響をうける状況で「パワー」が発揮される余地がうまれるとみられる。これを踏まえれば，組織の中の上位者と下位者の関係がそうであるように，両者の間に依存関係が存在し，かつ依存の度合いが異なる場合に，依存の度合いが強い方向に対して「パワー」が発揮されるということになる。つまり，「パワー」が，行為者間の関係性を基盤として生じると考える点が特徴である。一方，心理学的には，エンパワーメントは，他人に影響を与える，あるいは，コントロールしたい，という個人に内在する「パワー」への欲求を強めることを含意する。前者とは異なり，行為者間の関係性を前提とせず，すでに「パワー」は自己のうちに存在すると考える，つまり，エンパワーメントを一種の心理的な状態であると認識している点が社会学的な解釈とは大きく異なっている。また，内発的な「パワー」への欲求を強めることで，自分が課題を達成できるという自信が高まる状態を意味する自己効力感あるいは有能感[2]といった感情の活性化を伴うことも重要であるとされる。彼らの主張を要約すれば，エンパワーメントを組織の中の人間関係の問題ととらえることも，また個人のモチベーションの問題ととらえることも可能であるということ

になる。従来の研究では，経営における問題解決の手段としてエンパワーメントが持つ権限委譲の側面がより注目されたため，エンパワーメントが前者のような関係概念としてとらえられることが多かったが，彼らの主張はモチベーショナルな側面の方がより重要である可能性を示唆しており，また，それ以降，労働へのモチベーションを高める有力な原理として経営組織論への導入が進んだ経緯がある。

　トーマスとベルトハウス（Thomas & Velthouse, 1990）は，コンガーとカヌンゴ（Conger & Kanungo, 1988）が指摘したエンパワーメントの心理的概念としての側面の分析により重きをおき，その拡張を試みた。彼らは考え方の特徴は，エンパワーメントを「内発的タスクモチベーション（intrinsic task motivation）」と同じものとしてとらえた点にある。内発的タスクモチベーションとは，賃金や地位など仕事の報酬として提示されるいわば外的な報酬の獲得を目的としたものではなく，仕事に従事することそのものから得られるモチベーションを意味する。彼らはエンパワーメントが認知プロセスから生じるととらえることで，そのモデル化を通して内発的タスクモチベーションを規定する要因の特定を試みている。その結果，コンガーとカヌンゴ（Conger & Kanungo, 1988）が示唆した自己効力感（self-efficacy）と，影響感（impact），有意味感（meaning），自己決定感（self-determination）の３つ[3]を合わせた４つの要因が内発的タスクモチベーションをうみだす源泉となっているとし，またこれらによって，エンパワーされた状態が内発的にモチベートされた状態であると主張している。

　スプレイザー（Spreitzer, 1995）はトーマスとベルトハウス（Thomas & Velthouse, 1990）と同様に心理的あるいは認知的な立場からエンパワーメントをとらえることを重要視したが，彼らが，認知モデルの提示を行っただけであったのに対して，彼女はそれを実証的に分析している。その結果，エンパワーメントがトーマスとベルトハウス（Thomas & Velthouse, 1990）が示した４つの次元を組み合わせることで規定できることを示している。

　以上の論文で，一個人である従業員に権限が委譲された場合にどのような効果が生じるか，あるいは心理的にエンパワーされるとどうなるかなどが分析されたが，分析対象はあくまでも個人に限定されていた。ところが，1990年代

中盤以降になると，エンパワーメントという概念がチーム（集団）や組織にも適用できるのではないかという問題意識を持つ論文が発表されるようになった（青木，2005）。キルクマンとローゼン（Kirkman & Rosen, 1999）は，チームに関するエンパワーメントを分析した代表的な論文である。彼らは個人の心理的エンパワーメントの概念をほぼそのままチームに適用して分析を行っている。

また，エンパワーメントの実行プロセスに関する研究も発表されるようになった。アージリスは（Argyris, 1998）は，エンパワーメントが組織改編が行われる場合にも実現されるか検証している。従業員の職務に対する取り組み姿勢を，遂行項目や作業内容などに基づいて，従業員の側に自ら決定する権限が与えられていない「外因的コミットメント」と，それが与えられている「内因的コミットメント」に分けて分析し，従業員のやる気や自発性に基づく内因的コミットメントがより重要であると結論づけている。しかし，同時に企業が導入する組織改善プログラムの多くが内部矛盾を抱えているため実行段階において大きな混乱を招いたり，経営者が外因的コミットメントによって従業員をコントロールすることを望んでそれに真剣に取り組まなかったり，あるいは従業員の側で内因的コミットメントへの転換がうまく実行できるという期待が持てない，などという理由で，エンパワーメントの実行に不可欠となる内的コミットメントが充足されないと結論づけている。

コッター（Kotter, 1996）はエンパワーメントにのみ焦点を当てた研究ではないものの，企業改革の手法としてエンパワーメントに注目している。彼はエンパワーメントの効果を高めるために除去しなければならない要因として，「組織構造」，「人材の能力不足」，「人事情報システム」，「問題のあるボス」，の4つをあげ，また，エンパワーメントが機能を発揮するための要素として，（1）納得しやすいビジョンを従業員にコミュニケートすること，（2）組織構造をそのビジョンと適合させること，（3）従業員が必要としているトレーニングを提供すること，（4）人事や情報システムをビジョンに適合させること，（5）必要とされる行動を邪魔する上司と対決すること（青木，2005），の5つをあげている。

第9章 エンパワーメントと人材育成 165

第3節 エンパワーメントと人材育成

1. 管理型組織から支援型組織へ

　先に述べたように，エンパワーメントは，権限の委譲といった経営管理における機能的な側面としてとらえられることが多い。権限委譲をうまく機能させるための方法として組織のフラット化がある。組織構造が平坦になれば，トップからロワーまでの階層がより短縮される。その結果，トップ・マネジメントのビジョンが，迅速かつ正確にロワーまで伝達されることになる。また，権限と責任の関係が簡略化され，権限委譲の効果がより発揮されやすくなる。また，組織のフラット化は，部門間の垣根を低くする効果も持つため，異部門交流の活性化が期待できる。これらによって職場の自由度が高まれば，賃金や地位といった外発的動機づけにかわって，仕事に取り組むこと自体が報酬として認識されるといった内発的動機づけが強化され，従業員が創造性や能力をより発揮できることにつながってゆく。

　もちろん，権限や責任を与える，あるいは，従業員の自由度を高める，といったことのみを目的として行われる権限委譲に多大なエンパワーメント効果を期待するのは現実的ではない。課題を実行するうえで必要となる経営資源を過不足なく提供したり，職務遂行能力の高い人材が常に備わっているような組織環境を整備したり，さらには従業員の自律性を養い，内発的動機づけがより効果を発揮できるよう支援する施策を行うことも同時に求められる。それらがそろって，初めてエンパワーメントが円滑に機能すると考えられる。

　さらに具体的に，どのようなことに気をつければよいのか。特に，自律性の高い人材を育成してゆくために必要なことは何であろうか。この点については，バートレットとゴシャール (1999) が参考になる。かれらは，企業改革に成功した会社を例にあげ，真のエンパワーメントのための条件として，「規律」，「サポート」，「ストレッチ」，「信頼」，の4つをあげている。「規律」とは，社員が見通しやコミットメントに基づいて行動するための規範を意味する。例としてあげられたアンダーセンコンサルティングでは，それを身につけ

させるために，新入社員全員に対して比較的長期間かつ集中的な導入教育が実施されているという。「サポート」とは，管理型組織で行われている命令と統制による「コントロール」に代わり，管理者自身が他者を支援する役割を積極的に担うことを重要視する考え方である。従業員に自律的に職務に取り組ませるためのさまざまな支援だけでなく，職務を遂行する上で不可欠となる情報や資金といった戦略的な経営資源の提供もそれに含まれる。「ストレッチ」とは，個々の従業員が向上心を忘れず，自身や他人に対する期待値を高めることを促す企業側のオープンなマインドを象徴した概念である。最後の「信頼」とは，組織のプロセスを透明化し，公正な経営環境を維持することで，企業の中で構成されてゆくとされる[4]。さらに，この「信頼」があるからこそ，経営資源と責任を徹底的に分権化することが可能となり，権限委譲が真のエンパワーメントに転化するとしている。

バートレットとゴシャール（1999）と先に紹介したコッター（Kotter, 1996）がともに指摘するのは，（1）上位者が，企業が達成しようと取り組む目標や大切にしている価値観を下位者に丁寧に説明する，（2）上位者が下位者を鼓舞しながら，それらの実現につながる効率的かつ実行可能な具体的方法を準備する，の2つの事柄の重要性であろう。これらは支援型の組織への転換が求められていることとほぼ同義である。過去において，企業を取り巻く環境が安定していた時期には，それらに十分に配慮せずとも大きな問題は生じなかった。しかし，激しく変動する市場環境，中でも経済のサービス化の進展によって，企業は組織変革を強く迫られるようになった。理由の1つは，経済のサービス化の流れの中で，経済活動における高付加価値を達成することが不可避となっているからである。このことは，従業員が自律的に活動できるためのサポートも含めて組織学習を促進する必要性を示している。また，そのような大きな構造的変化が生じている環境においては，従来的な管理型組織では，構成員の考え方や行動が与えられた課題を効率的に処理することを優先するといったルールに過度に縛られてしまうといった傾向によって環境適応が難しくなり，企業は満足な成果を残すことができなくなってしまう。これらを考え合わせると，やはり，従来とは異なる組織対応が必要といえるだろう。また，エンパワーメン

トを機能させるためにも，管理型組織から支援型組織への脱皮が不可欠なのである（渡辺・ギデンズ・今田，2008）。

2．支援型組織におけるミドル・マネジメントの役割

　では，管理型組織から支援型組織へ転換し，組織を活性化するうえで，どのような変革が必要であろうか。支援型組織の特徴である柔軟性を高めてゆくためには，管理型組織のもとで過度にルールに依存していた人々の考え方や行動様式を変えてゆかなければならない。そのためには，まず，トップ・マネジメントが，戦略形成に必要なアイデアの提案が従業員の側から自発的になされるような組織文化をつくるために，さらなるリーダーシップを発揮しなければならない。また，繰り返しになるが，権限委譲を念頭におけば，組織のフラット化を推進することも理にかなっているだろう。いずれの組織形態であっても，トップ・マネジメントが提示するビジョンを社内で共有することで組織の活性化を図ってゆくことの重要性に差はないが，フラットな組織では，それが確実にかつより速く浸透するといったメリットが生じるだろう。

　さらに重要とみられるのは，ミドル・マネジメントが新たな役割を演じることである[5]。ミドル・マネジメントが，従来と変わらない「コントロール」に則った管理を行うならば，部下に対して「減点主義」の評価姿勢に陥るとともに，自らも創造性を発揮することができなくなり，次第に組織は柔軟性を失ってしまうだろう。このような可能性を念頭に，トップ・マネジメントは，下位に積極的に権限を委譲しながら，組織運営の要に位置しているミドル・マネジメントに，部下の創造性を引き出す役割の重要性を認識させなければならない。トップとロワーの間に位置するミドル・マネジメントは，上下のコミュニケーションに長けていると推察される。もしそうなら，トップ・マネジメントのビジョンを理解し，何がコアな価値であるかを部下に伝えて，組織目標達成のために動機づける任務は適役だろう。さらに，創造的な組織学習が進めやすいフラットな組織では，「上下」といった階層間はもとより，「左右」すなわち部門間，あるいは組織横断的にコミュニケーションを積極的に行うことも期待される。これによって，企業が保有している多種多様な経営資源を部門の枠

を越えて活用することが可能となる。また，異質の技術的ノウハウや情報が人々の相互作用を通じて組み合わさることで，創造的なアイデアが生み出されやすくなるだろう（十川，2000）。

3．エンパワーメントの失敗[6][7]

　1980年代の後半以降，エンパワーメントは経営環境の変化に対応するための秘策として，アメリカを中心に注目を浴びることになり，ほどなく経営の現場でも実践されるようになった。権限委譲によって組織のフラット化が進み，それとともに個人やチームに与えられるパワーの認知をいかに促すかといった実践的な試みもなされるようになった。しかし，2000年代に入ると，思った成果が上がらず，従来のマネジメントの方法に回帰するという企業が出始めた。それに伴って，失敗の原因を分析した研究も発表されるようになった。

　先述のアージリスの研究は代表例であるが，自発性に基づいて職務に取り組む姿勢を意味する「内因的コミットメント」が満たされない状態が続くことを原因としてあげている。ランドルフ（Randolph, 2000）は，組織に属するいずれのものにとっても，階層的な組織で身についた態度や行動パターンから脱却することが難しいことをあげている。権限委譲にふさわしい人材が育成されていないことが原因とされることもある。ヘラー（Heller, 1992）は，権限委譲の推進は，教育訓練や能力開発と連動させて考えることが不可欠であるとしている。組織をフラット化するなどして権限委譲の基盤を整え，従業員や部下に自発的な取り組みを促したところで，十分に訓練されていない段階では，職務を円滑に遂行し期待された成果をあげることはできないだろう。

　青木（2007）は，エンパワーメントの失敗原因を網羅的にあげている。まず，権限を中心とした客観的な力を与えるという意味合いでエンパワーメントをとらえた場合のその失敗原因として，（1）経営者・管理者の心理的障害，（2）従業員の心理的障害，（3）従業員・管理者の学習不足，（4）従業員の学習不足，（5）連動する諸要因への配慮不足，をあげている。続いて心理的エンパワーメントの失敗の原因として，（1）「あなたはやればできる」というスローガンが横行し，現実には客観的な力を与えない，（2）心理的な意味合いでの

エンパワーメントの適用範囲の狭さ，をあげている。さらに，数多くの文献の
サーベイから，権限と連動させるべき経営要因について権限委譲が機能しない
状況として，（1）従業員に能力開発や訓練を施さない，（2）従業員に権限を
与えるだけ，情報や知識，スキルを与えない，（3）企業のビジョンや戦略的
方向性を従業員が理解していない，（4）「してはいけないこと」をうたう倫理
基準を明確にしていない，（5）遵守すべきルールを明確にしていない，（6）
従業員が困った時に，気軽に相談できるような支援環境がない，（7）（そもそ
も）経営者・管理者と従業員との間に信頼関係が成立していない，などをあげ
ている。最後にあげた権限と連動させるべき経営要因について要約すれば，ビ
ジョンの提示，正当な評価と報酬，能力の把握と資源の提供，といったものに
とくに配慮する必要があるということになろう。これらはバートレットとゴ
シャールあるいはコッターの指摘とほぼ共通している。

第4節　おわりに

　本章では，まず，エンパワーメントという概念をおおまかに説明したあと，
経営学におけるエンパワーメントに関する代表的な研究を紹介した。次に，従
来的な管理型組織から支援型組織への転換の必要性を述べ，支援型組織の運営
にはミドル・マネジメントの力が鍵となることを合わせて説明した。さらに，
エンパワーメントの失敗事例を紹介し，エンパワーメントを機能させるうえで
配慮すべき点を列挙した。

　権限委譲はエンパワーメントを機能させるうえでの必要条件にすぎず，それ
をきっかけに従業員が組織学習に勤しむことで自律的に目標を達成できるよう
になることこそがエンパワーメントの最終目標である。そして，そのために
は，内発的な動機づけの役割が非常に重要である。

　もちろん，賃金や地位などといった外発的な動機づけの役割も大きい。わが
国では，1990年代に入り，経営環境の変化から成果主義的な処遇制度が相次
いで導入されたが，それも外発的動機づけの重要性ゆえのことである。しか
し，現実にはうまく機能せず，運用を見直さざるを得ない例が少なくない。そ

170

の理由の1つとして，成果主義を導入する際に仕事の機能条件の見直しがなされていない点があげられよう。玄田・神林・篠崎 (1999) は成果主義を導入した職場のうち，仕事の機能条件の見直しを行った職場ではそうでない職場と比べて働く意欲が高まったことを明らかにしている。また大竹・唐渡 (2003) は，「裁量範囲の増大」や「仕事分担の明確化」などの働き方の変化が伴う場合に成果主義の導入が勤労意欲に対して正の影響を持つとしている。「仕事の機能条件の見直し」や「働きかたの変化」といった事柄は，エンパワーメントを機能させるためにも重要であるが，それにとどまらず，賃金や地位などの外発的な動機づけに対しても影響を及ぼすということであろう。そういった点からも，エンパワーメントを効果的に機能させる取り組みを研究し，また実践によって学んでゆくことは，今後ますます必要になってくるだろう。

【注】

（1）「エンパワーメント」という用語あるいは概念が生成されてきた過程は青木 (2005) をはじめ，青木幹喜氏の諸研究で詳細な説明がなされている。

（2）自己効力感は self-efficacy の訳語であるが，バンデューラ (Bandura, 1982) は先にこの概念の重要性に注目している。また同様の概念としてデシ (Deci, 1975) が指摘した self-determination（自己決定）というものがある。

（3）「影響力」とは，与えられた環境の中で生み出される効果の大きさ，「有意味感」は個人の理想などから導き出された仕事の目標や目的の価値，「自己決定感」は自分の行動が自分の裁量に基づいてどの程度自己決定できたと知覚されたかを表すものとされる。

（4）ノーデン－パワーズ (Norden-Powers, 2000) は，経営に関連する秘匿性の高い情報を積極的に公開しないデメリットに言及している。

（5）「中抜き」，すなわちミドル・マネジメントの削減によってフラット化が実現される組織の「低層化」は，IT化の進展とともにかなり浸透しているとみられる（松本, 2015）。このことは，従来的なミドル・マネジメントの役割が減じていることの証左といえるかもしれない。

（6）この内容はおおむね青木 (2006b)，青木 (2007) を参考にしている。

（7）エンパワーメント自体の失敗ではないが，中根 (2015) はエンパワーメントのデメリットとして，顧客対応にバラツキが生じることや企業のブランドの一貫性が損なわれるリスクをあげている。

◆参考文献◆

青木幹喜「従業員のエンパワーメントとその効果―日本企業を対象にした実証研究」『東京情報大学研究論集』Vol.2，No.2，71～90ページ，1998年。

青木幹喜『経営におけるエンパワーメント－その理論展開と実証研究』大東文化大学経営研究所，2005年。

青木幹喜『エンパワーメント経営』中央経済社，2006年 a。

青木幹喜「エンパワーメントの失敗と活性化」『大東文化大学経営論集』第12号，1～19ページ，2006年 b。

青木幹喜「エンパワーメントとコントロール」，『三田商学研究』第50巻第3号，239～295ページ，2007年。

今野浩一郎・佐藤博樹『人事管理入門（第2版）』日本経済新聞出版社，2009年。

ウィリアム・C・バイアム『何が組織を変えたのか　あるビジネス戦士たちの意識改革物語』キングベアー出版，1999年。

大住荘四郎「都市・自治体経営におけるメネジメント・スタイル　エンパワーメント型モデルの可能性を考える」ESRI Discussion Paper Series No.213, 2009年。

大竹文雄・唐渡広志「成果主義的賃金制度と労働意欲」『経済研究』Vol.54，No.3，193～205ページ，2003年。

クリス・ノーデン－パワーズ『エンパワーメントの鍵』実務教育出版，2000年。

玄田有史・神林龍・篠崎武久「職場環境の変化と働く意欲・雰囲気の変化」『職場と企業の労使関係の再構築』（財団法人社会経済生産性本部），1999年。

スマトラン・ゴシャール・クリストファー・A・バートレット『個を活かす企業　自己変革を続ける組織の条件』ダイヤモンド社，1999年。

十川廣国『経営戦略のすすめ』中央経済社，2000年 a。

十川廣国「ミドル・マネジメントと組織活性化」『三田商学研究』第43号，15～22ページ，2000年 b。

中根雅夫「エンパワーメントに関する実証分析」『国士舘大学経営研究所紀要』第45号，31～50ページ，2015年。

浜田和樹「非財務的尺度と財務的尺度の総合－総合的マネジメントと管理会計」『日本管理会計学会誌』第8巻第1・2号合併号，33～50ページ，2000年。

松本久良『基礎からわかる経営組織』産業能率大学出版部，2015年。

渡辺聡子・アンソニー・ギデンズ・今田高俊『グローバル時代の人的資源論』東京大学出版会，2008年。

Argyris, C., "Empowerment：The Emperor's New Clothes," *Harvard Business Review,* May-June, 1998, pp.98-105.（「エンパワーメント：マネージャーが抱く幻想と矛盾」DIAMOND

ハーバード・ビジネス・レビュー編集部編訳『ハーバード・ビジネス・レビュー・ブックス：コーチングの志向技術』ダイヤモンド社，2001 年，237 ～ 264 ページ）

Bandura, A., "Self-efficacy：Toward a unifying theory of behavioral change," *Psychological Review*, 84, 1977, pp.191-215.

Conger, J.A. & Kanungo, R.N., "The Empowerment Process：Intergating Theory and Practice," *Academy of Management Review*, Vol.13, No.3, 1988, pp.471-482.

Deci, E. L., *Intrinsic motivation*, New York：Plenum, 1975.

Kotter, J. P., *Leading Change*, Harvard Business Press, 1996.（ジョン．P. コッター 『21 世紀の経営リーダーシップ』日経 BP 社，1997 年）

Mans, C. C. & H. P. Sims Je., Business Without Bosses, John Wiley & Sons, 1993.（守島基博監訳『自律型組織：好業績の実現するエンパワーメント』生産性出版，1997 年）

Spreitzer, G.M., "Individual Empowerment in the Workplace：Dimensions, measurement, and validation," *Academy of Management Journal*, Vol.38, No.5, 1995, pp.1442-1465.

Thomas, K. W. & Velthouse, B. A., "Cognitive Elements of Empowerment：An Interpretive Model of Intrinsic Task Motivation," *Academy of Management Review*, Vol.15, No.3, 1990, pp.661-681.

第10章
組織とコミュニケーション

第1節　はじめに

　ヒトとヒトが目的を共有し協働するためには，伝えたい内容を可能な限り齟齬なく伝達することで相互に意思疎通を図る活動，すなわちコミュニケーションが不可欠である。このことは，企業経営においても例外ではない。そのため，経営組織論の黎明期から，コミュニケーションは重視されてきた[1]。今日，企業活動の地理的範囲が拡がるとともに，情報通信技術の革新が進む中で，組織のコミュニケーションのあり方も変化している。その意味において，企業組織におけるコミュニケーションは，旧くて新しい問題であるといえよう。

　企業は，さまざまな主体とのコミュニケーションを日常的に行っている。一例をあげるならば，従業員に対する情報の伝達，顧客に対するプロモーション活動，投資家に向けた IR（Investor Relations），NPO や NGO との協働，市民に向けた環境報告書や CSR 報告書の発行などである。このように具体的な企業活動を念頭に置くと，組織成員を対象とする対内的なコミュニケーションのみならず，組織外のステークホルダーを対象とする対外的なコミュニケーションも行っていることがわかる。企業はその活動全般にわたり，広範なコミュニケーションを行っているため，それらすべてを網羅することは難しい。そこで本章では，経営組織論において従来議論されてきた組織内のコミュニケーションに焦点を絞り，検討していく。

　まず第2節において，コミュニケーションとはいかなるものかについて若干

の説明を行う。続いて第3節では，組織とコミュニケーションがどのような関係にあるのかについて考察する。これらの内容を踏まえ，第4節と第5節では，企業における近年の動向を踏まえたコミュニケーションのあり方を議論する。すなわち，第4節は新しいメディアを活用した組織内コミュニケーションを，第5節は組織のグローバル化・国際化によって生じる異文化コミュニケーションのマネジメントを取り上げ，検討する。

第2節　コミュニケーションとは何か

　最初に，本章の主題であるコミュニケーションについて検討してみよう。コミュニケーション論はそれ自体，広範かつ深淵な学問分野であるが，本節では後の議論につながる部分に限定して述べていきたい。
　コミュニケーションに関する初期の理論として，通信工学におけるシャノンとウィーバーによるモデル[2]がある（図表10−1）。このモデルには，コミュニケーションの基本的な要素が包含されている。情報の送り手としての情報源は，自分が伝達したいメッセージの内容を選択する。そして送信機を用いてメッセージを信号へと変換し，通信路を通じて情報を送り届ける。その受け手

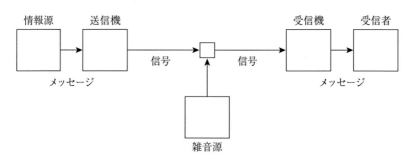

図表10−1　シャノン＝ウィーバーのコミュニケーション・モデル

出所：Shannon, E. C. and W. Weaver, *The Mathematical Theory of Communication*, The University of Illinois Press, 1998.（植松友彦訳『通信の数学的理論』ちくま学芸文庫，2009年），22ページ。

第 10 章　組織とコミュニケーション　175

としての受信者は，受信機によって信号をメッセージに戻し，受信を行う。ただし，通信の過程には雑音源が存在する。すなわち，雑音源からのさまざまなノイズにより，通信は必ずしも正確に行われるとは限らないことが示唆されているのである。シャノンとウィーバーのモデルは，人間同士のコミュニケーションにもある程度応用可能である。送り手は，伝達したい内容を予め決定し，それを電話機やパソコンなどの送信機によって，アナログ信号やデジタル信号へと変換する。あるいは，喉や口，手ぶりなどの身体的な送信機を利用して，伝えたいメッセージを音声やジェスチャーという信号へと変換しているとも考えられる。受け手は，自分の電話機，パソコン，耳や目などの受信機を用いて信号を受信し，メッセージを読み取る。ただし，伝達される過程で発生したノイズにより，音が聞こえにくくなったり画像が正しく表示されなかったりするなど，正しく伝わらない事態が発生する。誰しも，このようなコミュニケーションを日々経験していることだろう。

　しかしながら，シャノン＝ウィーバーのモデルを人間同士のコミュニケーションにそのまま適用することはできない。なぜならば，第1に，このモデルではコミュニケーションが一方向的に描かれており，双方向的なコミュニケーションがいかなる関係にあるのかが明らかではないからである[3]。第2に，人間のコミュニケーションは，必ずしも2者間で行われるとは限らない点である。実際には，多人数間でのコミュニケーションや，図表10－2に示されているように，個人のレベルを超えて組織や社会のレベルにおいてもコミュニケーションが図られる。そして最も重要な点として，第3に，シャノンらのモデルでは，送り手と受け手の間にさまざまな「前提」が既に共有されているという問題点を指摘できる[4]。しかし，人間同士のコミュニケーションではそのような前提を必ずしも共有しておらず，その共有／非共有をめぐってしばしばミス・コミュニケーションやコンフリクトが生じることがある。

　この第3の点について，身近な事例で考えてみよう。旅行などで普段とは異なる地域の人々と話をしたとき，相手の使っている方言がわからず，意味を聞き直した経験は無いだろうか。また，医者や弁護士のような専門家に説明をしてもらう際，遠慮なく専門用語を使われたら，その大半が理解できずに困るこ

図表10-2　コミュニケーションの分類

		コミュニケーションの当事者	利用メディア（例示）	送り手／受け手の役割交換の可能性
パーソナル・コミュニケーション		主に個人（小集団）	対話（会話），電話，手紙	高　い
中間コミュニケーション	地域	地域メディア組織／地域社会の成員	地方紙ローカル放送局地域ミニコミ紙	やや高い／やや低い
	組織	企業・団体などの組織／組織の成員	社内報サークル誌	やや高い／やや低い
マス・コミュニケーション		マス・メディア組織／不特定多数の大衆	全国紙テレビ	低　い

(注)「送り手／受け手の役割交換の可能性」は，コミュニケーションのなかで，送り手と受け手が役割を交換する（入れ替わる）可能性を示している。
出所：大石裕『コミュニケーション研究　―社会の中のメディア』第3版，慶應義塾大学出版会，2011年，15ページ。

とになるだろう。あるいは，入学式や卒業式などの式典において，静寂な空気に包まれる中，校長の挨拶を出席者が聞いているときに，その内容に対して大声で質問を投げかけたり批判をしたりする人がいたとしよう。質問や批判の内容が的確か否かを問わず，その発言は場を乱すふさわしくない雑音として処理され，誰一人まともに取り合おうとはしないに違いない。これらはいずれも，言葉の意味や場の空気，常識などの「前提」が共有されていないことに起因する，ミス・コミュニケーションの例である。

　記号論では，メッセージの生成とその読解に必要な前提を「コード」と「コンテクスト」に大別する(5)。コードとは，「共通の了解に基づいた決まり」のことであり，「伝達において用いられる記号とその意味，および記号の結合の仕方についての規定」(6)が含まれる。先の事例における方言や専門用語がこれに当たる。他方，コンテクストは，文脈や脈絡と訳される通り，「参照することばの決まりにずれがあるような場合でも，現実のことばの使用の場面ではそこから生じてくるかもしれない伝達上の不完全さをある程度防ぐような要

因」[7]として機能するものである。コードとコンテクストは，それらを使用する集団によって社会的に構築されている。したがって，コードやコンテクストが共有されていない場合，たとえ同じ言語を共有する日本人同士であっても，コミュニケーションが成立しないという問題が生じる。

　送り手による表現および受け手による読解・解釈のいずれの過程においても，言葉による意味づけが重要である。例えば，その時々の文脈や状況によって，赤という色が，血，停止，情熱，危険，共産主義など，多種多様な意味合いを持つことからもわかるように，さまざまな意味づけが可能である。みな同じように「赤」という色を見ているにもかかわらず，それが意味するところは，コードやコンテクストによって異なるのである。

第3節　組織の中のコミュニケーション

1．組織とコミュニケーション

　人々の集団が，偶然集められた単なる人の集合としてではなく，組織として機能するためには，コミュニケーションが必要不可欠である。その例として，軍隊という組織を想定してみよう。個々人が自分の考えるままに戦闘を繰り広げても，思わしい成果は決して望めないだろう。まず，参加する全員が，拠点の確保，敵の殲滅，仲間の救援など，戦闘の目的を共有していなければならない。そして，目的を達成するために各部隊が遂行すべき作戦や命令を，末端の兵士に至るまで正しく伝達する必要がある。その一方で，最前線で戦う部隊や兵士は，各々の戦闘地域で何が起きているかを上官や司令部に報告する。その報告を基に，常に変動する戦況に応じて作戦が練り直され，再び前線に伝達される。同時に，各部隊は，他の部隊と連絡を取り合い，どの範囲に展開しているのか，互いが何をしているのか，うまく協力体制が築けているかを知らなければならない。このことからもわかるように，人々が協働し組織として機能するためには，頻繁なコミュニケーションを欠かすことができない。

　企業組織を対象とする経営組織論においても，コミュニケーションはきわめて重要な問題である。近代組織論の祖といわれるバーナード（Barnard, C. I.）

は，公式組織を「2人以上の人々の意識的に調整された活動や諸力の一体系」[8]と定義した上で，その構成要素として，①共通目的，②貢献意欲，③コミュニケーションの3つをあげている[9]。中でもコミュニケーションについては，「組織内の多くの専門化は，本質的にはコミュニケーションのために生じ，またそのために維持されている」のであり，「組織の理論をつきつめていけば，コミュニケーションが中心的地位を占めることとなる」[10]と述べられる程，バーナードの理論において重視されている。

　公式組織のコミュニケーションだけでなく非公式組織におけるコミュニケーションも重要である。非公式組織とは，「個人的な接触や相互作用の総合，および……人々の集団の連結」[11]である。例えば，他の部署の人たちと喫煙所で親しくなり，互いの部署に関する情報を交換する。あるいは，親しい同僚たちとの飲み会の場で，公表されていない情報を知ることができたり，皆で社内の問題について議論したりする例が考えられる。このように，職務とは関係なく自然発生的に形成された非公式組織におけるコミュニケーションが，そこでの関係性や個人的感情，集団内の規範などを形成することによって，職務の遂行に看過できない影響を与えることがある。

　若林満は，組織のコミュニケーション・システムの構造を形成する要素として，①コミュニケーションの内容（インフォメーション）に関するもの，および②コミュニケーションのフロー（伝達方法や経路）に関するもの，という2つを取り上げている[12]。前者は，組織の中で統一された解釈を可能にするために，使用する言葉や概念やその意味を限定することである。具体的には，「業界用語や専門用語，またそれらに一貫した意味を与える理論や仮定，技術的な知識や日常業務関連知識，さらには一般常識や教養的知識，価値観や歴史・文化に至るまで」のさまざまな要素を含む。いわば，前節で取り上げたコードやコンテクストに相当するものであると考えられる。そして，成員間でコミュニケーションを円滑に行うために，従業員教育が行われる。後者のコミュニケーション・フローは，「誰が誰にどのような内容の情報を伝達するか」に関して，組織内の役割付与と役割関係の体系化を通じて，決定することである。このように，内容とフローの両者を適切に構造化することによって，組織において円滑

第 10 章　組織とコミュニケーション　179

にコミュニケーションを図るための下地を作らなければならない。

　円滑なコミュニケーションを行うことによって，情報の入手，従業員教育，コードやコンテクストの共有，人格や能力の把握，不祥事や不正の防止[13]などの効果が期待できる。しかしながら，組織内コミュニケーションに関する実態調査では，コミュニケーションの現状に満足できない人が多く，特に部門間の横のコミュニケーション，成員相互間のコミュニケーション，上司・部下間のコミュニケーション，の順に不足しているという結果が明らかにされている[14]。

２．組織におけるコミュニケーションの機能とレベル

　本項では，組織においてコミュニケーションが果たす機能，およびコミュニケーションがどのようなレベルに分類できるかについてみていこう。

　猪俣正雄は，組織におけるコミュニケーションの機能として，①情報伝達，②意味形成，③連結，④調整の４つをあげている。１つ目の情報伝達機能とは，情報を処理するための組織成員間のコミュニケーション・パターンであり，情報の収集，処理，蓄積，伝達を行うことである。２番目の意味形成機能は，コミュニケーションの受け手による知覚や解釈を通じて，意味が形成されることである。したがって，コミュニケーションによって，単に情報が伝達されるだけでなく，その情報がいかなる意味を持つのかという意味づけがなされることになる。３つ目の連結機能は，コミュニケーションを通じて，組織内の人々を連結することで，個々人を組織的目標に結びつけ，組織化することである。最後に，調整機能とは，自分の目標や意味，価値観，感情などを他人に伝達するとともに，他人のそれらを理解することによって，組織の中でさまざまなアイデアや行動を調整することができ，協働を形成することができるという機能である[15]。

　ところで，前節で述べたように，コミュニケーションには個人から社会まで様々なレベルがあった。したがって，組織におけるコミュニケーションにおいても多様なレベルが存在し，組織内の複雑なコミュニケーション・ネットワークを形成している。前述の若林によれば，個人に注目した場合，図表 10 - 3

図表 10−3　組織コミュニケーションのレベルとネットワーク

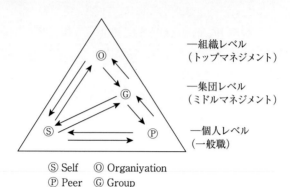

出所：若林満「組織と人間―コミュニケーションからの接近―」原岡一馬・若林満編著『組織コミュニケーション―個と組織との対話』福村出版，1993年，12ページ．

のように自己Ⓢと他の同僚Ⓟとの水平的なコミュニケーション，自己Ⓢと集団Ⓖとの，そして自己Ⓢと組織Ⓞとの垂直的コミュニケーションの3つのレベルに分類できるという[16]。

　これら3つのレベルに加え，集団Ⓖは，公式的集団と非公式集団に分類できる。さらに，組織Ⓞは，部署，支店，工場，本社などのさまざまな単位に分かれる。その上，組織と組織，集団と集団，組織と集団のように，組織内には無数のコミュニケーション・ネットワークが張り巡らされている。このような複雑なネットワークの中で，自己Ⓢのネットワーク上の重要性は，「自己の有する結節点の数と，その上下，左右への広がりによって決定される」[17]。すなわち，ネットワーク分析において，行為者を点で，行為者間の関係を線で表すことによって，特定の行為者間の関係パターンである関係構造を浮かび上がらせることができるが[18]，その中の結節点（交点，ノード）の数および広がりを分析することで，その行為者がどの程度重要な存在であるかがわかるということである。そして，「上に対しても下に対しても，広い範囲で組織内の多数の人間と情報ネットワークで結ばれることが，自己Ⓢのネットワーク中心性を高めることになる」[19]。

第10章　組織とコミュニケーション　181

　また若林は，ネットワーク中心性に加え，レベルの複合性という問題を指摘する。つまり，同一の個人が，一個人として（Ⓢ），集団の長や集団の一員として（Ⓖ），組織の代表者や代理人として（Ⓞ）というように，その時々の状況に応じて，異なるレベルでコミュニケーションを遂行することが求められるということである。要するに，現状の立場やコンテクストに応じてコミュニケーションを図らなければ，ミス・コミュニケーションを引き起こす可能性が生じるのである。

　これらのさまざまなレベルや状況に応じたコミュニケーションを行うためには，それぞれのレベルに適合するメディアを用いらなければならない（176ページ，図表10－2参照）。したがって次節では，組織内の「メディア」に着目し，コンピュータやインターネットに加え，SNSやクラウドサービスなどの近年登場してきた新しいメディアを用いた組織内コミュニケーションについて触れてみたい。

第4節　新しいメディアとコミュニケーション

　コミュニケーションを行う送り手や受け手の特性，あるいはコミュニケーションの目的によって，どのようなメディアを用いるかが変わってくる。その一方で，コミュニケーション・ツールである情報通信技術の発達によって，コミュニケーションのあり方それ自体が規定される。人類の歴史を振り返ってみても，文字，活版印刷，電信，電話，ラジオ，テレビ，インターネットなどの技術革新によって，コミュニケーションの範囲，対象，効果が大きく変容してきた。

　小型化，低廉化，演算処理の高速化，記憶媒体の大容量化などコンピュータに関するさまざまな技術革新，および1990年代半ば以降におけるインターネットの急速な普及を背景に，コンピュータを媒介したコミュニケーション，すなわちCMC（Computer-Mediated Communication）が浸透している。CMCには，電子メール，電子掲示板（BBS），テレビ会議，チャット，インスタントメッセンジャー，ブログ，TwitterなどのSNS，クラウドコンピューティング・サー

ビスが含まれる。

CMC は，対面コミュニケーション（F2F, Face to Face）とは異なる特性を持っている。すなわち，①送り手と受け手がタイミングを合わせることなくコミュニケーションができる「非同期性」，②メッセージや画像を蓄積したり再利用できたりする「記録性」，③複数の相手に対し同時にメッセージを伝達できる「伝達性」，④双方向のコミュニケーションが行える「相互作用性」，⑤開かれたコミュニケーションを形成できる「オープン性」，⑥新たな参加者が加わることのできる「ネットワーク性」，⑦場所に関係なくコミュニケーションできる「距離からの解放性」，⑧時間に関係なくコミュニケーションをとることができる「時間からの解放性」である[20]。これらの特性を上手く活用することによって，従来の対面コミュニケーションとは異なる組織内コミュニケーションを図ることができる。

CMC を利用するメリットとしては，技術的効用と社会的効用の2つがあげられる[21]。技術的効用は，CMC 固有の技術から得られるメリットであり，さらに①機能性と②アクセス可能性に分けられる。機能性とは，遠隔地とのコミュニケーションが可能となり，相手がその時間にいなくても，一度に多くの相手に対しメッセージを迅速かつ容易に送ることができることである。アクセス可能性は，物理的なアクセスと心理的なアクセスに分かれる。かつては，端末機器の価格，機器の限定性，通信回線の利用可能性によって，物理的アクセスが問題になっていたが，ノートパソコンなどの軽量化や低廉化に加え，スマートフォンあるいはタブレット端末の普及によって，むしろ利用しやすくなっている。心理的アクセス可能性は，操作性，学習の容易さ，利用コストなどによる個人的知覚である。CMC においては，利用者にコスト負担を強いないよう配慮することで，アクセス可能性を高めている。

もう一方の社会的効用は，利用するメンバーによって規定される効用であり，①クリティカル・マスと②社会的規範の2つに分けられる。1つ目のクリティカル・マスとは，CMC を活用する際に必要とされるユーザー数である。ユーザー数がクリティカル・マスを上回ると，言い換えるならば，利用することによって得られる利益が利用するためのコストを上回ると，ユーザー数が急

増していく。そのため，ユーザー数によって，得られる効用が変化することになる。この点については，BBS を想定すると理解しやすいだろう。利用者が少なく閑散としている掲示板では，わざわざそれを利用するメリットが少ないため，新規ユーザーの獲得が困難になり，ますます利用者数が減少するという悪循環に陥ってしまう。その反対に，利用者が多い掲示板では常に活発な議論が行われ，有益な情報も得やすいため，新規ユーザーを呼び込むことが容易であり，さらに利用者が増加するという好循環が期待できる。情報が玉石混交になる恐れがあるものの，CMC としては後者の方が有用性が高いといえる。2つ目の社会的規範は，CMC を利用するメンバーの評価によって効用が変化することを意味する。どのメディアを利用することが望ましいのか，一番効率的なメディアは何か，どのメディアが有用といえるか，などに関する組織メンバーの評価によって使用されるメディアが変わり，CMC の利用価値に影響を与える。

　ここでは，組織内コミュニケーションに対する CMC 活用の事例として，社内報を取り上げてみよう。社内報は，組織内コミュニケーションにとって，①企業のビジョンや経営方針を伝達する「トップダウン」，②従業員の経営参画意識を育む「ボトムアップ」，③世代間・部門間・従業員間のコミュニケー

図表 10 − 4　社内広報メディアの分類

印刷メディア ・紙社内報 ・グループ報 ・非定期刊行物	ネットメディア ・電子メール ・イントラネット ・ネット社内報
映像メディア ・社内テレビ放送 ・ビデオ社内報 ・DVD 社内報	空間メディア ・面談 ・会議 ・朝礼 ・コンペティション

出所：産業編集センター編著『組織と人を活性化するインナー・コミュニ
　　　ケーションと社内報』産業編集センター，2011 年，49 ページ。

ションを促進する「ヨコ・ナナメのコミュニケーション」という3つの役割がある[22]。近年では，CMC を利用した社内報が取り入れられており，紙媒体を主体とする従来の社内報とともに，社内広報メディアを形成している（図表10－4）。

CMC を用いた社内報は「ネット社内報」と呼ばれ，①ホームページ（ウェブサイト）型，②グループウエアポータル型，③ブログ型，④社内 SNS 型の4つに整理できる[23]。ネット社内報は，紙媒体の社内報と同様に，企業理念や経営メッセージを伝達する媒体としての役割と，双方向コミュニケーションを活かしたコミュニケーションの場の提供という役割の2つの機能を備えている。前者にはホームページ型とグループウエアポータル型が，後者には社内 SNS 型が当てはまり，ブログ型はその両方に相当する。例えば，INAX では，職場復帰する従業員のために，出産・育児休職者向けの SNS サイトを開設している。そこでは，新製品情報，復職した従業員の体験談，人事異動・組織変更の情報などが発信されている。さらに，休職者に対し質問デーを設け，復職した社員が回答やアドバイスをする取り組みを行っている[24]。

第5節　文化的多様性と異文化経営

1．組織における文化的多様性

　ヒト・モノ・カネ・情報が地球規模で移動する経済のグローバル化を背景として，企業は自身の諸活動をグローバルに配置するようになってきた。それに伴い，国境を越えた組織化が行われる機会が多くなるとともに，世界中の拠点がネットワーク状に連結されるようになっている。組織のグローバル化・国際化は大企業に限定された事象ではない。国内需要の低迷，国外企業を巻き込んだ競争の激化，海外市場の開拓，親企業からの要請などの理由により，中小企業においても国際化の必要性が声高に叫ばれるようになってきている。組織が国際化することはすなわち，さまざまな国籍を持つ人々の間で協働が行われることを意味する。その際，コミュニケーションにおける第一の問題は言語である。言語が異なれば，ミス・コミュニケーションが増えるだけでなく，そもそ

第10章 組織とコミュニケーション　185

もコミュニケーション自体を図ることが非常に困難になるからである。

　確かに，組織において円滑なコミュニケーションを図る上で，言語の違いが重要であることは論をまたないだろう。しかしながら，それと同等かあるいはそれ以上に，文化の違いに注目する必要がある。文化とは，ある集団における基本的前提や価値観，慣習，行動パターン，儀礼などを含む包括的な概念である。第2節で述べたように，コミュニケーションを行うためには，社会的に構築されるコードとコンテクストの双方が共有されていなければならない。したがって，純粋な言葉の壁だけでなく文化の壁をいかに乗り越えるか，文化的差異をいかにマネジメントするかが問われるのである。

　国際的に活動する企業の中に多様な文化が存在することは，比較文化研究によって明らかにされてきた。その代表的な例として，ホフステッド（Hofstede, G.）の研究[25]がある。ホフステッドは，「文化の差異を的確に理解」[26]し，「各国をどのような文化圏に分類できるか」[27]を明らかにするために，権力の格差，不確実性の回避，個人主義化，男性化という4つの指標に基づいて，世界50カ国，のべ11万6千人におよぶIBMの社員を対象に，大規模なアンケート調査を行った。その調査を通じて，たとえ1つの企業であっても，その中に国の数に応じて多数の文化を包合することが突き止められた。ホフステッドはこの結果を踏まえ，どの文化にも通じるような唯一無二の管理方法は存在しないことを主張すると同時に，各国の文化を的確に把握し，それぞれの文化に応じた管理を実施することが重要であると論じた[28]。

　文化的多様性のマネジメントが特に必要とされる場は，海外子会社におけるコミュニケーションであろう。海外子会社の管理や技術指導を行うために本社から派遣される社員と，現地で採用される現地社員との間の異文化コミュニケーションは，しばしば国際経営の重要な課題として取り上げられる。そのため，海外赴任する社員に向けた異文化トレーニングが必要とされる[29]。その他に，本社と海外子会社との間や海外子会社間などの組織間のコミュニケーションにおいても，文化の違いをどのようにマネジメントするかが求められる。このように，企業の組織が国際化する中で，さまざまなレベルにおいて異文化コミュニケーションを行うために，文化的多様性をいかにマネジメントす

るかという視点が重要になる。

2. 文化的多様性のマネジメント

　組織における文化的多様性のマネジメントは，主に多国籍企業論や国際経営
論などの領域において研究されてきた。例えば，その先駆的業績として，コー
ルド（Kolde, E. J.）の「世界主義的企業文化」をあげることができる[30]。コール
ドは，世界的に統合された企業文化である世界主義的企業文化を創造すること
によって，多国籍企業組織の統合・調整を図るべきであると主張した。

　また，別の観点からのマネジメントとして，林吉郎の異文化インターフェイ
ス管理論[31]がある。林は，北米や ASEAN に進出した日系企業の調査を基に，
異文化コミュニケーションの問題が，主に「異文化インターフェイス」におい
て発生することを明らかにした。異文化インターフェイスとは，多国籍企業本
国から派遣された社員と，進出先国で採用された現地社員との接点となる場で
あり，異なる文化が交錯する部分である[32]。異文化インターフェイスにおけ
るマネジメントの要諦は，「第三文化体」と呼ばれる人材を育成し，そのイン
ターフェイスに配置することである。第三文化体とは，本国の国民文化や本社
の組織文化を身に付けた「第一文化体」と，進出先国の文化で育った「第二文
化体」との間のコミュニケーションを円滑化する役割を果たすことのできる人
材である。そのために「第一文化」と「第二文化」のいずれをも理解し，両者
の橋渡しができる能力を持っていなければならない。

　これらの方法はいずれも，文化的多様性によって生じるミス・コミュニケー
ションやコンフリクトを，文化的な差異を縮小することでうまくマネジメント
しようとするものである。すなわち，コールドにおいては世界的に同じ企業文
化を共有することによって，林においては文化的な距離を埋められる人材を育
成・登用することによって，文化的差異を小さくしようとするのである。

3. 異文化経営の必要性

　文化的差異を縮小するのとは逆に，むしろ文化的差異を組織的に活用しよう
とするマネジメントとして，アドラー（Adler, N. J.）の異文化シナジー管理論[33]

がある。アドラーによれば，組織の文化的多様性は，単一の合意に達しようとする場合に種々の問題が生じるという。すなわち，ミス・コミュニケーションによる意思の統一が困難になったり，行動の統一が難しくなったりするなどの問題である。その反面で，多様な視点や解釈の獲得，選択肢の拡大，柔軟性や創造性の向上というイノベーティブな視点からは，むしろ文化的多様性がメリットとして機能するという[34]。したがって，文化的多様性のデメリットに目を向け，文化的差異を縮小させるのではなく，いかにそこからメリットを享受するかを念頭に置いた異文化シナジー管理の必要性を説くのである。

異文化シナジー管理には，3つのステップが必要とされる。第1のステップは，「状況記述」である。これは，現在の状況や問題を自分たちの文化から理解した場合，どのように記述できるのか。その反対に，他の文化からは現状をどのように把握できるのかを描き出す段階である。2番目は，「文化的解釈」である。すなわち，状況記述で行ったような理解は，どのような文化的仮説から生じるのかを考えるプロセスである。また，それぞれの文化の根底にどのような仮説があるのかについて検討を行う。同時に，それぞれの文化の類似点と相違点を明らかにする。最後のステップとして，「文化的創造性」がある。この段階では，いずれか1つの文化からの解決を図るのではなく，相互に納得のできる複数の新たな問題解決策を講じることが重要である。そして，複数の代替案のうちで最良と思われる解決方法を選択する。その解決方法を実際に試し，その結果を各々の文化的視点から評価する。さらに，各文化からの視点を用いて再検討し，次なる解決方法に活かすプロセスである[35]。

馬越恵美子は，異文化シナジー管理やダイバーシティ・マネジメントを背景に，異文化経営の重要性について説く。馬越によれば，異文化経営とは，「ひとつの均質な属性（国籍，文化的背景，言語）ではなく，多民族，多国籍，多言語，多文化の人々が構成する企業を経営しビジネスを行うこと」であり，「異なる価値観，慣れ親しんだものとは違う価値観があることを認め，自分の価値観と相矛盾すると思われる価値観を認知し，尊重し，自分の価値観と異なる価値観を創造的に融合して，新たな価値観を生み出し，相乗効果を生み出すプロセス」[36]である。グローバル化が進み行く現在，異文化コミュニケーションが

求められるのは，海外で働くような一部のヒトに限られない。国境を越えた
M&A や戦略的提携，また洋の東西を問わない優秀な人材の登用が増えるにし
たがって，文化的多様性を巧みにマネジメントし，他社とは異なる競争優位と
して活かすために，異文化経営がますます重要になると考えられる。

【注】

(1) 詳しくは，猪俣正雄『組織のコミュニケーション論』中央経済社，1992 年，松村洋平
「組織コミュニケーションの再検討」『東京経営短期大学紀要』第 9 号，2001 年 3 月，
103 ～ 115 ページ，森本三男「経営組織とコミュニケーション─コミュニケーションの
機能と有効性─」『白鴎ビジネスレビュー』第 11 巻第 1 号，2002 年 3 月，1 ～ 9 ページ，
平松茂実「現代企業組織におけるコミュニケーションの位置づけと現代的意義」『高千
穂論叢』第 37 巻第 1 号，2002 年 4 月，1 ～ 24 ページ，を参照されたい。

(2) Shannon, E. C. and W. Weaver, *The Mathematical Theory of Communication,* The
University of Illinois Press, 1998.（植松友彦訳『通信の数学的理論』ちくま学芸文庫，
2009 年，21 ～ 22 ページ）

(3) その後，コミュニケーション論が発展する中で，双方向のコミュニケーションを含むさ
まざまなモデルが提示されてきた。詳しくは，McQuail, D. and S. Windahl, *Communi-*
cation Models for the Study of Mass Communications, Longman, 1981.（山中正剛・黒
田勇訳『コミュニケーション・モデルズ─マス・コミ研究のために─』松籟社，1986
年）や，大石裕『コミュニケーション研究─社会の中のメディア─』第 3 版，慶應義
塾大学出版会，2011 年，を参照されたい。

(4) 池田謙一『コミュニケーション』東京大学出版会，2000 年，9 ～ 11 ページ。池田はこ
の前提の一例として，意味の体系，統語の体系，語用論，社会関係コード，共有の既
有知識，コミュニケーション目標をあげている。

(5) 池上嘉彦・山中桂一・唐須教光『文化記号論─ことばのコードと文化のコード─』講
談社学術文庫，1994 年，16 ～ 19 ページ。

(6) 池上嘉彦『記号論への招待』岩波新書，1984 年，39 ページ。

(7) 池上他，前掲書，18 ページ。

(8) Barnard, C. I., *The Functions of the Executive,* Harvard University Press, 1938.（山本
安次郎・田杉競・飯野春樹訳『新訳　経営者の役割』ダイヤモンド社，1968 年，85
ページ）

(9) 同上訳書，84 ページ。同訳書では，communication を「伝達」と訳しているが，本章

第 10 章 組織とコミュニケーション 189

では，章のタイトルに沿って「コミュニケーション」と表記した。

(10) 同上訳書，95 ページ。

(11) 同上訳書，120 ページ。

(12) 若林満「組織と人間―コミュニケーションからの接近―」原岡一馬・若林満編著『組織コミュニケーション―個と組織との対話―』福村出版，1993 年，2 ～ 3 ページ。

(13) 高橋伸夫「組織の生産性を上げるハイコンテクスト・コミュニケーション」『Think!』No.47，2013 年秋号，103 ページ。

(14) 日本経営協会「第 6 回ビジネス・コミュニケーション実態調査 組織内コミュニケーションに約 6 割が不満 必要なのは『情報共有』や『共通理解』」『人事労務』第 50 号，2013 年 6 月，47 ～ 49 ページ。ちなみにこの調査は，全国の企業や自治体を対象に 2011 年 9 月から 10 月にかけて行われたものであり，総数 711 団体から有効回答を得ている。

(15) 猪俣，前掲書，138 ～ 141 ページ。

(16) 若林，前掲稿，11 ～ 12 ページ。

(17) 同上稿，12 ページ。

(18) 安田雪『ネットワーク分析―何が行為を決定するか―』新曜社，1997 年，22 ページ。

(19) 若林，前掲稿，12 ページ。

(20) 山本修一郎『CMC で変わる組織コミュニケーション―企業内 SNS の実践から学ぶ―』NTT 出版，2010 年，7 ～ 9 ページ。

(21) 中村雅章『組織の電子コミュニケーション―コンピュータ・コミュニケーションと人間行動―』中央経済社，2003 年，54 ～ 57 ページ。

(22) 産業編集センター編著『組織と人を活性化するインナー・コミュニケーションと社内報』産業編集センター，2011 年，52 ～ 53 ページ。

(23) 同上書，108 ページ。

(24) 同上書，124 ページ。

(25) Hofstede, G., *Culture's Consequences: International Differences in Work-Related Values*, Sage Publications, 1980. （萬成博・安藤文四郎監訳『経営文化の国際比較―多国籍企業の中の国民性―』産業能率大学出版部，1984 年）。なお，紙幅の関係により本章では扱えなかったが，ホフステッドの他に度々引用される比較文化研究として，トロンペナールスらによる業績がある。詳しくは，Trompenaars, F. and C. Hampden-Turner, *Riding the Waves of Culture*, 2nd edition, Nicholas Brealey, 1997.（須貝栄訳『異文化の波―グローバル社会：多様性の理解―』白桃書房，2001 年）を参照されたい。

(26) 同上訳書，xxxi ページ。

(27) 同上訳書，xxxvi ページ。

(28) 同上訳書，344 ～ 345 ページ。

(29) 例えば，Black J. S. et al., *Globalizing People Through International Assignments*, Addision-Wesley, 1999.（白木三秀・永井裕久・梅澤隆監訳『海外派遣とグローバルビジネス—異文化マネジメント戦略—』白桃書房，2001年）では，赴任前の選抜や教育，赴任中の異文化適応や管理手法，帰任後の再適応やキャリア形成，に区分してこの問題を深く議論している。

(30) Kolde, E. J., *The Multionational Company: Behavioral and Managerial Analyses*, D. C. Health and Company, 1974.（天野明弘監訳『多国籍企業—その行動と経営管理—』東洋経済新報社，1976年）

(31) 林吉郎『異文化インターフェイス管理論』有斐閣，1985年。

(32) 同上書，21ページ。

(33) Adler, N. J., *International Dimensions of Organizational Behavior*, 2nd edition, South-Western Publishing, 1991.（江夏健一・桑名義晴監訳『異文化組織のマネジメント』セントラル・プレス，1996年）

(34) 同上訳書，97ページ。

(35) 同上訳書，107〜112ページ。

(36) 馬越恵美子『ダイバーシティ・マネジメントと異文化経営—グローバル人材を育てるマインドウェアの世紀—』新評論，2011年，160ページ。

◆主要参考文献◆

池田謙一『コミュニケーション』東京大学出版会，2000年。

猪俣正雄『組織のコミュニケーション論』中央経済社，1992年。

大石裕『コミュニケーション研究　—社会の中のメディア』第3版，慶應義塾大学出版会，2011年。

産業編集センター編著『組織と人を活性化するインナー・コミュニケーションと社内報』産業編集センター，2011年。

中村雅章『組織の電子コミュニケーション—コンピュータ・コミュニケーションと人間行動—』中央経済社，2003年。

林吉郎『異文化インターフェイス管理論』有斐閣，1985年。

馬越恵美子『ダイバーシティ・マネジメントと異文化経営—グローバル人材を育てるマインドウェアの世紀—』新評論，2011年。

山本修一郎『CMCで変わる組織コミュニケーション—企業内SNSの実践から学ぶ—』NTT出版，2010年。

若林満「組織と人間—コミュニケーションからの接近—」原岡一馬，若林満編著『組織コミュニケーション—個と組織との対話—』福村出版，1993年，2〜28ページ。

第 10 章　組織とコミュニケーション　191

Adler, N. J., *International Dimensions of Organizational Behavior,* 2nd edition, South-Western Publishing, 1991.（江夏健一・桑名義晴監訳『異文化組織のマネジメント』セントラル・プレス，1996 年）

Barnard, C. I., *The Functions of the Executive,* Harvard University Press, 1938.（山本安次郎・田杉競・飯野春樹訳『新訳　経営者の役割』ダイヤモンド社，1968 年）

Hofstede, G., *Culture's Consequences: International Differences in Work-Related Values,* Sage Publications, 1980.（萬成博・安藤文四郎監訳『経営文化の国際比較―多国籍企業の中の国民性―』産業能率大学出版部，1984 年）

McQuail, D. and S. Windahl, *Communication Models for the Study of Mass Communications,* Longman, 1981.（山中正剛・黒田勇訳『コミュニケーション・モデルズ―マス・コミ研究のために―』松籟社，1986 年）

Shannon, E. C. and W. Weaver, *The Mathematical Theory of Communication,* The University of Illinois Press, 1998.（植松友彦訳『通信の数学的理論』ちくま学芸文庫，2009 年）

第11章
組織変革のリーダーシップ論

第1節　はじめに

　昨今，世界における日本企業の地位低下が叫ばれている。その根本要因としての第1に，リーダーの不在，特に，グローバル時代に対応したリーダーシップが発揮されていないことが掲げられている[1]。

　1950年代以降の世界のGDPシェアを見てみると，日本企業は冷戦後の米国一極集中の時期に最も業績を伸ばし，その後，BRICsなどが台頭し多極化にシフトした時期になると急激に業績を落としたことがわかる。米国一極集中の時期には，日本企業は，世界を牽引する米国経済を頼りに，米国企業をベンチマークしながら，比較的安定した世界の経営情報をじっくりと分析し，企業内において，ゆっくりと組織的コンセンサスを図りながら経営の意思決定をすればよかった。しかし，多極化を迎えた現在，もはや，米国のみを念頭に置くことで生き残ることは難しく，さらには，世界中の企業動向や情報を網羅的に取得し分析することはきわめて困難な時代に直面している。日本企業において，多極化し先の読みにくい世界市場において行う意思決定は，相応のリスクを伴うことになるが，しばらく様子をみるといった妥協案を取り，グローバルに果敢に挑戦することを先延ばしするようでは，日本企業の地位低下にますます拍車をかけることになるであろう。

　各国・各地域のマーケット特性を取り込み，海外企業の買収を含む成長戦略を立案し，事業の資源配分やポートフォリオを見直すリーダー，また，情報不足の中でもスピード感を持って限られた時間の中で議論を尽くし，最後は自ら

第 11 章　組織変革のリーダーシップ論　193

がリスクを背負って専決しグローバルベースで組織を動かすことができるリーダーが求められている。

　そのため，現代の日本企業においては，トップマネジメントを中心とした経営者のリーダーシップ，とりわけ，企業を取り巻く経営環境の変化に対応して不可欠となる経営者の組織変革のリーダーシップが求められることになる。それでは，経営者はどのように組織変革のリーダーシップを発揮するのであろうか。ここで問題となるのが，管理階層ごとのリーダーへのトップのリーダーシップのあり方とリーダーシップの発揮の仕方の問題である。経営者が組織変革のリーダーシップを効果的に発揮できたかどうかは，あらゆる階層におけるリーダーとフォロワーとの関係において固い信頼関係が結ばれ，社会的使命を組織一体となって果たそうとするエネルギーを喚起し続けているかどうかにかかっている。

　例えば，日本におけるブロックバスターと呼ばれる大手製薬企業においては，「新しいビジネスモデル構想[2]」の下，組織変革を実行するためのリーダーシップを発揮するのは，まずトップマネジメントにあるが，今日の製薬企業においてはスペシャリティファーマとして存在意義を生み出す戦略的な主力部門は研究開発部門にある。特に，創薬の開発を経営理念に掲げているブロックバスターにおいては，研究開発部門の研究チームのリーダー・研究者のコミットメントは重要である。ところが，プロフェッショナルである研究者は，雇われている組織よりも自分の仕事や専門分野にコミットする傾向が強く，組織内でコンフリクトを経験しやすい存在として知られており（Gouldner, 1957；Marcson, 1980），生産現場や事務などで効率性（efficiency）を高める一般的なリーダーシップが，画期的なイノベーション能力が要求される創薬などの研究開発（以下，R&D）部門でもそのまま当てはまるとは限らない（Frohman, 1978）。むしろ，効率性を高めようとするリーダーシップは，プロフェッショナルの組織内でのコンフリクトを高め，結果的に研究成果を低める恐れがある。また，プロフェッショナルが多く働く R&D 部門の場合，リーダーシップを必要としない代替（substitute）要因が数多く存在していることが，幾つかの研究によって明らかになっている（蔡, 1997）。さらには，企業のイノベーションを高める

ためには，リーダーシップを超え，中間管理職や研究チームのリーダーおよび研究者個々人といえども，「自律的戦略行動（autonomous strategic behavior）」といった全社的視点からの戦略的・革新行動が不可欠なことも明らかになっている。

　したがって，本章では，「日本企業におけるトップは，R&D 部門組織への効果的なリーダーシップを発揮するために，リーダーシップの本質をどのようにとらえ，また，いかなるリーダーシッププロセスを踏むべきか」という問題意識から出発する。つまり，本研究は，グローバル化した昨今の日本企業におけるトップの R&D 部門組織への効果的なリーダーシップの方法を考え，R&D 部門組織の中間管理職や研究チームのリーダー，さらには研究者個々人が，いかに自律的戦略行動を促進していくかを探求する(3)。

　そこでまず，リーダーシップ論の先行研究をレビューすることで，その後の R&D 部門組織におけるリーダーシップ研究の流れを体系的に把握する。そして，R&D 部門組織におけるリーダーシップと研究開発成果の間の媒介変数に着目し，R&D 部門組織におけるリーダーシップ論の先行研究ではどのような変数が扱われてきたかを明らかにする。さらに，これらのレビューと日本大手製薬企業のトップのリーダーシップ事例として武田薬品工業を掲げ，トップの R&D 部門組織におけるリーダーシップの検討を試み，今後の新しいリーダーシップ研究の課題について述べることにしたい。

第2節　リーダーシップ論の先行研究

　本節と次節ではリーダーシップ論の先行研究をレビューすることで，その後の R&D 部門組織におけるリーダーシップ研究の流れを体系的に把握してみる。

　リーダーシップ論の研究は，初期の研究である（1）特性理論（traits theory）から始まり，（2）行動理論（behavioral theory），（3）状況適合理論（contingency theory），そして，（4）変革型リーダーシップ（transformational leadership）などへと展開されている。

第 11 章　組織変革のリーダーシップ論　195

1．1950 年代〜 1980 年代以前までのリーダーシップ論
（1）特性理論
　初期の研究の特性理論では，どのようなタイプの人間がリーダーとして適しているか，リーダー個人の人格や資質，特性を明らかにしようとするものであった。偉大なリーダーたちがもつ特性を発見しようとする研究は，古代ギリシャやローマの歴史的人物にまで遡ることができる。有用なリーダーシップは，個人の資質によるものであり，その共通性を明らかにするべく研究が展開されたが，今現在も特定の特性に関する意見の一致や支持が得られていない。

（2）行動理論
　1950 年代から行動理論へとシフトするわけであるが，リーダーシップ行動論では，個人の人格や資質，特性よりもむしろ，観察によって得られた信頼できる行動的側面を強調する。当時の研究の内容は，従業員の生産性を向上させるようなリーダーシップ・スタイルを発見することにあった。
　①　リーダーシップ・スタイルの古典的実験 (アイオワ実験)[4] では，集団とリーダーシップ・スタイルの研究を開拓したとされており，専制的リーダーシップ，放任的リーダーシップ，民主的リーダーシップという 3 つのリーダーシップ・スタイルの中で，民主的リーダーシップこそが，集団の生産性，メンバーの満足度，さらには集団の凝集性の点からみても望ましいという結論が導き出された。
　②　オハイオ州立大学におけるリーダーシップ研究[5]では，最終的には，リーダーの行動を「構造づくり」(initiating structure) と「配慮」(consideration) という，2 つの側面から説明した。「構造づくり」とは，リーダーが目標達成をめざす中で，集団活動を系統立て，構造化し，手続きや関係性を明確化して部下を課題達成に向かわせるという一連の行動のことである。そのため，この側面の強いリーダーは，部下に対して，例えば「厳格な目標達成」，「厳密な期間限定」を期待するなど，目標の組織的な追求に多くの関心を払うという特徴がみられる。「配慮」とは，リーダーが部下との開かれたコミュニケーションを図る，部下に

対して，友情や相互信頼，尊敬などの感情への気配りをする，部下に意思決定への参加を促すといった一連の行動のことである。この側面の強いリーダーは，例えば部下の個人的な相談に応じる，部下を平等に扱うなど，あくまでも部下の居心地の良さの満足などに多くの関心を払うという特徴がみられる。このように異なる2つの次元からリーダーシップをとらえることが，実際のリーダーシップを理解するうえで有効であることが明らかになった。また，「構造づくり」と「配慮」の両方の程度が高いリーダー（高構造・高配慮）は，一般的に部下の業績も満足も高い可能性が示された。

③ ブレーク（Blake, R. R.）とムートン（Mouton, J. S.）のマネジリアルグリッド[6]は，リーダーシップ・スタイルを「業績に関する関心」（concern of

図表11－1　オハイオ州立大学のリーダーシップ4象限図

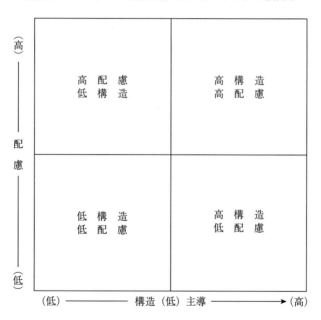

出所：Hersey, P. and K. H. Blanchard, *Management Organizational Behavior,* Prentice-Hall, 1969.（山本成二・水野基・成田攻『行動科学の展開』生産性出版，1978年），134ページ参照。

第 11 章　組織変革のリーダーシップ論　197

production）と「人間に関する関心」（concern of people）という 2 つの側面
から図式化し，マネジリアル・グリッド（managerial grid）を示した。こ
こで，業績に関する関心とは，組織が人を使って成し遂げようとするこ
とのすべてを意味している。また，人間に関する関心とは，部下の仕事
へのコミットメントへの関心，職場における社会関係や友情への関心を
意味している。そして，それぞれが縦軸，横軸に配置され，それぞれ 1

図表 11 － 2　マネジリアル・グリッド

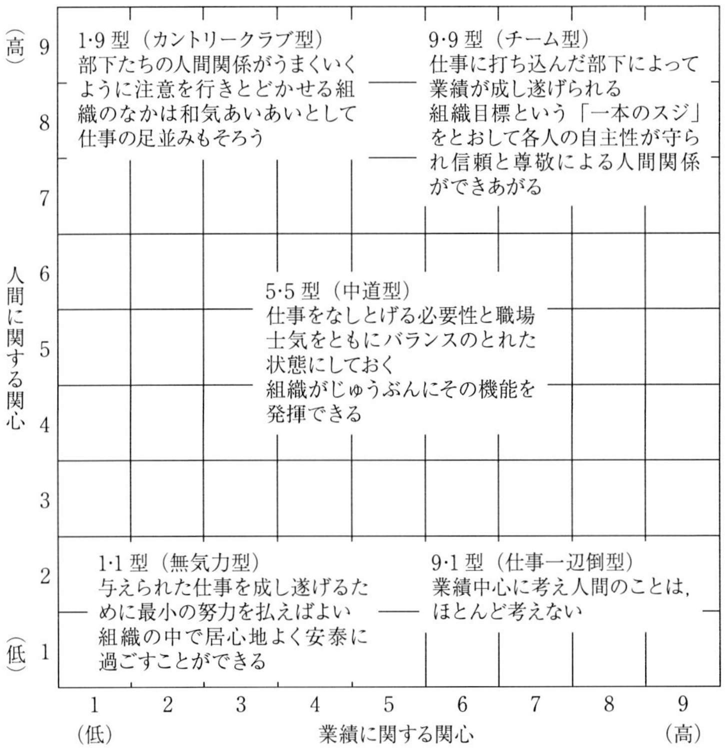

出所：Blake and Mouton（1997）邦訳書，14 ページを一部修正の上作成。佐久間信夫・坪
　　　井順一編著『リーディングスリニューアル経営学第三版　現代の経営管理論』学文
　　　社，2016 年，165 ページ参照。

から9までのレベルに分けられている。この調査から最も優れた機能を果たすのは「9・9型（チーム型）」のリーダーであることが示されたが，いわば，スーパーマン的なチーム型リーダーであり，その行動の基礎にある考え方は，仕事は献身的な人々によってのみ達成され，組織目的への運命共同体的な相互依存の関係のみが信頼と尊敬を生み出すという結論が出された。

④ PM型リーダーシップ[7]は，三隅二不二（1984）により，企業組織に関する多くの調査を踏まえ，集団・組織におけるリーダーシップの役割と機能が「課題達成機能（Performance function）」と「集団維持機能（Maintenance function）」にあることを明らかにした。課題達成機能（P機能）とは，集団・組織の目標達成のために計画を立て，体制づくりをする側面と目標達成のために部下を叱咤激励する側面を含んでいる。他方，集団維持機能（M機能）とは，部下の要求や悩みごとなどに耳を傾け，その解決や援助をする，あるいは集団の雰囲気を和らげるなどの行動を通じて，部下が集団に愛着を持ち，集団の一員として残りたいと思うようになるリーダーシップ機能を指している。そして，これらの2つのリーダーシップを互いに独立した次元として縦軸，横軸の2次元に配してPM理論を展開している。

三隅は，P機能とM機能のいずれも最も高い場合に，集団の業績と従業員の満足度が高く，逆に事故は最も少ないということを明らかにしたが，長期的に見た場合，M型は従業員の満足度，集団の業績ともP型を上まわることを報告している。これは，P型のリーダーの下では，リーダーが従業員との軋轢を起こし，それが従業員の意欲低下や業績の低下につながると解釈されているからである。

これまで見てきたように，リーダーシップのスタイルはいくつかに類型化できる。しかし，どのリーダーシップ・スタイルが最も効果的であるのかは状況によって異なるので一概には断定することは難しい。いかなる状況においても効果を発揮する唯一最善のリーダーシップが存在するわけではない。ここで重要となるのは，1960年代から展開された，状況適合理論である。

（3）状況適合理論

さて，状況適合理論は，有効なリーダーシップ・スタイルを状況との関連で考察する議論である。要するに，リーダーシップ・スタイルが部下の自律度や成熟度，仕事の構造化の度合い，部下との信頼関係などの状況要因に適合しているかどうか，ということである。このように有効なリーダーシップ・スタイルを状況との関連で考察する議論は一般的に，リーダーシップのコンティンジェンシー理論（状況適合理論）と呼ばれる。

その議論には①フィドラー（Fiedler, F. E.）の LPC リーダーシップ[8]，②ハーシー（Hersey, P.）とブランチャード（Blanchard, K. H.）の SL 理論[9]，③ハウス（House, R. H.）のパス・ゴール理論[10] がある。

①　フィドラーの LPC リーダーシップは，従来のリーダーシップ・スタイルの研究に対する不満が現場の管理者から生まれるようになっていた 1960 年代に展開され，リーダーシップ研究に初めて状況要因を導入し，リーダーシップの状況適合モデルを提唱したものである。彼の理論では，効果的な集団の業績をあげられるか否かは，リーダーが部下に接する場合のリーダーシップ・スタイルと，その状況において与えうる支配力・影響力の大きさと適合しているかどうかに依存するというものである。つまり，リーダーの部下に対する影響力行使を容易なものにするか，困難なものにするかはその集団を取り巻く課題状況によって規定されると考えるのである。また，フィドラーは，仕事志向的リーダーか人間志向的リーダーかを測定する LPC 尺度を開発した。LPC（least-preferred coworker）とは「最も好ましくない仕事仲間（同僚）」という意味である。LPC 尺度では，自分にとって「一緒に仕事をするのが最も嫌な仕事仲間（LPC）」を思い浮かばせ，その人のイメージを形容詞対で評定させる。嫌な相手でも好意的に評価するリーダーを「高 LPC リーダー」と呼び，LPC を好意的に受け止めることから人間的寛大さを示すと解釈し人間志向型の行動をとるとする。他方，嫌な相手をネガティブに評価する人は「低 LPC リーダー」と呼び，仕事志向型の行動をとり，支持的・管理的・統制的な傾向があるとするものである。

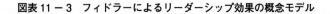

図表 11−3　フィドラーによるリーダーシップ効果の概念モデル

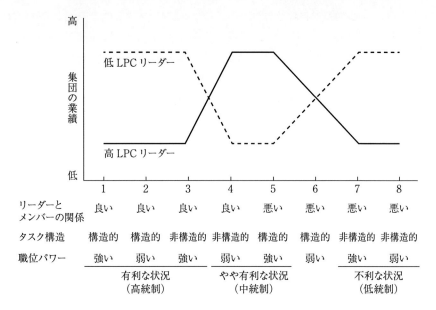

出所：Robbins（1997）邦訳書，223 ページを基に作成。佐久間信夫・坪井順一編著『リーディングスリニューアル経営学第三版　現代の経営管理論』学文社，2016 年，170 ページ参照。

② ハーシー＆ブランチャードの SL 理論は，リーダーシップとその場の主要な状況要因が何であるかを研究し，部下のマチュリティ（成熟度）との関係で効果的なリーダーシップをとらえる，SL 理論（situational leadership theory）を提唱した。SL 理論における部下のマチュリテイとは，①達成可能な，しかしできるだけ高い目標を設定しようとする本人の基本的な姿勢（成熟意欲），②責任負担の意思と能力，③対象となる相手または集団がもつ教育・経験の程度と定義されている。SL 理論によると，部下のマチュリテイの程度が高まる（中程度になる）につれて，リーダーは指示的行動を減じ，協労的な行動を増やす。そして，部下のマチュリテイがさらに高まる（中程度以上になる）とリーダーは指示的行動のみならず協労行動も控えるのが望ましいという。このように，SL

理論では，部下のマチュリティとの関連で，いかなるリーダーシップ・スタイルが有効（効果的）かを考え，状況との適合を主張するのが特徴である。

③　ハウスのパス・ゴール理論は，「パス・ゴール理論」（目標─経路理論）と呼ばれるリーダーシップ論を展開するものである。ハウスの提唱した理論は，状況適合理論の1つでもあり，すでに述べた「構造づくり」「配慮」に関するオハイオ研究と，モチベーションの期待理論からも主要な要素を継承している。「パス・ゴール理論」の本質は，部下は各自が達成したいと思う個人的な目標をもっているので，リーダーの職務は個人の目標を助け，目標達成に必要な方向性や支援を与えることであり，それが集団や組織の全体的な目標に適うというものである。つまり，部下に対して個々人のゴール（目標）に到達するようにパス（経路）を明確にして支援することこそリーダーの役目なのである。部下は，「パス」と「ゴール」の結びつきが強く，自己の職務遂行が個人的目標達成のパスとして有効であると感じることができるほど，それだけ部下の期待は大きくモラールも向上する。しかし，逆の場合は，部下の期待も小さくモラールも低下する。ここでは，部下は自己が掲げる目標（ゴール）を目指して何らかの結果を得るために行動することが前提となっている。「パス・ゴール」理論では，リーダーの行動が部下に「受容」され「動機づけ」となるのは，それが部下に職務満足をもたらす場合であり，効果的な職務遂行に必要なコーチング・指導・支援・報酬を提供する場合である。

また，ハウスは，以下の4つのリーダーシップ行動を規定している。

ⅰ．「指示的リーダー」は，部下に対して何を期待しているかを教え，仕事の計画を立てて，その達成方法を具体的に支持するリーダーである。このリーダーシップ行動は，タスク構造が高度に明確化された時よりも，曖昧な場合や，集団内に多くのコンフリクトが存在する場合に，部下に多くの満足をもたらすとされ，自分の運命は自分では統制できないと考える（外部統制型）部下に効果的であるとされる。

ⅱ.「支援型リーダー」は，部下に対して親しみやすく接し，彼らの欲求に気を配るリーダーである。このリーダー行動は，部下が明確化されたタスクを遂行いている時に，高業績と高満足をもたらすとされている。

ⅲ.「参加型リーダー」は，意思決定をする際には部下に相談し，彼らの提案を受けて意思決定するリーダーである。このリーダーシップ行動は，自分の運命は自分で統制できると信じる（内的統制型）部下に効果的であるとされている。

ⅳ.「課題達成型リーダー」は，部下に対して困難な目標達成に全力を尽くすことを求めるリーダーである。このリーダーシップ行動は，タスク構造が曖昧な場合には，部下に努力次第で好業績をもたらすという期待感を増長させ，モラールが高まるとされている。

ハウスの「パス・ゴール理論」では，リーダーシップのスタイルは可変的なものと仮定されているため，タスク構造のあり方や，部下の属性・自立度に応じて，すでに示した4つのリーダー行動のいずれかを取りうる可能性があり，またすべてに当てはまる可能性もあることを示している。

2．1980年代から現在までのリーダーシップ論

さて，これまで見てきた1980年代以前のリーダーシップ研究の研究対象は，特定の集団であり，企業を対象とし企業変革という視点での議論はなされてこなかった。しかし，1980年代に入ると，変革型リーダーシップが登場してくることになる。1980年代から90年代にかけては国際的な企業間の競争が激化するようになった時期である。企業を取り巻く環境が不確実性を増すようになるにつれ，組織が環境変化に対応し，組織全体を変革することの必要性が認識される中で誕生したのが，変革型リーダーシップという概念である。つまり，リーダーシップ研究においても，企業という組織そのものの変革という次元に着目した研究が行われるようになったのである。変革期のリーダーシップ論の代表的研究者には，①コッター（Kotter, J. P.）の変革型リーダーシップ，②カリスマ的リーダーシップ（charismatic leadership）や③ウォレン・ベニスとバート・ナナス（Warren Bennis and Burt Nanus）の「変革の時代に求められるリー

第 11 章　組織変革のリーダーシップ論　203

ダーシップ」，④サーバント・リーダーシップ（servant leadership）他がある。

　ところで，変革型リーダーシップは，環境変化に対応して，組織全体を変革するためのリーダーシップであるから，トップマネジメントによる組織変革のリーダーシップに着目することになる。経営管理者の主要な役割として，組織的価値観のリーダーシップを唱えたバーナード（Barnard, C. I.）によれば，経営管理者は，単に短期的な業績を志向する独裁的な存在ではない。経営管理者の責任は，組織の中におけるさまざまな社会的，世俗的な役割をうまく活かして，組織にとって有効な価値観を形作り，リーダーシップを発揮していくことにある[11]。ここでの経営管理者は，CEO（Chief Executive Officer：最高経営責任者）のみならず，COO（Chief Operating Officer：執行長，代表取締役社長，部門管理者を含めた経営管理者層），つまり，トップマネジメントを意味している。

（1）変革型リーダーシップ

①　コッターの組織変革のリーダーシップ

　変革への備えがある 21 世紀の組織というものは，大きな変革に着手した時に限らず，いつも社員に危機意識を持たせ，現状に慢心させない組織，ビジョンが全面的に浸透し，必要に応じて刷新が行われ，広く継続的に周知される組織，いざという時にすぐに変革推進のためのチームを連携できるよう，チームワークを重視する組織，そして，新しい針路に向かって動けるよう社員に権限を与える組織である[12]。

　コッターによれば，リーダーシップとは，「ビジョンと戦略を描き，これらを実現させるために人々を結集し，彼ら彼女らをエンパワーメント（権限委譲）するなど，さまざまな障害を乗り越えて変革を実現させる原動力であり，トップマネジメントのみならず，あらゆる階層のマネジャーに求められる能力」である。リーダーシップは変革を必然的に生むものであり，それが最大の効用なのである。また，リーダーとはまとめ役のことであり，リーダーシップとは人々の心を 1 つにする働きかけのことである。

　さらに，リーダーとフォロワーの関係において，リーダーシップとは，フォロワーに意識の変化を積極的に促す行為である。ここで注意しておきたいの

は,「フォロワーに意識の変化を積極的に促す」とは,「フォロワーが自らの意思で変わっていく」という点である。リーダーが無理やりに意識を変えさせようとし,フォロワーが従わないと罰を与えるとか,フォロワーに約束できない都合のいいことをいって,意識を変えさせるようなことがあれば,それは本来の意味での「フォロワーに意識の変化を積極的に促す」ことにはならない。リーダーとフォロワーとの信頼関係がきわめて重要といえるのである。

そこで,フォロワーが自らの意思で変わっていく方法として,課題(アジェンダ)を設定し,人脈(ネットワーク)を作ることが有用である。課題の設定とは,企業が解決すべき問題を大まかに決めて,具体的に方略を立てて解決の方向性を示すことである。ここで,最も重視するのは「対話による意見交換」にある。また,人脈(ネットワーク)とは,課題達成のために,直属の上司や部下という直接的な関係の人々だけでなく,経営幹部や他部門の社員,協力企業や消費者といった企業を取り巻く利害関係者(ステイクホルダー)とよりよいコミュニケーションを図って行くことである。

図表11-4 課題を設定する手順

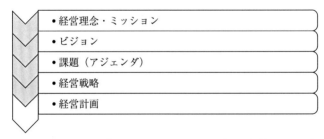

出所:ジョン・P・コッター著,DIAMONDハーバード・ビジネス・レビュー編集部,他訳『第2版 リーダーシップ論』ダイヤモンド社,2012年,参照。

さらに,コッターによれば,リーダーシップとマネジメントは補完関係にあるという。リーダーシップ重視型の人間は,時にマネジメントという従来の考え方を排したい誘惑にかられるものだが,一般に,強いリーダーシップが求められる仕事にもマネジメント要素は入ってくる。すなわち,計画・予算(マネ

ジメント部分）と，ビジョン・戦略（リーダーシップ部分）を盛り込んだ課題（アジェンダ）の作成，階層の縦のネットワーク（マネジメント部分）と複雑な人間関係の横のネットワーク（リーダーシップ部分）を駆使した，課題遂行のための人脈づくり，そして統制（マネジメント部分）と動機づけ（リーダーシップ部分）の課題遂行である。

コッターにおける企業変革へのプロセスは以下のように8段階で示される。

図表 11 － 5　コッターの企業変革の 8 段階

Step1：変革は緊急課題であるという認識の徹底
Step2：変革プログラムを率いる強力な推進チームの結成
Step3：変革プログラムの方向性を示すビジョンや戦略の策定
Step4：新しいビジョンや戦略の伝達
Step5：社員のビジョン実現へのサポート
Step6：短期的成果を上げるための計画策定・実行
Step7：改善成果の定着とさらなる変革の実現
Step8：新しいアプローチを根づかせる。

出所：ジョン・P・コッター著，DIAMONDハーバード・ビジネス・レビュー編集部，他訳
　　　『第2版　リーダーシップ論』ダイヤモンド社，2012年，79ページより筆者作成。

②　カリスマ的リーダーシップ

合法的支配による官僚制組織は，環境の変化が激しい不確実な状況においてうまく機能しなくなることがある。その時に登場してくるのが，カリスマと呼ばれる特殊な才能を身につけた指導者のリーダーシップである。特定の人物がカリスマとみなされるのは，その人物が一定の条件を満たす資質を持っているからではなく，周囲の人がカリスマと認知することによって成立する。つまり，信奉者が出てきて初めて，信奉される人物がカリスマであるとみなされるのである。

ところで，コンガーとヌンゴ（Conger & Kanungo, 1987）のカリスマ的リーダーシップの行動特性は，①ビジョンを打ち出す，②環境の変化を察知する，③型にとらわれない行動，④リスクを取る，⑤フォロワーの気持ちを察知す

る，⑥現状に満足しない，というものである。この行動特性からみても，カリスマ的リーダーシップと変革型リーダーシップと共通することが多く，近い関係にある。

　しかし，ここで注意をしたいのは，カリスマ的リーダーシップは，リーダーの資質というよりも，むしろ，行動特性に注目するという点で，カリスマ支配とは異なる。カリスマ的リーダーシップにとって必要なのは，フォロワーの心の動きに絶えず気を配るということである[13]。

　③　ウォレン・ベニスらの変革の時代に求められるリーダーシップ

　現代のようにグローバル化し，企業の経営環境の変化が激しく，その先行きも不透明な時代においては，組織の存在意義であるミッションや経営理念を基軸にしつつ，それを体現するためのビジョンや戦略，そして組織構造といったものを環境変化に適応させていかなければならない。そのために，企業における生産性や効率性のみを追求するリーダーシップから，組織変革を実現し，フォロワーの意識改革を促す変革型リーダーシップに議論の焦点がシフトしてきているのである。

　ウォレン・ベニスとバート・ナナス（1985）は，組織変革で成功した最高経営責任者（民間部門60名，公的部門30名）に対してインタビューを行った。彼らは，このインタビューから優れたリーダーが実践している4つの戦略を次のように見いだした[14]。

　ⅰ．人を引きつけるビジョンを描く

　　ビジョン構築の手がかりとなるのは，「過去」「現在」「未来」という時間軸である。ビジョン構築にあたってリーダーに求められる能力は，先見力，洞察力，世界観，立体認知，周辺視野，ビジョン修正にある。

　ⅱ．あらゆる方法で意味を伝える

　　優れたリーダーシップを発揮するためには，コミュニケーションは重要である。なぜ，新たなビジョンが必要なのか，そのビジョンによってもたらされるものは何か，その結果としてどのような未来が待っているのかについて，説得することが必要である。

iii. 「ポジショニング」で信頼を勝ち取る

　　ビジョンは目指すべき先であり，立ち位置を決めるのがポジショニングである。リーダーシップは，リーダーとフォロワーが信頼の絆で結びついていないと始まらない。

iv. 自己を創造的に活かす

　　自己を創造的に活かすためには，リーダー自らに対して，どのような心構えでリーダーシップに望むのかを考えなければならない。自己観もワレンダ要因も肯定的な人物が，自己を創造的に活かして効果的なリーダーシップを発揮できる。肯定的自己観とは，自らの能力を構築することであり，自信を表す。ワレンダ要因とは，結果に対するイメージ，すなわち，外的な環境の見通しを意味する。

　以上が，優れたリーダーが実践している4つの戦略である。

　次に，彼らは，リーダーシップには，時代に左右されない普遍的なものが存在するとして，優れたリーダーに世代を超えて共通する点は，高い学習意欲と，厳しい試練に耐えた経験であるという。さらに，このような優れたリーダーになるためには，時代を超えて必要な「4つの能力」を開発することであるという。それは，①適応力と強靭（きょうじん）な精神，②意味の共有化と他者の巻き込み，③意見と表現，④高潔さ，という4つの能力が求められる。

④　サーバント・リーダーシップ

　グリンリーフ（Greenleaf, R. K.）の主張によると，リーダーシップといえば，自分が先頭にたって，フォロワーをリードするというイメージが強いが，そうではなくて，「目的を達成するために，陰に陽にフォロワーをバックアップしていく」というものである。つまり，リーダーシップの根底にあるのは，組織の目的，ミッションに対して，リーダーが奉仕の精神で貢献することである。つまり，サーバント・リーダーシップとは，「まず相手に奉仕し，その後相手を導くもの」である[15]。

　サーバント・リーダーシップの特徴は以下の通りである。

　i. リーダーはフォロワーに対して引っ張っていきたいという気持ちが最初

にくるのではなく，フォロワーに対して奉仕したい，尽くしたいという気持ちが最初にきて，やがて導きたいという気持ちが湧いてくる。

ii．サーバント・リーダーシップは，地位や権力といったパワーに訴えるだけでなく，奉仕の精神に基づいてフォロワーの気持ちを思いやる行動をとる。

iii．サーバント・リーダーシップを発揮するということは，単にリーダーがフォロワーを気遣ってなされるだけでなく，フォロワーが組織の目的の達成に向けて献身的になることによってなされなければならない。将来的には，サーバント・リーダーシップを発揮しようという心構えをもつように，フォロワーの成長を促していくことにつきる。

一見すると組織に奉仕することに徹していてリーダーのように思われないが，いなくなって初めて存在の大きさに皆が気づく，ヘルマン・ヘッセの『東邦巡礼』に登場する，レーオのような人物が，サーバント・リーダーシップを発揮するサーバント・リーダーなのである。

第3節　リーダーシップ論の先行研究の検討と
　　　　　R&D 部門組織のリーダーシップ

前節において，リーダーシップ論の先行研究を1．1950 年代〜1980 年代以前，2．1980 年代〜現在までに時代区分し，これまでのリーダーシップ論を体系的にとらえ，その内容の流れから展開してきた。本章では，リーダーシップ論の先行研究の検討をさらに進め，R&D 部門組織のリーダーシップ論の考察を試みる。

1．リーダーシップ論の先行研究の検討

初期の研究の特性理論では，どのようなタイプの人間がリーダーとして適しているか，リーダー個人の人格や資質，特性を明らかにしようとするものであった。有用なリーダーシップは，個人の資質によるものであり，その共通性を明らかにするべく研究が展開されたが，今現在も特定の特性に関する意見の

一致や支持が得られていない。また，1950 年代から行動理論へとシフトするわけであるが，リーダーシップ行動論では，個人の人格や資質，特性よりもむしろ，観察によって得られた信頼できる行動的側面を強調する。当時の研究の内容は，ただ単に，従業員の生産性を向上させるようなリーダーシップ・スタイルを発見することに留まるものであった。しかし，現在のこの分野の研究者たちは，これらの先駆的な努力から，重要なポイントを拾い集めることができる。

　まず，リーダーシップにおけるパーソナリティ特性の研究は，リーダーシップにおいて一定不変の個人的傾注は無視しえないということを示唆しているということである。マクレランドとボヤティス（McClelland & Boyatzis, 1982）は，経営者のキャリアの初期に測定された，持続的な動機づけパターンが，10 年以上後の成功を予測し得ることが示されている。したがって，特性理論におけるリーダーシップを理解するための個人的差異は，まったく役に立たないのではなく，組織内のリーダーの地位，組織の方針，手続き，雰囲気，組織を取り囲む社会の文化といった状況要因を含めることでより十分な説明が可能になるのではないかと考える。環境要因はリーダーと部下との間の関係を果たす媒介的役割であることに対して，リーダーシップ研究者の目を開いてくれたのは，パス・ゴール理論（通路—目標理論）の功績といえるだろう。

　次に，変革型リーダーシップ論は，他のリーダーシップ論と質的に異なるタイプのものとして区別されてきたが，他のアプローチの中にも多くの変革的リーダーシップの構成要因が存在する。リーダーが部下を動機づけたり挑戦的にさせたり，個人の知的な成長の手助けをする程度は，ハウスのパス・ゴール理論（通路−目標理論），状況的リーダーシップ論の中にもみられる。

　変革型リーダーシップの独特の点は，組織のビジョンが，フォロワーの動機づけの源泉になることや，フォロワーが自分のアイデンティティと組織の使命（ミッション）とを融合させることにある。ビジョンのもつ力は，明確で強力なビジョンを描き出すリーダーの能力と，環境的側面（例えば，危険で予測がつかない状況），あるいは強い個人欲求（例えば，生きる目的やアイデンティティへの欲求）に起因するフォロワーのメッセージへの感受性のような要因が，ある特定の形

で統合されることから発現するのかもしれない。変革型リーダーシップにおいても、リーダーはフォロワーの心情や物事の理解度や解釈に注意し正しく理解する能力をより磨かなければならない。

変革的リーダーシップの焦点は組織である。彼らの行動は組織目標に向けてのフォロワーのコミットメントを築き上げる。一方サーバント・リーダーシップの焦点はフォロワーであり、組織目標の達成は副次的な結果である。リーダーがリーダーシップの第一の焦点を組織からフォロワーへ移動しうる範囲がリーダーを変革的リーダーかサーバント・リーダーかに分類する要因であると考えられる。

Joseph & Winston (2005) は、サーバント・リーダーシップについての従業員の知覚と、組織に対する信頼およびリーダーに対する信頼との関係を調査した。サーバント・リーダーシップに導かれていると従業員に知覚されている組織はそうでない組織よりも、より高いリーダーに対する信頼と組織に対する信頼を示した。この結果は、サーバント・リーダーシップはリーダーに対する信頼と組織に対する信頼の先行因であるという Greenleaf の見解を支持するものであると彼らは結論づけている。

さて、ここで、リーダーシップの先行研究に関する若干の検討を試みたわけであるが、本稿で論じようとする、日本大手製薬企業におけるトップマネジメントの研究開発部門組織へのリーダーシップにおいては、いかなるリーダーシップが有効なのであろうか。今日の日本製薬企業、特に創薬の開発を経営理念に掲げるブロックバスターにおいては、今日の熾烈なグローバルな経営環境下にあることから、まさしく、トップマネジメントの組織変革のリーダーシップが適切であると考えられる。事実、トップによる組織改革の盛んな日本製薬企業は数多く存在していることからも、現代のグローバルな時代に対応した組織変革のリーダーシップは重要といえるであろう。そして、製薬企業の組織において、創薬の開発の要は、いうまでもなく R&D 部門組織にある。

2．R&D 部門組織のリーダーシップ

Elkins and Keller (2003) は、これまでの研究開発プロセスに関わるリーダー

シップ研究をレビューし，先行研究の多くが2つのリーダーシップに着目していることを指摘している。1つが変革型リーダーシップであり，もう1つが境界活動（Boundary-spanning activity）である。Elkins and Keller（2003）以降も，変革型リーダーシップと境界活動に関する研究が中心的に行われている[16]。

　変革型リーダーシップは，"フォロワーの目標を高め，明示的もしくは暗黙的な交換関係に基づいた期待を超えた業績を上げることことができる，という自信を彼らに与えることにより，彼らに対して影響を及ぼすリーダー行動"と定義されている（Dvir et al. 2002）。

　変革型リーダーシップには，4つの下位概念があるといわれている（Bass, 1985；Bass and Avolio, 1990）。「理想化された影響」「モチベーションの鼓舞」「知的刺激」「個への配慮」である。「理想化された影響」とは，フォロワーの感情を高ぶらせ，リーダーとの同一化を促進する行動である。「モチベーションの鼓舞」は，フォロワーに対してビジョンを明確に伝え，シンボルを用いてフォロワーの努力をまとめあげ，適切な行動をモデル化する行動である。「知的刺激」は，フォロワーに対して問題を認識させ，新しい視点から問題をとらえることを促進する行動である。「個への配慮」は，フォロワーに対して，サポートし，勇気づけ，コーチングを行う行動である。これら4つのタイプの行動が，チーム目標達成に対する強烈な貢献意欲を，フォロワーから引き出すといわれている。

　変革型リーダーシップは，最も多くの研究が行リーダーシップ・スタイルの1つで，フォロワーの職務態度，行動，成果に正の影響を及ぼすことが，メタ分析によっても明らかにされている（DeGroot, Kiker and Cross, 2000；Dumdum, Lowe, and Avolio, 2002；Judge and Piccolo, 2004；Lowe and Galen Kroeck, 1996）。

　研究開発プロセスを対象とした変革型リーダーシップ研究もいくつか行われている。ただし，これらは，大きく，個人レベルの研究とチーム・レベルの研究に分かれる。前者は，リーダーシップの効果が研究開発者個人にどのように影響を及ぼすのかを明らかにしようとする研究であり，後者は，その効果が研究開発チーム全体にどのように影響を及ぼすのかを明らかにする研究であり，両者は，用いる変数もその方法も異なる。

(1) 個人レベルの変革型リーダーシップ研究

　個人レベルの研究では，変革型リーダーシップが，研究者の職務態度や行動に影響を及ぼすことを明らかにしている。Michaelis, Stegmaier, and Sonntag (2009) は，ドイツの研究開発者を対象とした研究において，チーム・リーダーが変革型リーダーシップの下位概念の 1 つである「理想化された影響」1）を発揮している場合，フォロワーが，イノベーションを促進する行動を取る傾向が強くなることを明らかにしている。また，Paulsen et al. (2013) は，オーストラリアの研究所で働く研究開発者を対象とした研究において，変革型リーダーシップが，研究開発者のイノベーションに向けた努力を促進することを明らかにしている。

　一方，変革型リーダーシップが個人の研究成果に影響を及ぼすことを示した研究もみられる。Eisenbeiß and Boerner (2013) は，ドイツの研究開発者を対象とした研究において，変革型リーダーシップがフォロワーの創造的成果を高めることを明らかにしている。欧米以外では，Gumusluoglu and Ilsev (2009) が，トルコの研究開発者を対象とした研究において，変革型リーダーシップが，個人の創造的成果に正の影響を及ぼしていることを明らかにしている。また，Shin and Zhou (2003) は，韓国の研究開発者を対象とした研究において，変革型リーダーシップが，個人の創造的成果に正の影響を及ぼしていることを明らかにした。

(2) チーム・レベルの変革型リーダーシップ研究

　リーダーシップの影響を検討する場合，チーム・レベルでも検討する必要がある。研究開発の場合，チーム・レベルの活動が多いため，成果もチーム・レベルが重要になる。しかし，チーム・レベルの成果は，単なる個人レベルの成果の足し算ではないため，チーム・レベルの成果を別途検討する必要がある (Woodman, Sawyer, and Griffin, 1993)。

　Thite (2000) は，オーストラリアの研究開発チームを対象とした研究において，チーム・リーダーが，変革型リーダーシップの下位概念のうちの「理想化された影響」と「知的刺激」を示した場合，チームが成功に導かれる可能性が

高いことを示している。

　また，Keller（2006）は，アメリカの研究開発チームを対象に，変革型リーダーシップと構造つくりのリーダーシップ（Initiatingstructure）がチーム成果にどのような影響を及ぼすのかを明らかにした。その結果，どちらもチーム成果に正の影響を及ぼすものの，その影響力は，研究と開発で違うことを明らかにしている。具体的には，変革型リーダーシップは研究チームで，構造つくりのリーダーシップは開発チームでより強く影響を及ぼすのである。

　変革型リーダーシップとチーム成果の関係は，日本においても検証されている。Ishikawa（2012a, b）は，日本の研究開発チームを対象とした研究において，変革型リーダーシップがチーム成果に正の影響を及ぼすことを明らかにしている。また，石川（2007）は，日本の研究開発チームを対象とした研究において，変革型リーダーシップと非指示型リーダーシップの交互作用がチーム成果に正の影響を及ぼすことを明らかにしている。

　このように，変革型リーダーシップは，個人の職務態度，行動，成果に加え，チーム成果に正の影響を及ぼすことがわかる。さらに，その効果は，欧米だけでなく，アジア，とりわけ日本においても確認されている。このことは，変革型リーダーシップが文化を越えて効果的であることを示唆している。

（3）境界活動と成果変数

　境界活動とは，チームの外から，資源や情報，サポートを獲得してくる活動である。研究開発活動とは，新しい知識を生み出す活動である。新しい知識は，既存の情報を新しい方法で組み合わせたり，また，新しい視点で解釈したりすることで生まれる。このため，新しい知識を生み出すためには，その元となる情報が必要となる。また，研究活動を行うためには，資金や実験などのための施設も必要である。さらに，効果的な活動を行うためには，部門内外の理解やサポートも必要であろう。

　この境界活動は，会社の内外に向けて必要となる。例えば，会社内に対しては，研究資金の獲得や，マーケティングや製造部門などの情報を得ることが，効果的な研究活動のためには必要となる。また，会社外に対しては，専門的な

技術情報や顧客情報を得たり，時には，外部の組織と連携したりすることも必要になる。

　境界活動についての研究は古くから行われているが，そのほとんどは，コミュニケーションに着目している。なぜなら，必要な資源やサポート獲得するために，最も重要な手段となるのがコミュニケーションだからである。特に，研究開発活動において最も重要な資源の1つである情報は，コミュニケーションが主たる獲得手段となる。実際に，多くの先行研究が，研究開発チームのコミュニケーションがチーム成果に影響を及ぼすことを明らかにしている（Ancona and Caldwell, 1992a；Hung, Kuo, and Dong, 2013；Keller, 2001；Kivimaki and Lansisalmi, 2000；Taylor and Utterback, 1975）。

　Allen（1977）は，このコミュニケーション境界活動を，ごく限られた研究開発者しか行うことができないと指摘している[17]。なぜなら，コミュニケーションの相手によって，コンテクストが異なるからである。例えば，同じ会社内の製造部門の人とのコミュニケーションと，技術的な専門分野における学会のメンバーとのコミュニケーションでは，全くコンテクストが異なる。通常の人にとって，複数のコンテクストを使い分けることは非常に難しい。このため，コミュニケーションの相手がある程度偏ってしまう。

　ところが，中には，複数のコンテクストを使い分けることができるコミュニケーション・スターがいる。Allen（1977）によると，このコミュニケーション・スターは，会社内外のさまざまな相手とコミュニケーションを取るだけでなく，チーム内に必要な情報を取り入れる役割を担っている。このため，チーム内においてコミュニケーション・ネットワークのハブとなる。また，チーム外との協力や連携，交渉などの役割も担っている。このような役割を担っている研究開発者は，ゲート・キーパー（以下，GK）と呼ばれる。

　その後の研究において，チーム内にGKが存在することで，チーム内のコミュニケーションが活発化されることや，チーム成果に正の影響を及ぼすこと，そしてその影響が，研究と開発では違うことなどが明らかにされてきた（Allen, Tushman, and Lee, 1979；Katz, 1982；Katz and Tushman, 1979；Katz and Tushman, 1983；Tushman and Katz, 1980）。

第11章　組織変革のリーダーシップ論　215

　これまでの考察からいえることは，R&D 部門組織においても，組織変革の
リーダーシップは有効であるということである。次節では，さらに，日本の大
手製薬企業である武田薬品工業についての事例により，本章の問題意識である
「日本企業におけるトップマネジメントの R&D 組織への変革型リーダーシッ
プ」について考察し，今後の課題を述べることで本章のまとめとする。

第4節　おわりに－新たなビジネスモデル構想の実現のための 組織変革のリーダーシップ－

　日本の大手製薬企業の事例をみてみると，市場のグローバル化も進み，バイ
オベンチャーなどさまざまな主体が登場している現在の環境変化によって，も
はや，メガファーマも含めたすべての製薬企業がその規模にかかわらず，それ
ぞれ特徴を活かした企業にならなければ生き残れない状況にある。一概にメガ
ファーマといっても，現在では各企業の対象領域や傾注している分野はさまざ
まであり，従来のように，ただ規模が大きいというだけのものではなくなって
いるということである。したがって，自ら強みのある領域に抜本的に転身する
ことが重要である。こうした厳しい経営環境下にあって，どのような組織変革
のリーダーシップを発揮すればよいのだろうか。

　筆者は，まず，1．自社の存在意義から出発し，2．組織全体の連帯感や時
間的な連続性を保つこと，3．自社の経営理念をグローバルにわかりやすく翻
訳すること，4．トップマネジメントによる R&D 部門組織への変革型リー
ダーシップを発揮することにあると考える。

1．自社の存在意義から出発

　経営者はこのような時だからこそ，自らの経営理念に立ち返ることが重要で
あろう。時代や環境が変わろうとも，企業として変えてはならないものが経営
理念やその企業の価値観だからである。そこから，経営ビジョン → 企業使命
→ 企業目標 → 事業領域と全社的な経営戦略（企業戦略）を練り直し，その経
営戦略の実行のための組織構造へと変革していかなければならない。

日本製薬企業の経営者（CEO）において，特に注意しておきたいのは，多極化しグローバル化が進行する現在，大局観を持って，全社的な戦略をもとに組織的にグローバル展開することである。

2．組織全体の連帯感や時間的な連続性を保つこと

グローバル化が進み，さまざまな人種・国籍を持つ多様な社員を抱え込むことになればなるほど，また，環境の変化が激しくなればなるほど，その企業のフィロソフィーやバリューをしっかり持ち続けなければ，組織全体における連携や時間的な連続性を保つことはできない。そのためにも，自社の存在意義から出発し自らの経営理念に立ち返ることが必要である。

3．自社の経営理念をグローバルに，わかりやすく翻訳

国内に限らず多極な国の人々にも理解してもらえるように経営理念をわかりやすく翻訳したビジョンを明らかにし，会社のDNAとして受け継いでもらうことが肝要である。ところが，日本製薬企業のトップ層に多くの外国人が配置されるやいなや，自国の社員やOBは，経営者の人事に不満を表し，組織としての連帯感に自国の方が亀裂をもたらしてしまうこともある。各人の解釈によっては，まるで，日本人が逆にマイノリティになったがごとくに意識してしまうことも少なくない[18]。それでは，経営者はどのようなリーダーシップを発揮すればよいのだろうか。

それは，日本企業組織における負の組織内同形化圧力を低減させうるようなR&D部門組織へのトップの組織変革型リーダーシップにあると考える。そこで，日本製薬企業のトップの組織変革型リーダーシップについて論じた上で，それとの関連で，トップマネジメントによるR&D部門組織への変革型リーダーシップの検討を試みる。

4．日本製薬企業のトップの組織変革型リーダーシップ

これまでの考察により，変革型リーダーシップ論は，他のリーダーシップ論と質的に異なるタイプのものとして区別されてきたが，他のアプローチの中に

第11章　組織変革のリーダーシップ論　217

も多くの変革的リーダーシップの構成要因が存在する。リーダーが部下を動機づけたり挑戦的にさせたり，個人の知的な成長の手助けをする程度は，ハウスのパス・ゴール理論（通路−目標理論），状況的リーダーシップ論の中にも見られる。

ところで，武田薬品社長兼COO（最高執行責任者）クリストフ・ウェバー氏（PRESIDENT：2014/9/16）によると，「医薬の世界で武田ほど歴史があり，「誠実」を核にした価値観が明確な製薬会社は多くない。これは信頼を得る強いアドバンテージだ。社長就任を決意したのも，挑戦的な目標と価値観への共感からだった。」と述べている。

そして，リーダーシップの本質は，部下を納得させ，「この仕事をぜひやりたい」と動機づけることにあると思う。そのため，私は意識してよきリスナーとなり，チームの話に耳を傾ける協調的なスタイルを第一に考える。武田の社員は優秀だが，勝利への強い意欲やオペレーションの機敏さがやや不十分な面もある。これを強化する。グローバル市場で戦う人材が必ず育つはずだ。

さらには，グローバル企業として標準化も必要だが，新興国市場で成功するためローカルチームの強化は喫緊の課題だ。私も現地を回り，スタッフとコミュニケーションを重ね，エンゲージメントを高める。目標は世界のそれぞれの地域において，カスタマーから，「ベストな製品，サービスを提供するのはタケダだ」と認められ，トップになることだ。それには地域ごとに異なるニーズを的確につかむことが必要。私がGSK（イギリスの大手製薬会社「グラクソ・スミスクライン」）のいくつかの会社でマネジメントを行ううえで大切にしたのは従業員のエンゲージメント，つまり，組織の目標達成に向け，誰もが熱意を持って力を発揮していくような会社との強いつながりだというものである。

製薬企業こそ今，変革型リーダーシップが求められているのである。

次に，変革型リーダーシップの独特の点は，組織のビジョンが，フォロワーの動機づけの源泉になることや，フォロワーが自分のアイデンティティと組織の使命（ミッション）とを融合させることにある。

ビジョンの持つ力は，明確で強力なビジョンを描き出すリーダーの能力と，環境的側面（例えば，危険で予測がつかない状況），あるいは強い個人欲求（例えば，

生きる目的やアイデンティティへの欲求）に起因するフォロワーのメッセージへの感受性のような要因が，ある特定の形で統合されることから発現するのかもしれない。変革型リーダーシップにおいても，リーダーはフォロワーの心情や物事の理解度や解釈に注意し，正しく理解する能力をより磨かなければならない。今日の製薬企業こそ，変革型のリーダーシップが求められよう。

　また，変革的リーダーシップの焦点は組織である。彼らの行動は組織目標に向けてのフォロワーのコミットメントを築き上げる。一方サーバント・リーダーシップの焦点はフォロワーであり，組織目標の達成は副次的な結果である。リーダーがリーダーシップの第一の焦点を組織からフォロワーへ移動しうる範囲が，リーダーを変革的リーダーかサーバント・リーダーかに分類する要因である，と考えられる。

　さらに，Joseph & Winston（2005）は，サーバント・リーダーシップについての従業員の知覚と，組織に対する信頼およびリーダーに対する信頼との関係を調査した。サーバント・リーダーシップに導かれていると従業員に知覚されている組織はそうでない組織よりも，リーダーと組織に対するより高い信頼を示した。この結果は，サーバント・リーダーシップはリーダーに対する信頼と組織に対する信頼の先行因であるというGreenleafの見解を支持するものである，と彼らは結論づけている。

　日本製薬企業を取り巻く経営環境は，これまでみてきたように急激なグローバル環境へと変化を遂げており，現在は日本製薬企業の経営の危機的状況にある。したがって，まず，経営者自身が意識を新たにして，組織変革型リーダーシップを取ることが要求される。

　しかし，すでに述べたように，リーダーが部下を動機づけたり挑戦的にさせたり，個人の知的な成長の手助けをする程度は，ハウスのパス・ゴール理論（通路−目標理論），状況的リーダーシップ論の中にもみられる。また，武田薬品社長兼COOのクリスト・ウェバー氏の主張にあるように，従業員やチームの意見にとにかく耳を傾け，個々の従業員やチーム自らが大きな目標をもち情熱的に仕事に打ち込めるようにし，十分にディスカッションし連携を取る，協調的なリーダーシップ・スタイルを第1と考えていた。しかしながら，その意思

第 11 章　組織変革のリーダーシップ論　219

決定には遅れを許さず，的確に行うという合理的な厳しい面も決して見逃すことはできない。

　したがって，パス・ゴール理論および全社的に組織の観点から変革に取り組む組織変革型リーダーシップ論に加えて，十分なコミュニケーションと対話が可能な「場」を創造し，サーバントリーダーシップにみられるフォロワーの視点に立って，互いに目標を決定し共有し合い，権限委譲する，パートナーシップにも類似した新しい組織変革型リーダーシップが望まれる。そのためには，リーダーは，フォロワー自身とより一層対話をなすことを通じて，フォロワーの主観的認知や解釈をよりよく理解し，彼ら彼女らの解釈フィルターの中で動機づけ，方向づけし，さらには，組織全体のゴールに向かって自ら果敢に挑戦することが個人にとっても，組織にとっても，グローバル世界にとっても意義あるものにしていくことが重要といえるであろう。

5．トップマネジメントによる R&D 部門組織への変革型リーダーシップ

　すでに R&D 部門組織のリーダーシップについて述べたところであるが，R&D プロセスに関わるリーダーシップ研究についても，変革型リーダーシップと境界活動に関する研究が有効であることを示されていた。

　個人レベルのリーダーシップ研究においては，チームのリーダーが変革型リーダーシップの下位概念のうち「理想化された影響」を発揮している場合，フォロワーがイノベーションを促進する行動を取る傾向が強くなることが明らかにされている。また，変革型リーダーシップが研究開発者のイノベーションに向けた努力を促進することが明らかにされた。

　ところで，リーダーシップの影響を検討する場合，チーム・レベルでも検討する必要がある。研究開発の場合，チーム・レベルの活動が多いため，成果もチーム・レベルが重要になる。Thite（2000）によれば，オーストラリアの研究開発チームを対象とした研究において，チーム・リーダーが，変革型リーダーシップの下位概念のうちの「理想化された影響」と「知的刺激」を示した場合，チームが成功に導かれる可能性が高いことを示していた。

　さらに，変革型リーダーシップとチーム成果の関係は，日本においても検証

されている。Ishikawa（2012）は，日本の研究開発チームを対象とした研究において，変革型リーダーシップがチーム成果に正の影響を及ぼすことを明らかにしている。また，石川（2007）は，日本の研究開発チームを対象とした研究において，変革型リーダーシップと非指示型リーダーシップの交互作用がチーム成果に正の影響を及ぼすことを明らかにしている。

このように，変革型リーダーシップは，個人の職務態度，行動，成果に加え，チーム成果に正の影響を及ぼす。さらに，その効果は，欧米だけでなく，アジア，とりわけ日本においても確認されている。

さらには，境界活動において，チーム内にゲート・キーパーが存在することで，チーム内のコミュニケーションが活発化することや，チーム成果に正の影響を及ぼすこと，そしてその影響が，研究と開発では異なることが明らかにされてきた。

以上のことから，製薬企業の研究開発部門における研究者個人および研究開発チームリーダーの自律的戦略行動は，トップマネジメントの変革型リーダーシップの下で，チームリーダーが変革型リーダーシップを発揮することによって，組織的成果に向けて充分，有効に促進されるものであると結論づけることができると考える。

しかし，今後の残された課題がないわけではない。筆者の今後の課題は以下の通りである。

（1）研究者や技術開発者などのプロフェッショナルは，雇われている組織よりも自分の仕事の専門分野にコミットする傾向が強く，組織内でコンフリクトを経験しやすい存在として知られている。トップの組織変革型リーダーシップの取り方が強すぎた場合には，上司の「配慮的リーダーシップ」が，むしろ，自分の研究活動に対する過度な干渉として受け止められ，研究者の成果に否定的な影響を与えるかもしれないという課題がある。

（2）製薬企業の研究者および開発技術者においては，特に，基礎研究と応用開発では，その活動内容が異なるため，変革型リーダーシップの効果が異なることが予想される。研究と開発の違いを超えたモデレー

第 11 章　組織変革のリーダーシップ論　221

　ターを明らかにする必要がある。また，ゲート・キーパーの効果は，研究のチームよりも開発のチームの方が強いことからオープン・イノベーションにおけるリーダーシップの研究が必要となる。

　なお，日本の製薬企業の中で，特にブロックバスターと呼ばれる企業においては，創薬の研究開発部門は，経営理念や自社の存在意義の実現の要である。トップマネジメントに位置するリーダーとフォロワーとしての研究者の関係においては，真の信頼関係を築き，新しい組織変革型のリーダーシップを望むところである。

【注】

（1）久保島悠・土田昭夫「グローバル時代に求められるリーダーシップ」デトロイトトーマツ　コンサルティング監修『グローバル経営戦略 2013―日本企業に求められる戦略，マネジメント手法，そして進路』Think 別冊 No.5，2012 年，東洋経済新報社，57 ページ参照のこと。

（2）日本大手製薬企業の新しいビジネスモデル構想については，筆者の次の文献を参照されたい。
　　小原久美子「日本のブロックバスターにおける新たなビジネスモデル構想に関する一考察」『県立広島大学経営情報学部論集』第 7 号，2015 年 2 月発行，134 〜 136 ページ。

（3）ここでは，R&D 部門組織の中間管理職も研究者であり，研究者から昇格して管理職についたミドルマネジメント層を想定している。また，R&D 部門における研究者は，自律的戦略行動によって，誰もがリーダーシップを発揮しうる可能性がある対象と捉えている。つまり，リーダーシップは，公式的なリーダーではなくとも，リーダーシップを発揮できるという解釈に基づいている。

（4）Lewin, K., *Resolving social conflict: Select papers on group dynamics*, NewYork：Harper, 1948. 参照。

（5）Hersey, P. and K. H. Blanchard, *Management Organizational Behavior*, Prentice-Hall, 1969.（山本成二・水野基・成田攻『行動科学の展開』生産性出版，1978 年）参照。

（6）Lewin, K., *Resolving social conflict: Select papers on group dynamics*, NewYork: Harper, 1948. 参照。

（7）Hersey, P. and K. H. Blanchard, *Management Organizational Behavior,* Prentice-Hall, 1969.（山本成二・水野基・成田攻『行動科学の展開』生産性出版，1978 年）参照。

（8）Fiedler, F. E., *A Theory of Leadership Effectiveness*, McGraw-Hill, 1967.（山田雄一訳
『新しい管理者像の探求』産業能率短期大学，1970年）参照。

（9）Hersey, P. and K. H. Blanchard, op. cit.,（邦訳書，225ページ）参照のこと。

（10）House, R. J., "A Path-Goal Theory of Leader Effectiveness," *Administrative Science Quarterly,* 1971, pp.321-338.

（11）Barnard, C. I., *The Functions of the Executive,* Harvard University Press, 1938, pp.258-284.（C. I. バーナード著，山本安次郎・田杉競・飯野春樹訳『新訳　経営者の役割』ダイヤモンド社，1996年，269 ～ 296ページ）参照。

（12）ジョン・P・コッター著，DIAMONDハーバード・ビジネス・レビュー編集部，他訳『第2版　リーダーシップ論』ダイヤモンド社，2012年，32ページ。

（13）Conger, J.A., and Kanungo, R. A., "Towards a behaviorral theory of charismatic Leadership in organizational settings," *Academy of Management Review, 12,* pp.637-647.

（14）Warren Bennis & Burt Nanus, *Leaders,* HarperCollins Publishers, 1985, pp.27-68.（伊東奈美子邦訳『本物のリーダーとは何か』海と月社，2011年，50 ～ 105ページ）参照。

（15）Greenleaf, R. K., *Servant Leadership: A Journey into the Nature of Legitimate Power & Greatness,* Paulist Press TM, 2012.

（16）Elkins, T. and Keller, R. T., *Leadership in Research and Development Organizations: A Literature Review and Conceptual Framework,* Leadership Quarterly, 14, 2003, pp.587-606.
なお，R&Dプロセスのリーダーシップ研究については，次の文献も参照されたい。
石川淳「研究開発プロセスのリーダーシップ―文献レビューと課題の提示」『日本労働研究雑誌』労働政策研究・研修機構，月間版，No.660，2015年7月号。

（17）Allen, T. J., *Managing the Flow of Technology,* Cambridge：MIT Press. 1977.

（18）原禮之助・原雄次郎『大丈夫か武田薬品』ソリックブックス，2015年。

◆参考文献◆

石川淳「研究開発プロセスのリーダーシップ―文献レビューと課題の提示」『日本労働研究雑誌』労働政策研究・研修機構，月間版，No.660，2015年7月号。

小原久美子「日本製薬企業の経営理念が経営業績に及ぼす影響に関する研究―武田薬品工業の事例を中心として―」『県立広島大学経営情報学部論集』第6号，2014年2月。

小原久美子『経営学における組織文化論の位置づけとその理論的展開』白桃書房，2014年。

グリンリーフ・ロバート・K著，金井壽宏監訳『サーバントリーダーシップ』英治出版，2014年。

コッター・ジョン・P著，DIAMONDハーバード・ビジネス・レビュー編集部，他訳『第2版 リーダーシップ論』ダイヤモンド社，2012年。

チェマーズM. M.著，白樫三四郎訳『リーダーシップの統合理論』北大路書房，1999年。

野中郁次郎監修，リクルートマネジメントソリューションズ組織行動研究所著『日本の持続的成長企業』東洋経済新報社，2010年。

原禮之助・原雄次郎『大丈夫か武田薬品』ソリックブックス，2015年。

Allen, T. J., *Managing the Flow of Technology,* Cambridge：MIT Press, 1977.

Allen, T. J., Tushman, M. L. and Lee, D. M. S., "Technology Transfer as a Function of Position in the Spectrum from Research through Development to Technical Services", *Academy of Management Journal,* 22 (4), 1979.

Barnard, C. I., *The Functions of the Executive,* Harvard University Press, 1938.（C. I. バーナード著，山本安次郎・田杉競・飯野春樹訳『新訳 経営者の役割』ダイヤモンド社，1996年）

Elkins, T. and Keller, R. T., "Leadership in Research and Development Organizations：A Literature Review and Conceptual Framework," *Leadership Quarterly,* 14, 4/5, 2003.

Fiedler, F. E., *A Theory of Leadership Effectiveness,* McGraw-Hill, 1967.（山田雄一訳『新しい管理者像の探求』産業能率短期大学，1970年）

Harada, T., "Three Steps in Knowledge Communication：the Emergence of Knowledge Transformers," *Research Policy,* 32 (10), 2003.

Ishikawa, J., "Leadership and performance in Japanese R & D teams," *Asia Pacific Business Review,* 18 (2), 2012.

Warren Bennis & Burt Nanus, *Leaders: The Strategies for Taking Charge,* Harper & Row, New York, 1985.（ウォレン・ベニス＆バート・ナナス著，伊藤奈美子訳『本物のリーダーとは何か』海と月社，2012年）

第12章
経営イノベーションと組織文化変革のリーダーシップ
―組織変革論の新たな視点としての組織文化変革―

第1節　はじめに

　今日の組織を取り巻く環境は急激に変化し，それに対応して各々の組織は存続を賭けて新しい経営戦略を打ち出し，その戦略の実行のための組織変革が余儀なくされている。その場合に，組織文化においても，新しい経営戦略に対応した組織文化変革ないしは組織文化創造を余儀なくされる。本研究では，経営戦略の実行としての組織変革の問題について，組織文化の視点から考察を試みることにしたい。

　実は，組織文化の発見は，現代の経営組織論における組織変革の問題に大きな課題を与えている。一般に，組織変革を実行する場合，組織の構造改革に目を向けがちであるが，構造という比較的目に見えやすい側面のみに限定した変革では真に組織変革を成功させることは難しい。組織における人々の行動の規定する要因は，組織構造のみではなく，もう1つの規定要因として，組織文化が存在するからである。本研究では，組織変革論と組織文化論を密接に結びつけて，現代の経営組織論の重要課題である組織変革という問題に迫るものである。

　さて，今日の企業を取り巻く環境の変化は，そのスピードと変化量の極大化において目をみはるものがある。さらには，情報化とグローバリゼーションの波は，企業経営のグローバル化をますます促進させている。したがって，企業は，かつての伝統的な組織のままで，大規模化，官僚制化が進むにつれて，こ

のような環境変化にますます適応できなくなってくる。また，かつてのような大量生産，大量販売といった単純な規模の経済や範囲の経済を追求するのみの戦略では，企業および諸組織の存続と成長は望めない時代となっているのは周知の通りである。もはや今日の環境変化は，一度変化したら元に戻すことは不可能な状況にある。したがって，今日の企業経営においては，環境変化に対応して，部分的に，例えば，組織の一部分を改変をしたり，技術改善するといった対処療法では解決できないのであり，環境変化に対応して全社的に抜本的な経営イノベーションこそ必要になってくる。

　そこで現代の多くの企業は，これまでの企業の経営戦略や組織を根本から変えていく試みを行っている。それが新しい経営戦略の構築とそれに適合する組織（構造）の変革である。つまり，企業経営の生命線を掌る将来の命運を決定する鍵を，新しい経営戦略とそれに適合した組織変革に求めているのである。この意味で，経営戦略論や組織変革論は，企業経営の存続と成長・進化のための主要なイノベーション理論であるともいえるのである。そして経営におけるイノベーションは，経営組織体を通じて行われることから組織におけるイノベーションでもある。

　本稿では，経営イノベーションの定義に関して，経営組織論の観点から，ダフトら（Daft, R. L : *et al.*）の定義を採用する。つまり，経営イノベーションとは，経営組織体におけるイノベーションを意味し，その組織の業界や市場，あるいは環境全般にとっての新しいアイデア（創造性）や行動を採用することであると定義する。この定義から，新しい経営戦略構想もまた経営イノベーションとなりえるのである。また，イノベーションに関する研究文献では，組織の変革とは，ある組織が新しいアイデアや行動を採用することである[1]。

　さて，組織変革論は，経営組織論の大きな発展の1つである，コンティンジェンシー理論（1960年代に台頭し70年代に開花）から発展した理論であり，現代では，組織文化論と並行して経営学の主要テーマ領域に位置している研究分野であることは周知の通りである（加護野，1997）。コンティンジェンシー理論は，一定の環境や技術のもとで最も有効な組織構造を追及しようとするものであったが，それは状態に注目した理論（静学的理論）であり，変化に注目した理

論（動学的理論）ではなかった。したがって，コンティンジェンシー理論は，環境や技術が変化したときに，組織が一定の方向に変わらなければならないということは予測できるが，どのようにして組織を変えるかについての示唆を与えることはできなかったのである。したがって，その後の組織理論の研究課題は，技術や環境が変化した後に組織変革をいかに管理するかという問題に移ることとなった。さらに，組織文化が，企業組織内部の人々に大きな影響を及ぼすとすれば，組織の変革過程では，人々の内面にも働きかける難問にも取り組まなければならなかった。そして，このような研究から，これまで次の3つの基本的な組織変革モデルが提出されている[2]。

　第1に，組織変革を，トップによって主導されるプロセスとして考えるモデル，第2に，組織の変動をミドル・マネジメントの創発的な変化創造とその伝播のプロセスとみるモデル，第3に，組織変動を，トップとミドルの相互作用のプロセスととらえるモデルである。

　ところが，これらのモデルの中で，トップ主導により新しい経営戦略構想がなされたとしても，その戦略を実行するために従来からの組織の構造を変革するのは実に難しい問題を孕んでいるのである。それは，組織構造変革には，その構造の深層にあるとされる組織文化の変革の問題が密接に関わっているからである。ここで，組織文化を，「行動を支配する規範と価値観」であると解釈すると，組織文化が経営組織体にとって，いかに強力な作用をしているかが理解できる。われわれは無意識のうちに規範を受け入れ，それをもとに自分自身の行動を導き，他人の行動を解釈する。そればかりではなく，各自は，自分なりの現実を創り上げ，ある出来事や行動の意味を自分自身の環境や他者の環境と相互作用をさせながら折り合いをつけていくのである（Tushman, M. L.; O'Reilly, C. A.; 1997）。

　本章の目的は，戦略と組織構造の深層にある組織文化との関係性について述べた上で，組織文化変革の試みが新しい経営戦略構想の実行には不可欠なものであり，企業における主要な1つの経営イノベーションであることを示すことにある。さらに，新しい経営戦略構想の実行性を強化しうる新たな組織文化の確立のために，組織文化変革の方法について考察してみることにしたい。

第12章　経営イノベーションと組織文化変革のリーダーシップ　227

第2節　経営戦略と組織文化の相互依存関係

　戦略的経営（1970年代後半〜）という考え方の台頭とともに，経営戦略の議論は，経営組織についての議論と緊密な関わりを持つようになる。人や組織の問題の重要性がますます認識されるとともに，経営戦略のプロセス論という新しい見方が提示されることで，経営戦略と組織はさらなる緊密性をもって相互依存関係を論ずる議論へと発展していく。

1．戦略的経営論に至るまでの経営戦略論の史的展開

　経営戦略とは，将来の企業と環境との関わり方についての構想と呼ぶことが一般的な通例となっている。しかし，経営戦略の概念は多義にわたり，その定義は未だはっきりとは行われていない（加護野；1999）。まずここで，経営戦略論の理論的変遷を考察することによって，経営戦略のプロセス論という新しい見方が提示されるまでの経緯を示す必要があるだろう[3]。

　経営学の古典と呼ばれる諸研究の中で，戦略という概念をおそらく最初に提示したのは，チャンドラー（Chandler, A.F.；1962）であろう。チャンドラーの主要な関心は，企業成長の方法としての多角化と，多角化した事業を管理するための新たな組織構造（事業部制）の出現という問題であり，戦略の中心問題としてとらえていたのは，事業あるいは製品ラインの多角化の決定にあった。その後，より実践的な立場から「経営戦略」についての体系的な理論を展開したのが，アンゾフ（Ansoff, H. I.；1965）であり，企業における意思決定を戦略的決定，管理的決定，業務的決定の3種類に区別した。戦略的決定とは，企業と環境との関係を確立する決定であり，その核心をなすのは，「どのような事業あるいは製品・市場を選択すべきか」の決定，つまり，多角化の決定である。チャドラーやアンゾフが活躍した1960年代は，アメリカ企業が事業を（あるいは製品・市場）を急速に多角化させていった時代であり，この段階では，製品・市場にあたっての指針としての戦略論が重要な意味を持っていたのである。

　このような多角化研究の一環として，ルメルト（Rumelt, R. P；1974）は，企業

の多角化のパターンが企業の業績にどのように影響を及ぼすかについての研究を行った。さらに，企業の多角化を考える鍵になるのは，経営資源である。すでに，企業を経営資源の束とみる考えは，ペンローズ（Penrose, R. P.；1959）によって提示されていたが，この概念をさらに深く追求したのは，日本における吉原英樹や伊丹敬之（1984）である。経営資源は，人的資源，物的資源，財務的資源，情報的資源の4種類に分けられ，企業の多角化にとっては情報的資源が特別に重要な役割を演じることが明らかにされる。

伊丹の分類によれば，情報的資源とは，企業の中に蓄積された知識，技術，顧客情報，ノウハウなどの経営資源，環境に蓄積された信用，ブランド，企業イメージなどである。筆者はこれに加えて，組織文化も重要な経営資源と考えているが，本章では経営資源論の視点からはこれ以上述べない。いずれにしても，多角化は，この情報的経営資源を有効利用する活動であるとともに，それを蓄積するための活動であるととらえることができるのである。

1970年代に入って，企業の多角化がさらに進展すると，多角化をいかに行うかという問題よりも，多角化した事業活動をいかに管理するかという問題の重要性が増し，多角化した諸事業間の経営資源の配分を問題とするようになり，この問題にもっとも体系的に取り組んだのは，GE社であった。GE社は，ボストン・コンサルティング・グループやマッキンゼー社などの戦略コンサルティング会社の助けを借りて，多角化した事業への経営資源（特に投資資金）の配分を合理化するための手法を開発した。それが，プロダクト・ポートフォリオ・マネジメント（PPM）と呼ばれる手法である。PPMは，企業を複数の事業からなるポートフォリオと考え，企業の成長と存続を事業ポートフォリオの更新とその内部における資源配分の問題としてとらえようとしたものである。PPMの出現によって，経営戦略は事業ポートフォリオのマネジメントとも称されるようになる。1970年代は，PPMをきっかけとした分析的戦略策定の全盛期であった。

事業ポートフォリオの更新を通じて企業全体の成長を図ることは，経営戦略理論の1つの潮流を示しているが，経営戦略の議論の中には，もう1つ大きな潮流がある。それは個々の事業分野の競争に関わる戦略であり，前者の事業

ポートフォリオのマネジメントを，企業全体に関わる戦略という意味で「企業戦略」（corporate strategy）と呼び，後者は，個々の事業分野の競争に関わる戦略であるから「事業戦略」（business strategy）あるいは「競争戦略」（competitive strategy）と呼ばれるようになった。競争戦略は，ポーター（Porter, M. E.; 1980）によるところが大きいが，事業戦略の中心を占める競争の問題は，元々はマーケティングという1つの職能分野に関わる問題と考えられてきた。しかし，競争手段の多様化，製品開発競争の激化とともに，マーケティングだけではなく，製造，研究開発などの複数の職能の活動を競争優位の確立の視点から統合することがより一層求められるようになった。したがって，事業戦略は，その統合のための指針を与えるものであり，理論的には，マーケティング，ミクロ経済学，産業組織論の成果を取り入れながら，競争戦略の策定のための理論的枠組みが整備されることとなる。

こうした展開により，企業戦略と事業戦略はもはや独立のものではなく，企業が成長していくために，企業戦略と事業戦略の整合化が必要になったのである。また，企業活動の多角化とともに，戦略策定のための組織あるいはシステムをいかに構築するかという新しい問題も出現することになる。この問題を先駆的に取り組んだのも GE 社であり，企業戦略と事業戦略の統合化を図り，それを長期計画ならびに予算（実行計画）にまで具体化するための組織とシステムを発展させた。こうして，1970 年代後半になって，戦略ならびに戦略計画の策定のためのシステムが整備されるとともに，新たな問題として現れてきたのが，経営戦略の実行（implementation）という問題であったのである。

経営戦略の実行には，人や組織の問題が関わっている。経営戦略に適合した組織構造，管理システム，組織文化（人々の価値観や行動規範）をいかに創り上げるかが経営戦略の有効性を決める重要な要素であることが認識され始めたのである。そして，人や組織の問題を含めて広い文脈の中に経営戦略の策定から実行までの問題を位置づけようとする考え方が現れた。この考え方こそ，「戦略的経営」（strategic management）と呼ばれるものである。戦略的経営とは，経営組織体の企業家的な活動（企業家精神とイノベーション），経営組織体のイノベーション（革新）と成長，つまり，経営組織体の諸活動を導くべき戦略の開発と

230

実行に関わるプロセス（経営戦略のプロセス論）であるといえる。

　以上のような経営戦略論の史的展開を経て，戦略的経営という考え方の台頭とともに，経営戦略の議論は経営組織についての議論と密接な関わりを持つようになり，人と組織の問題がますます認識されるようになった。そして，経営戦略の実行のためのプロセスが重要な視点となったのである。プロセス論によれば，経営戦略は，企業と環境ならびに企業組織内の社会的相互作用のプロセスを通じて創発的（emergent）に生み出されてくるパターンであるととらえられる。経営戦略は，企業内の意思決定の指針や決定ルールであるというよりも，それらをも含んだ企業内外のすべての相互作用の結果であるということである。したがって，経営者の役割は，戦略的経営論からすれば，望ましい結果を生み出せるように，直接・間接のさまざまな手段を通じて社会的相互作用プロセスに影響を及ぼすことであるといえるのである。

　戦略のプロセス論からみると，新しい経営理念やビジョン，経営目的，経営戦略を構築することは，企業経営の長期の成功にとって不可欠なことであるが，組織におけるメンバーの動機づけとコミットメントにつながる重要な要素ともなりうる。特に，経営戦略を構築する上での基盤となる経営理念やビジョンは，組織メンバーに，自分の仕事は単なる目的達成の手段以上の意味があると感じさせることになり，組織メンバーに持続的なコミットメント（仕事への没入や打ち込み）がエンパワーメントされるのである。

　多くの企業は，品質，顧客サービス，個人の尊厳，イノベーションといった価値観を強調するが，組織メンバーに行動を促す価値観や規範など，組織文化を形成するものは長期の戦略的な成功を決定づける最も重要な要素である（Tushman, M. L.；O'Reilly, C. A.；1997）。

　以下，組織文化の概念，組織文化の共有と浸透，経営における組織文化の機能と逆機能について考察し，そこから経営戦略と組織文化の相互依存関係および経営戦略と組織文化の適合の重要性について述べることにする。

２．組織文化の概念について

　ここでまず，組織文化の定義について考察してみよう。企業という組織に

は，目に見えにくい側面も多分に存在している。それは，組織における人々の共有する独特の「ものの考え方」や「ものの見方」，「価値観」であり，意識にも上らないほど当然と考えられている「暗黙知」(Polanyi, M., 1966) や「事物に対する意味・解釈枠組みやシンボル体系」(Mintzberg, H., 1988；坂下，2000；小原，2001；他) ないしは「基本的仮定」(Schein, E. H., 1985)，「パラダイム」(Kuhn, T., 1962；加護野，1989) を有している。このような組織における人々が共通に内在化させている目に見えにくい側面も，経営戦略の策定や実行には大きな影響を及ぼすのである。なぜなら，経営戦略を策定するトップや戦略策定スタッフは，その組織特有の「ものの考え方」，「ものの見方」に囚われているからである。また，このような組織特有の囚われた見方は，その企業の経営戦略展開の支えになる場合もあれば，逆に障害になる場合もある。

さて，このような組織の目に見えにくい側面は，これまで，組織文化 (organizational culture) と呼ばれ，活発に論議されてきた。組織文化論は，1960年代に一般システム論が経営管理論に大きな影響を与え，次いで，システム論の相対的なアプローチに沿って，組織と環境との相互関係を実証的に探るコンティンジェンシー理論が1970年代に急進展するが，その限界が見え始めたことを契機に，次第に組織文化が注目されるようになり，1980年代に活発化することになる。コンティンジェンシー理論は，いわば環境決定論であり，環境を所与として，組織の主体的で独自な改編・選択が見逃されているなどの欠点を持っていたからである。この点を克服すべく経営主体の自律的な行動原理を問い直す研究が始まり，それが現代の経営戦略論（企業の主体的な環境適応行動の分析）や組織文化論（経営組織の主体的で独自な行動分析）などへと発展している[4]。

組織文化はさまざまに定義されているが，本章での組織文化とは「企業における組織の構成員が共有する意味や価値観およびシンボル体系，行動規範，信念の集合体として表れた組織特有の意味・解釈枠組み及びその思考パターン」を意味している。

ここでの価値観とは，「その組織にとって一体何が善であり，正しい・望ましいことなのか」つまり，究極的な価値とされる真・善・美についての組織と

しての考え方，つまり，組織的価値観を意味している。さらに，組織的価値観は，シンボルに表現された行為者の主観的意味が組織構成員によって共有され，組織的価値観となる場合もある。行為者は，自分が思念した意味を，物理的，行動的，言語的シンボルに表現し，他者にそうしたシンボルを呈することで意味の伝達を行うからである（坂下，2003）。また，ここでの行動規範とは，組織の中でどのように行動が取られるべきかについての多くは明文化されていない暗黙の組織ルールを示している。さらに，ここでの信念の集合体とは，企業を取り巻く世界はどのようなものか，企業とはどのような存在であり，自らの企業はどのような状態にあるか，そこでの人間はどのようにとらえられるかなど，組織における人々の共有している世界観や企業観，そして組織における人間観など，事実認識に関わる組織の意味・解釈枠組みを表している[5]。

そして，このような組織の価値観，シンボル体系，行動規範，信念，意味・解釈枠組みは相互に分かちがたく関連し合っているのである。例えば，事実認識に関わる信念は，価値観によって支配されるだろし，その価値観は，シンボルに表現されることを通じて，その価値の意味を共有し合うことが可能となるであろう。また逆に，価値観や行動規範の正当性は，世界・企業・組織・人間観などの認識に関わる意味・解釈枠組みである信念の集合体によって支えられるであろう。また，その信念の意味は，シンボル体系を通じて共有されるであろう。したがって，ここでの組織的価値・シンボル・規範・信念・意味・解釈枠組みは，分かち難い相互関係を持った統合的全体であり，この統合的全体こそ組織文化そのものであるといえるのである。

しかし，その統合の程度は，それぞれの企業の組織によって異なる。また，その企業の発展段階プロセスや時間的スパンによって異なる。したがって，企業によって，その統一の程度が強い組織文化や弱い組織文化がさまざまな局面で表れ，時の経過を経て変化する。組織文化は，変わらないものと考えられがちであるが，意図的にも，時間の経過によっても，変容可能なものなのである。それでは，このような特性をもつ組織文化は，現実の企業ではどのように共有され浸透しているのだろうか。

3．組織文化の共有と浸透

　現実の企業は，その組織文化を組織におけるすべての構成員に共有させ，浸透させるために，さまざまな手段を意識的にも無意識的にも生み出してきた。特に，組織的に成文化し，経営者によって繰り返し説かれる経営理念や経営信条（ミッション），企業行動準則，企業倫理綱領，組織の中で語り継がれる武勇伝（成功・失敗物語），その会社独特の儀式や習慣，組織シンボルとしての専門語による組織ビジョンの設定，創業時の強い個性をもつカリスマリーダー（英雄），または，シンボリックリーダーの行動モデルの継承，さらにはコミュニケーション・ネットワークなど，組織文化を伝承するための重要な手段によって，組織文化を浸透させ，維持してきたのである（Deal, T. E., & Kennedy, A. A., 1982）。

　わが国においては，創業時の強い個性をもったカリスマリーダー，あるいは英雄として，松下幸之助（松下電器）や本田宗一郎（本田技研）などは有名であるが，創業者として退いた今日も尚，松下やホンダは，彼らが生み出した組織文化を維持し続けているのであり，そこに松下やホンダ独自の存在意義が見出されるといえよう。また，今日の日本におけるビジョナリー・カンパニーとされる京セラは，稲盛和夫によって率いられ，アメーバ組織を特徴とする組織文化を浸透させている。さらに，最近では，Eメールやホームページ，テレビ会議の実施など，情報ネットワークを活用した組織文化の伝達も盛んである。例えば，ワールドワイドウェブは，新しい組織文化の形成を促すと同時に，これと同じ文化の形成を容易にする（Kanter, R. M., 2001）。

　ところで，組織文化の形成や浸透において，人事の諸制度や企業内の教育・研修との連携は重要である。まず，入社時の採用基準としては，自社の経営理念や組織文化の基準に照らして意識的あるいは無意識的に選抜している企業も少なくない。また，自社の経営理念や組織文化を共有できるか否かも選抜の大きな要因になっているのである。さらに，入社後の企業内の教育や研修においても，その内容に，会社の価値・規範・信念を理解させることを含み，組織文化の伝承・共有の機会とする企業も多い。組織文化は，絶えず浸透させ継続させる努力によって維持されるからである。組織文化は，また評価・報償制度に

も大きく影響している。それは，ある一定の行動様式（行動パターン）において
である。その会社において，どのような行動が評価されるか，つまり，どのよ
うな行動をとった人が昇進するか，逆に，どのような行動に対し罰や制裁が加
えられるかは，その行動様式の背後にある，「最も潜在化した組織文化」の影
響が大きい。この意味で，評価・報償制度は，組織文化を強化する手段である
ともいえるのである。そして企業では，組織内の人々が組織文化を受け入れ，
内面化していくプロセスにおいて，組織内の人々は，社会化（socialization）な
いし同化がなされるのである。

　さて，組織文化は，その組織における構成員にどの程度まで受け入れられる
かは企業によって異なってくる。「最も潜在化した組織文化」は，経営者が浸
透させようとする組織文化と異なった「隠れたもう１つの組織文化」，つまり
自然発生的に生成されたサブ・カルチャーである場合も少なくない。それは，
組織文化には，経営者によって意図的に形成しようとする組織文化と自然発生
的に形成され，既に共有されているもう１つの隠れた組織文化・サブカル
チャーがあるからである。このもう１つの組織文化が最も潜在化した組織文化
となっている場合には，経営者が意図的に形成しようとする組織文化の受け入
れは難しいものとなる。つまり，この場合の経営者が意図的に形成しようとす
る組織文化は，形式的で見せかけの言葉の綾でしかない場合には，形式的でな
い本音の文化である最も潜在化した文化に支配される。自らが明言した価値観
を経営者は本気で信奉してはいない場合には，やがて従業員は，そのことがわ
かってしまい，その形式的組織文化に潜む本当の経営者の価値観を見抜き，し
かも，従業員との信頼関係を崩壊させてしまうのである（O'Reilly, C. A. & Pfeffer,
J., 2000）。そして，経営者の根底の哲学や価値観が本物でない限り，その組織
文化は構成員には受け入れがたいものとなる。また，１つの企業の中において
も事業部間，部門間，工場や事業所間で文化が異なることもある。さらには，
１事業部の中にも，さまざまなグループの自然発生的な文化が存在する場合も
ある。このような組織内の異なった文化は，下位文化もしくは，サブ・カル
チャーと呼ばれる。すべての組織は，数多くの文化を備えているのである
（Kotter, J. P., 1992）。したがって，経営者が意図的に形成しようとする組織文化

第12章 経営イノベーションと組織文化変革のリーダーシップ　235

がなかなか浸透しない場合には，サブ・カルチャーの方が強く浸透しているか，経営者の形式的な組織文化に隠れている本当の価値観に影響されていることが考えられる。このような組織文化が，その企業の存続に危機を及ぼす方向に向いていたならば，その文化は逆機能を果たすことになるのである。そこで，組織文化の経営における機能と逆機能を明らかにしてみる。

4．経営における組織文化の機能と逆機能
―経営戦略と組織文化の適合の重要性―

　企業経営において，組織構造とその管理システムは，組織における人々にとって，目に見えるフォーマルな影響要因であるのに対し，組織文化は，目にみえにくい内面化された影響要因である。組織文化は，目に見えにくい影響要因として次のような重要な機能を果たすものとされている[6]。

　まず第1に，組織文化としての共有された価値観は，組織構造などのフォーマルな影響以上に人々を内面的に心から動機づける。いわば組織における人々の心理的エネルギーを引き出すことができるのである。したがって，組織における個々人は，組織構造などのフォーマルな影響によって組織人特有の機械的・受身的に組織に献身するというよりも，組織文化によって，主体的に自らを動機づけ，自己の能力を最大限に引き出し，自主性や創造性を発揮することができるのである。つまり，組織における個々人は，組織文化である共有された価値の熱狂的な信奉者となることによって，組織に大きなエネルギーを与えることができるのである。

　第2に，組織文化は，フォーマルな情報伝達やコントロールの負荷を軽減することができるということである。組織文化が強固に共有されているときには，外部から命令や支持を与えられなくとも，人々は組織目的に合致した行動をとることができるのである。つまり，組織文化がうまく機能しているときには，上司が直接細かい指示を与え，その指示を遵守させるために細かな規則を作り監視するなどの必要はないのである。組織文化が共有されることによって，組織は，最も安定した行動パターンを生み出すことができるのである。つまり，公式の統制プロセスが行動を導くのと同じように，組織文化は，ソー

シャル・コントロール（規範・価値観など文化的なものによる統制）システムの役割をするのである（Tushman, M. L.；O'Reilly, C. A..　他；1997）。

　第3に，組織における個々人は，組織文化によって自らの価値観や行動がメンバーと共有しているのだと感じ，心理的安定を保つことが可能となる（Schein, E. H., 1985）。

　第4に，組織文化は，適度のあいまいさや多義性（equivocality）を含んでいるため，弾力的な行動が可能となる。フォーマルな規則，手続き，職務規定などは，具体的に誤解の余地のないように策定されなければならないため，いわば，官僚制の逆機能を起こしがちである。ここでの官僚制の逆機能とは，手段の目的化，規則への固執，変化への拒否などの非効率や不適応を意味している。しかしながら，組織文化は，あいまいで多様な解釈の余地をもっているので，環境が変化しても，組織文化の解釈を変えることによって，一定の範囲内では変化に弾力的に適応することができるのである（Weick, K.E. 他，1979）。

　第5に，組織文化は，組織の行動に一定の安定した行動パターンをもたらすことにより，組織外部の人や集団あるいは顧客に対して，一定の企業イメージを与えることができる。また，そのイメージにより，企業は組織外部からの信用・信頼を獲得できるのである。特に，企業イメージによる信用・信頼は，企業経営にとって重要な経営資源でもある。企業は，一度，信用・信頼を獲得すると，さらにその価値は増大していく。例えば，その企業の組織文化にきわめてフィットした人材を引きつけることが可能となる。さらに，その企業イメージの独自性から，差別化という競争戦略を取り易くなるのである。

　第6に，組織文化は，複数のサブ・カルチャーが存在することから，公式的組織行動の非合理的側面をも理解できる。

　第7に，組織文化を用いることによって，組織メンバーの協働によって創発的に創造された組織の社会的文脈をより一層分析することが可能となる。ここで，組織の社会的文脈の分析が重要なのは，われわれの態度や行動は，その底流にある欲求や個性よりも「社会的な学習」のプロセスの影響を少なからず受けるからである。

　第8に，組織文化によって，組織が持つ固有性，独自性，特殊性，アイデン

第12章　経営イノベーションと組織文化変革のリーダーシップ　237

ティティの意義を理解できるようになる。また，組織文化は，その独自性，特殊性ゆえに創るのに多くの時間を要し，しかも，市場での取得が不可能であり当該企業特有のものであるため，競争優位の源泉にもなりうる。以上，組織文化の機能を筆者なりに列挙してきたが，組織文化の機能はこの他にも考えられるであろう。

　しかし，組織文化は，他方では企業にとって障害になることもある。それは，環境変化への対応が困難になる場合があるということである。企業の取り巻く環境は絶えず変化しているダイナミックな環境にある。例えば，その環境要素には，顧客も含まれるが，顧客のニーズは変化するものであるし，顧客の嗜好の多様化も進んでいる。ところが，Ｔ型フォードにみられるように，一種類の標準化した安価で，まったく同じ型の車を大量生産し続けたことで，やがてフォード社はGMに追い越されてしまうというようなケースである。Ｔ型フォードを世に送りだした当初，フォード社の組織文化は，「安価な標準車を大量生産することこそが消費者と労働者双方にとって利益になる」という信念に満ちていた。その文化があまりにも強すぎたために，消費者のニーズの変化と嗜好が多様化しているにもかかわらず，その文化を貫き通したのである。こうして，環境変化に対応できない組織文化を強固に維持することで，フォード社は経営の危機を思わせるほど業績を悪化させたのである[7]。

　組織における人々の共有度が強い組織文化はよいことであるが，企業経営を維持し，発展・進化させていくためには，企業を取り巻く環境変化や経営戦略との関わりで組織文化というものをとらえていかなければならない。また，組織文化というものは，その時代と環境変化に対応させて，新しい組織文化を創造していかなければならない。その上で，その新しい組織文化を組織におけるすべての人々に共有させ，強い組織文化として浸透させるという循環的変化を余儀なくするものであろう。

　経営戦略と組織文化との関係は，企業経営が環境対応に失敗すればその生命はないという，組織の環境対応という最も根幹的な部分で互いに結びつき合っている。企業が成長し発展するためには，環境変化に対応して受動的に適応するのみならず，環境変化を先取りし，それに適合するように組織行動を変える

などの自律的な行動を必要とする。このような組織行動は，長期的展望に立脚し，ある一定の方向性や指針を提供し，その基となる企業の経営理念やミッション，そしてあるべき姿・ビジョンを具現化しうるための構想を示すこと，つまり，経営戦略なしには進まない。そして，経営戦略は，実際の限られた経営資源を有する「組織」において実行されるのである。

　企業は，環境変化を鋭く洞察しながら，その変化に対応させて限られた経営資源を最大限に活用できるように組織化しなければならない。また，そこでの組織の人々は，その経営戦略に向かって進むべき方向に努力を集中させることが重要である。この組織的な努力集中には，「組織文化」の機能がきわめて重要なのである。組織文化の機能はすでに述べたように組織における人々の大きなエネルギーを引き出し，経営戦略に適合したもっとも安定した組織行動パターンを創り出すことが可能なのである。現実の企業経営実践においては，経営戦略と組織は分かち難く結ばれた相互依存関係にあるのであり，経営戦略と組織の融合の度合いこそが，その企業の経営戦略構想ないしは企業経営の成否を決定するのである。そして，経営戦略と組織の融合には「組織文化」の浸透は不可欠といえるのである。

　ところで，一般に経営戦略との関係で組織をとらえる場合に，組織構造を問題とする場合が多いが，組織構造も組織文化と同様に「組織メンバー間の安定した相互依存関係」を形成するのであるが，組織構造は組織形態や職務規定などの目に見えるフォーマルなハードな側面での組織行動パターンを形成するのであって，企業経営における環境対応で考えた場合は，環境との不適合（極めて硬直的な官僚制的行動）をもたらすという大きな欠点をも内包しているのである。その欠点を克服するためには，組織構造の深層にあるきわめて目に見えにくいソフトな側面である組織文化を核としなければならないと考える。組織文化の機能には，適度なあいまい性や多義性を含んだ解釈の余地を持っているので，環境が変化しても基本理念を変えることなしに，組織文化の解釈を変えることによって，一定の範囲内で変化に弾力的に適応することができるのである（Collins, J. C. & Porras, J. I., 1994）。

　以上述べたことから，経営戦略と組織文化の関係は，いずれも企業経営にお

けむ環境対応において不可欠な概念であり相互に依存関係にあるのである。そして，実際の企業において，経営戦略の具現化のためには，組織構造のみならず，経営戦略と組織文化の相互浸透がきわめて重要なのである。

第3節　経営戦略の再構築にともなう組織文化変革

　今日の激変する企業環境において，これまでの経営戦略では生き残れないと認識した企業は，その環境変化に対応させて自社の経営戦略や組織を根本から変革していこうとする試みがなされる。それが新しい経営戦略の構築とそれに適合する新しい組織構造への変革である。しかし，周知のごとく，組織構造改革は容易には成し遂げられない多くの困難性と多大な人的エネルギーを必要とする。多くの困難性の中できわめて中心的なものは，従来からの戦略や組織構造の深層部分を形作る「組織文化」変革である。トップは，新しい経営戦略構想の下で組織構造のみを変えてみたところで「組織における個々人が自らによって組織構造を変えていこうとするような組織文化」に変革しないことには，うまくいかないのは当然のことである。企業は，環境変化に対応して変化させていくことを醸成するような組織文化に変革していかなければならない。そこで本章では，企業を変化に導けるような経営イノベーションとしての組織文化を醸成するために，組織における人々の組織構造改革における意味の解釈に中心をおいて，組織文化変革のあり方と方法を考察してみる。

1．組織構造改革と組織文化

　経営者は，自らの組織に強い危機感をもち「何とかしたい」という思いから，押しつけによる強圧的な構造改革を進めてしまっては，現場疲労してしまい，さらに悪化することは目に見えている。組織におけるすべての人々が構造改革の必要性を認識する以前に「ねばならない」主義がはびこり，組織における人々の変化への抵抗をより強くし，現場の組織文化が逆機能し悪影響を与えるからである。また，その構造改革を急激にドラスティックに行うことは，組織の深層部分である人々の内面への配慮，すなわち，組織のソフトな側面を無

視して，組織の表層的・ハード的側面先導型の考えを実行することであり，表面的・形式に終わり実質が伴わないものになるであろう。いずれも，組織のソフトな側面としての組織文化を軽視しているからである。組織構造を改革しようとする場合には，組織構造の深層にある組織文化にまで遡って変革する必要があるのである。

　ここで，組織文化を形成する組織における人々の組織構造変革の内容に対する受け止め方，つまり，新しい制度（構造）が組織における個々人にもたらす意味・解釈に着目してみよう。例えば，制度が変わることによって，その企業のある社員が自分自身にとって，これまでよりも不利益になると解釈した場合に，その組織構造改革や組織文化変革は成功するであろうか。少なくともその社員は，自ら主体的・積極的に新しい制度に参加し，貢献しようとする意欲は低下するであろう。

　バーナード（Barnard, C. I）は，組織の本質的要素となるものを人々が快くそれぞれの努力を協働体系へ貢献しようとする意欲にあるとする。そして，組織のエネルギーを形作る個人的努力の貢献は，誘因によって人々が提供するものである。組織に対して努力を貢献するよう誘引する純満足は，被る不利益に対比した積極的な利益から生ずる。

　つまり，個人が組織的活動の一部を提供することによって生ずる犠牲と実際に得られる満足とを主観的尺度で比較した後，実際に得られる満足が大きければ大きいほど貢献意欲が生まれるのである。例えば，ここで犠牲と考えられるものには，多大で機械的な作業量，就業時間内でのプライベートな時間の犠牲，仕事環境の悪条件などであり，これらを軽減し，個々人の仕事を魅力的なものにすること（職務満足）や賃金を上げるなど，個人の持つ主観的な積極的誘因を増やすことによって雇用を魅力的なものにし，個人から貢献意欲を獲得するのである。

　組織における個々人の貢献を獲得する誘因には，客観的側面（物財および貨幣のようなある共通の積極的誘因）と主観的な側面（ある個人の心的状態や態度や動機）が存在しているのである。組織はしたがって，それが提供する客観的誘因によるか，または主観的誘因としての心的状態の改変によるかのどちらかで，存続

に必要な努力を個人から獲得しうるのである[8]。

　ここでバーナードを掲げたのは，組織構造改革において直面しがちな，組織における個人の既得権からの自己利益（満足）と構造改革による個人の閉塞感（犠牲）との絡みについての問題が重要であると考えるからである。組織における個人が従来のシステムの中で得ることのできた自己利益が構造改革によってマイナスになるようにみえれば，その個人は自ら進んで改革に身を投じようとはしないであろう。わが国においては，構造改革の方向が示されると，その改革の中心は管理者層となり，自己改革が求められることはもちろんのこと，多くの負担を強いられることが多い。しかし，管理者層は，企業においては実務に精通し，その経験と自負心を持っており，それ相応の既得権からの自己利益を享受してきているのである。管理者にとって，構造改革は更なる自己利益を生むというよりもマイナスの方向に進むことを感じ取ってしまうのである。組織における個々人は，大方，既得権を失うことは不安感を大きなものにし，ひいては組織コミットメントに障害を与えることにつながる。構造改革が独善的なトップ主導で実行される場合には「どうせトップに何をいっても聞き入れてもらえないだろう。自分ひとり頑張ってみたところで結局損をするのは自分だけだ。ここは，トップからの支持通りにするほうが懸命だ」という個々人が多くなるほど，組織全体は緊迫した「閉塞感」に見舞われるのである。構造改革の実行において，このような状態に陥った組織の場合には，組織文化の逆機能，つまり，これまでその組織の深層部分を形作ってきた組織文化が構造改革を阻害する傾向にあることを知るべきである。

　コッター（Kotter, J. P）は，組織変革における組織文化変革を最後に実行すべきと主張しているのであるが，それは，旧来の組織文化を取り除き，新しい文化を導入していくことは大変困難な作業であり，共有された価値観がその企業の長い歴史から生み出されたものであるときには，変化を生むために長年に渡るさまざまな試行錯誤が必要とされるという理由からである[9]。筆者からすれば，組織文化変革が長期的で極めて困難を要するさまざまな問題を抱えているとするならば，むしろ，組織変革の第1段階から組織構造改革と相互に関連づけながら，組織構造の深層にある組織文化の変革をも同時に進めていくこと

で，組織文化の変革には十分な時間を費やすことが重要であると考える。現有の組織成員の根底にあるものの考え方，すなわち，文化を自らによって納得して自己変革することなしに，表層面の組織構造改革を先に行おうとしても困難性が増大し，組織改革に要する時間がさらに長期的にならざるを得ないと思われるからである。ビョルクマン（Bjokman, I.）は，戦略の急進的な変革というものは，組織文化の根本的な変革に基づかなければならないとしている[10]。

新しい戦略構想の実行のための組織構造改革には，まず，その構造改革を実施するための組織文化を浸透させておかなければならないのである。そして，ここでの組織文化とは，構造改革を促進する組織文化ということになる。

2. 組織文化変革のための前提条件

新しい経営戦略を実行に移そうとする場合，組織構造というハードな側面を変えるという仮説から，組織文化というソフトな側面を変えるという仮説に転換することが重要である。しかしながら，これまでの組織のハード構造と組織の歴史的背景の両面から影響を受けた組織内の人々の相互作用，つまり，組織における社会関係性やネットワーク，情報の共有度合いや意味・解釈の一致度合い，組織的エネルギーの強度などを可変的な要素としてとらえ，把握しておく必要がある。組織の閉塞感が蔓延している企業においては，まず，誰がどのような問題意識を持っていて，改革に自ら積極的に協力してくれそうな人がどこにいるかを見いだす努力をすることである。組織は，この努力を通じて，人々を説得し，これまで以上にお互いをよく知ることとなり，信頼関係さらには組織文化を形成する要因となる組織における人々の共有する意味・解釈を高めることができるであろう。やがて，協力してくれるという人の輪が広がり，トップのみならず，本当に改革の当事者になろうとする人々のネットワークが形成され，構造改革の実行可能性にスイッチが入るのである。

ところで，組織文化改革のキーパーソンは，既存の組織パラダイムにおいて得られる利益，つまり，既得権による自己利益よりも改革のプロセスあるいは改革後において得られる自己利益が大きくなるであろうと意味解釈する人々であることは推察できる。その意味解釈には，組織における個々人の貢献を引き

第12章　経営イノベーションと組織文化変革のリーダーシップ　243

出す，きわめて主観的な積極的誘因である心理的状態や態度，動機も大いに影響しているといえよう。

　しかし，組織全体としてのパワー関係において，改革のキーパーソンのネットワーク規模が小さくパワーが弱い場合には改革可能性は依然として低いものとなる。したがって，意図的に改革のパワーを本当に強める方法を考えなければならなくなる。そこで，企業によっては，外部からチェンジ・エージェントを採用しようとする企業も多いのである。外部のチェンジ・エージェントは，改革を展開するプロセス上に生ずる諸問題の解決のみならず，改革の方向性を示すいわば「シンボル」の役割を果たすのである。つまり，トップとともに改革の新しい組織文化を形成するシンボリック・リーダーとして役割をチェンジ・エージェントが担うのである。それでは，具体的にどのような組織文化変革の方法が考えられるだろうか。

第4節　組織文化変革の方法

　これまで述べたことに関連させて，筆者は，以下の方法のプロセスを通じて，1つの組織文化変革の方法が見いだせると考える[11]。

　1．トップを含めて新しい経営戦略構想の下，その戦略に適合した組織構造改革を試みる人々は，まず，組織内に偏在する改革にむけてのエネルギーを探し出し，自主的に改革を進めようとする人々の出会いの「場」を形成する。この「場」の形成によって，組織内に埋もれている前向きな「思い」をも引き出していくことができる。

　2．このような場で，改革に向けてマイナス傾向をもつ個人は，既得権による自己利益と改革による自己利益とのギャップを埋めるための動機づけを考えるよい機会となる。この動機づけは，その個人が改革の全体像を描けるような確かな情報を得ることや異質の価値観との接触を通じて，それが改革に対する自らの気づきの機会となり，当事者としての自己変革のエネルギーに転換して

ゆく可能性が考えられる。したがって，組織における改革にマイナス傾向をもつ個人には特に，改革の全体像が描けるような充分な情報を正確に伝え，積極的対話こそが必要である。ここでの改革の全体像は，新しい経営戦略構想とその構想に基づく組織構造改革内容，そして，その基盤にある組織文化を表している。

3．こうして，自分も相手も共に変わっていこうとする自己変革エネルギーが増幅され，改革のキーパーソンを中心としたネットワークが広がってゆく。改革のネットワークを通じて，改革の未来は明るく，皆が協力してもらえるという期待感が現実のものとなり，改革に向けての思いや信念，そして改革の価値や意味が組織内の人々に共有されることによって，改革に向けた新たな組織文化が形成される。このことによって，これまでの閉鎖感からの脱出を図ることが可能となるのである。

4．改革のネットワークが広がりをみせ，増幅してゆく段階では，従来までの既成の解釈枠組み（思考の枠・パラダイム）に変化があらわれ，組織文化が次第に変革されてゆくことになる。

5．改革のネットワークをコアネットワークとして，組織の各所に改革のネットワークがさらに自己増幅し有機的につながり，組織文化の変革を基盤として，組織全体の変革の仕組みが定着し，目に見える組織構造変革につながり，さらにそれが経営イノベーションをもたらすという好循環の組織行動パターンが定着する。そして，新しい経営戦略構想は，このような改革された組織を通じて具現化され，現実のものとなるのである。

以上のようなプロセスを通じて，1つの組織文化変革の方法がみいだせるであろう。組織文化変革には，「場」の形成を通じて，改革のネットワークを全社的に増幅することで，組織における人々すべてが改革の理念・信念・規範を心から受け入れ，共有することで組織文化の変革をなし，さらに，組織におけ

る個々人がその文化を自己変革のエネルギー（自発性）に転換することが重要だということである。そのためには，まず，経営者が本気で改革したいのかどうかの本気度，つまり，その真剣さを組織内の人々にどれぐらい浸透させ維持・継続させることができるかも個々人の自己変革に劣らず重要であろう。外部からの改革のキーパーソン（チェンジ・エージェント）のみに任せ，トップが改革のシンボルになりきることができなければ，全社的組織構造改革の基盤となる組織文化変革は失敗するであろう。組織文化変革のための改革のネットワークは，経営トップの変革へのコミットメントとリーダーシップ，そして改革の参謀的要素を備えた組織改革全体を見渡せる人のリーダーシップの発揮によって成り立つといえよう。そして，そのリーダーシップは，組織におけるすべての人々が既得権による自己利益よりも大きな自己利益を獲得できるであろうという想像性を描くに充分な改革ビジョンを表現することが必要である。ここでの大きな自己利益とは，目先の問題としての昇進や賃上げの可能性を意味するものではなく，もっと長い目で，自分の努力がもっと高尚な利益に役立ち，差異をつくると心から信じられるような何かである。そして，組織におけるすべての人々の社会的相互作用のプロセスを通じて創発的に生み出される改革のパターンを導くような，シンボリックな変革型リーダーシップが重要と考える。

第5節　おわりに

　本章の目的は，現代の組織経営において，経営戦略と組織構造の深層にある組織文化との関係性がきわめて重要であること説明した上で，組織文化変革の試みが新しい経営戦略構想の実行には不可欠なものであり，現代企業における主要な1つの経営イノベーションであることを示すことにあった。さらに，新しい経営戦略構想の実行性を強化しうる新たな組織文化の確立のために，組織文化変革の方法についての考察を試みた。

　今日の企業という組織経営において，その経営課題がイノベーションに向けば向かうほど，多くの企業は，新しい経営戦略の構築に迫られる。これからの新しい経営戦略は，経営イノベーションを中核とする経営戦略でなければなら

ず，それゆえに現代企業は，経営戦略のプロセス論の持つ特性を活用する必要が生まれる。経営戦略のプロセス論，つまり，プロセス型戦略論の有効性は，そのプロセス・マネジメントを的確に機能させることができれば，①あいまい性への対処，②偶発性への対処，③戦略の柔軟化，④イノベーション創発の促進，⑤現場の戦略化，が可能となることにある。

　多くのエクセレント企業では，公式の戦略計画の知的で，しかも厳密なプロセスを意図的に遂行している。まず，将来どこに進むべきかの明確なビジョンを持ち，その方向へ進むための新戦略の策定に必要な有用なデータの分析の活用に余念がない。いわば，伝統的な分析型の戦略の適用である。しかし同時にこうした企業は常に，実際の戦略が公式の分析的プロセスからのみ成り立っているなどとは考えない。そのビジョンを戦略に変換するのに必要な反復的，政治的，経時的なコンセンサス形式のプロセスを意識的に取り込んでいるのである。経営戦略は，決して経営者１人の人間の頭の中から生み出され，何ら支障なく描いた通りに実行されるものではない。それはまさに組織内のさまざまな要因が相互作用しながら，組織成員の共有物となっていく組織文化を形成していくようなものである。したがって，新しい経営戦略の実行には，組織文化の変革は重要課題なのである。

　経営戦略の本質は，結局のところ，組織内の意思決定のダイナミックスを理解することが必要であり，したがって，その戦略がいかに生み出されてくるかを解明することが必要なのである。そして，そのことが経営戦略のプロセス論の背景であるともいえる。また，組織内の意思決定のプロセスを通じて，組織内部から，イノベーション創発がなされ，現在の不確実・不透明な環境に対して主体的・積極的に働きかけ，自らの環境を創造すること（エナクトメント）にある。経営戦略の実行においては，伝統的な分析型経営戦略はあくまでも純粋型の戦略であって，むしろ現実には，戦略形成の基盤として機能を果たすにすぎず，それが組織プロセスのなかで進化し，姿を変えていくのである。

　現実の組織は単なる機械ではない。その内部には人間が存在し，その人間が引き起こすさまざまな活動が，戦略という認識上の産物を動かしている社会的かつ生物的なシステム（社会有機体）である。この意味で，組織革新は，今日で

は組織構造の改変というよりは，むしろ，組織構造の深層にある企業全体の組織文化革新に向けられている。筆者の今後の課題は，現代のグローバル化した世界にとって最も有意義でしかも有意味な持続的競争優位を生み出す組織文化の形成プロセスに関する探究にある。

【注】

（1）Daft, R. L., "Bureaucratic versus Nonbureaucratic Structure in the Process of Innovation and Change", in Bacharach, S. B. ed., *Perspective in OrganizationalSociology: Theory and Research,* JAI Press, 1982, p.129.

（2）コンティンジェンシー理論については，次の文献を参照のこと。

加護野忠男『経営組織の環境対応』白桃書房，1980 年，47 ～ 67 ページ。

組織変革モデルについては，次の文献を参照のこと。

野中郁次郎『企業進化論』日本経済新聞社，1985 年。吉原英樹『戦略的企業革新』東洋経済新報社，1986 年。なお，1980 年代は，企業の組織文化論も盛んに論じられるようになった時期であり，ピーターズ（Peters, T. J.）とウオータマン（Waterman, R. H.）の著書である『エクセレント・カンパニー』（In Search of Excellence）における7 S モデルは，戦略と組織の相互浸透モデルに相当する。7 S モデルの示唆することは，伝統的な戦略と組織構造という 2 分法的な概念ではなく，両者をもっと包括的なもので相互作用的なものとしてとらえようとするところにある。

Peters, T. J. & Waterman, R. H., *In Search of Excellence,* Harper & Row, 1982.（大前研一訳『エクセレント・カンパニー』講談社，1983 年）を参照のこと。

（3）経営戦略論の史的展開については，次の文献を参照した。

占部都美著，加護野忠男補訂『経営学入門（改訂増補）』中央経済社，1997 年。

奥村昭博『経営戦略』日本経済新聞社，2003 年。

Mintzberg, H., *Strategy Safari: A Guided Tour Through The Wilds of Strategic Management,* The Free Press, 1998.

なお，経営戦略論の古典としては，次の文献を参照のこと。

Penrose, E. T., *The Theory of the Growth of the Firm,* New York：Wiley, 1959.

Chandler, A. D., Jr., *Strategy and Structure,* MIT Press, 1962.

Ansoff, H. I., *Corporate Strategy,* McGraw-Hill, 1965.

（4）塩次喜代明・高橋伸夫・小林敏男『経営管理』有斐閣，2001 年，56 ～ 58 ページ参照。

なお，組織文化論の源流は，アメリカ経営学史における，F. W. テイラー，G. E. メイ

ヨー，F. J. レスリスバーガー，C. I. バーナードらにおいても見いだされている。筆者の次の文献を参照されたい。

小原久美子「現代組織文化論の経営学史的意義―人間の機械的組織化から社会・組織の人間化としての組織文化論への展開―」広島県立大学論集第7巻第1号，2003年，127～149ページ。

(5) 人間は生きている限り何らかの活動をする存在であるが，ある行動をする前には心理的活動が行われる。つまり，人間は，ある行動に向かおうとする内的動機が生まれると同時にある行動がなぜなされなければ成らないかの認識がなされる。この認識レベルにおいて文化は，その認識から意味解釈へと向かわせ，動機を意味づけ解釈する。つまり，文化は，動機を動機としてその行為する人間に意識させる意味・解釈枠組みを提供すると考えられる。

(6) 組織文化の機能については，次の文献を参照されたい。

Shein, E. H., *Organizational Culture and Leadership,* Jossey-Bass, 1985.

Peters, T. J. and Waterman, R. H., *In Search of Excellence:Lessons from America's Best-Run Companies,* Warner Books, 1982.

Kotter, J. K. and Heskett, J. L., *Corporate Culture and Performance,* The Free Press, 1992.

坂下昭宣「機能主義的組織シンボリズム論の形成と展開」神戸大学大学院経営学研究科研究年報 47，2001年。

石井淳蔵・奥村昭博・加護野忠男・野中郁次郎『新版　経営戦略論』有斐閣，2001年，153～155ページ。

(7) フォード社については，次の文献を参照されたい。

Ford, H., *Today and Tomorrow: in Collaboration with Samuel Crowther,* Wolliam Heinemann, 1926.（稲葉襄監訳『フォード経営：フォードは語る』東洋経済新報社，1968年）藻利重隆『経営管理総論』千倉書房，1991年。下川浩一『世界自動車産業の滅亡』講談社，1992年。

(8) Barnard, C. I., *The Functions of the Executive.,* Harvard Universty, 1938, pp.142-144.（C. I. バーナード著，山本安次郎・田杉　競・飯野春樹訳『新訳 経営者の役割』ダイヤモンド社，1997年，146～149ページ）

(9) Kotter, J. P., *Leading Change,* Harvard Business School Press, 1996, p.155.（ジョン・P・コッター著，梅津祐良訳『企業変革力』日経BP社，2002年，257ページ）

(10) Bjorkman, I., "Factors Influencing Processes of Radical Change in Organizational Belief System", *Scandinavian Journal of Management,* 1989, pp.251-271.

(11) 変革のネットワーク形成については，次の文献を参考にした。

一橋大学イノベーション研究センター編『一橋ビジネスレビュー』柴田正治・宮入小

夜子「変革的組織マネジメントとしてのコアネットワーク」SUM. 50 巻 1 号，東洋経済新報社，2002 年，111 ～ 115 ページ参照。

◆参考文献◆

石井淳蔵・奥村昭博・加護野忠男・野中郁次郎『新版　経営戦略論』有斐閣，2001 年。

板垣英憲『アサツー DK 創業者 板垣正夫が明かす全員経営のすすめ―グローバル時代に生きる経営理念と実践』日本文芸社，2001 年。

伊丹敬之『新・経営戦略の論理』日本経済新聞社，1984 年。

梅沢正『組織文化　経営文化　企業文化』同文舘出版，2003 年。

占部都美著，加護野忠男補訂『経営学入門（改訂増補）』中央経済社，1997 年。

奥村昭博『経営戦略』日本経済新聞社，2003 年。

奥村昭博『企業イノベーションへの挑戦』日本経済新聞社，1986 年。

小原久美子『経営学における組織文化論の位置づけとその理論的展開』白桃書房，2014 年。

加護野忠男『経営組織の環境適応』白桃書房，1999 年。

北岡俊明『本田宗一郎の経営学―七つの経営パラダイム―』産能大学出版部刊，1992 年。

河野豊弘・S. R. クレグ『経営戦略と企業文化』白桃書房，1999 年。

坂下昭宣『改訂版　経営学への招待』白桃書房，2003 年。

坂下昭宣『組織シンボリズム論―論点と方法―』白桃書房，2002 年。

咲川孝『組織文化とイノベーション』千倉書房，1998 年。

塩次喜代明・高橋伸夫・小林敏男『経営管理』有斐閣アルマ，2001 年。

高橋伸夫編『超企業・組織論―企業を超える組織のダイナミズム―』有斐閣，2000 年。

Collins, J. C. and Porras, J. I., *Built to Last: successful habits of visionary companies*, Harper Business, 1994.

Daft, R. L., *Essential of Organization Theory & Design*, 2nd Edition, South-Western College Publishing, 2001.

Deal, T. E. and Kennedy, A. A., *Corporate Cultures*, Addison-Wesley Lomgman, 1982.

Galbraith, J. R., *The Role of Structure and Process*, West Publishing, 1978.

Kanter, R. M., *Evolve!: Succeeding in the Digital Culture of Tomorrow.*, Harvard Business School Press, 2001. (R. M. カンター著，内山悟志解説，桜井祐子訳『企業文化の e 改革―進化するネットビジネス型組織―』翔泳社，2001 年)

Kotter, J. P., *Leading Change*, Harvard Business School Press, 1996.

Mintzberg, *Strategy Safari: A Guide Tour Through The Wilds of Strategic Management*, The Free Press, 1998.

O'Reilly Ⅲ, C. A., & Pfeffer, J., *Hidden Value*, Harvard Business School Press, 2000. (長谷川

喜一郎監修，廣田里子・有賀裕子訳『隠れた人材価値―高業績を続ける組織の秘密』翔泳社，2002年）

Polanyi, M., *The Tacit Dimension,* Routledge & Kegan Paul., 1966.（マイケル・ポラニー著，佐藤敬三訳『暗黙知の次元―言語から非言語へ―』紀伊國屋書店，1999年）

Tushman, K. L. and O'Reilly Ⅲ, C. A., *Wining Through Innovation,* Harvard Business School Press, 1997.

第13章
組織的不祥事とリスクマネジメント

第1節　はじめに

　現代の企業において，さまざまな側面での不祥事が明らかになっている。これらの不祥事では，従業員の個人的なミスから生じている案件は少ない。一方で，組織的活動によって，社会に悪影響を及ぼしている事故，事件は非常に多い。

　特に，人命にかかわる不祥事は非常に深刻であり，鉄道会社の保安装置不備による脱線事故，線路の保安検査の虚偽報告といった公共交通における不祥事は，我々にとって非常に身近な危機となる。さらに，食の安全でも企業の組織的な負の連鎖が続いている。2000年代初めには，雑菌の混入した牛乳を出荷して，食中毒事件を起こした乳製品企業は消費者の信頼を失墜させた。近年では，若者に人気のファストチェーン店でのチキンナゲットに異物が混入されていたという事件が起きている。交通の安全と食の安全という面で，いくつかの企業は重大な過失をおかしてきた。

　さらに，債権者や投資家の信頼を失墜させる不祥事も起きている。近年では，大手電機メーカーの業績虚偽報告といった，会計処理上の不祥事が起きている。大手製紙メーカーでは，海外連結会社の業績が良いときには，会計処理に組み入れ，海外連結会社の業績が悪いときには，全体の会計に組み入れないというルール違反が行われていた。

　このような不祥事が組織的に起こるのはなぜだろうか。企業経営には，利益の増大と費用の削減という大前提が求められるが，その大前提を追求するがあ

まりに，不祥事が起きてしまったのではないだろうか。出費を節約したい，利益が生まれていないのに，虚偽の会計報告をしたいという利己的な考え方が，組織的な不祥事の発端となったのである。しかし，このように行き過ぎた利益至上主義が，組織力を逆機能させることを，現代企業のリーダーは認識しなくてはならない。この認識こそが，企業存続の重要な条件になっている。

　本章では，この組織力の逆機能が発現する要因，そして，組織的な不祥事を阻止するリスクマネジメントの考え方，企業の倫理観や誠実な経営の概念について考察していくことにする[1]。

第2節　経営活動における不祥事

1．組織的不祥事の定義

　組織的不祥事の概念は，非倫理性の類型の1つとして，法令（社会からの規制）または社会倫理（内発的な統治）に反する行為を意味し，特に社会的な批判を受けることがその根底にある[2]。当然，組織的不祥事は当該企業自体と社会に対して重大な不利益を及ぼすことになる。例えば事件，事故が起きた場合には，処理に要する直接の経費だけではなく，当該企業に対する社会的信用の失墜や組織構成員の士気の低下，それらに伴う長期的な業績低下による企業自体への影響力が大きくなる。さらに，事件，事故によって社会におけるさまざまな人々の生命に関わる事案が生じた場合，その影響は特に深刻になる。さらに，社会よりも大きな概念である，自然環境への悪影響（自然破壊や公害など）も，組織的不祥事の対象となりうると考えられる。このような社会的な責務を果たすべき企業の逸脱行動が社会的な批判を受けることになる。組織には，営利組織のみならず，NPOや政府組織など多様な形態があるが，本章における組織は，営利を目的とする企業組織を意味している。

　さて，組織的不祥事は組織の業務上のミステイクとされるが，その業務は，組織に関連する諸活動の中で，当該組織が注意義務を果たすことを社会的に期待されていることとされている[3]。業務は当該組織の本来的活動のみならず，それに付随する活動をも広く意味する。例えば，幼稚園は学舎内で幼児教育す

ることを主業務とするが，送迎のバスが事故を起こし，幼児がけがをしてしまうケースでは，送迎は幼稚園の付随業務であるが，このような事故は，組織的不祥事に含まれると解釈できる。

　注意義務の根拠には，法令や定款といった明文化されたことだけではなく，社会規範や社会常識（倫理）という明文化されていないことも含まれる。企業には，従業員が不正を行わないよう監視する注意義務を果たすことを，社会的に期待されている。その期待は法令，道徳，倫理という意味から組織を統制するように働きかけている。

2．組織的不祥事の分類

　組織的不祥事は以下の3タイプに分類することができる[4]。第1のタイプは，企業外部のステークホルダーを軽視した組織目的や価値観の設定である。経営陣の保身がステークホルダーの利得よりも優先されることで引き起こされる企業不祥事がこのタイプに該当する。このタイプの事例として，不正な会計情報の開示や総会屋への利益供与などがある。第2のタイプは，経営トップの暴走である。企業の資金繰りは多様なステークホルダーによって支えられるが，この資金を経営トップが個人的な用途に使ってしまうという不祥事は，このタイプに該当する。このような不祥事は，経営者のワンマン経営や経営者の資質，能力不足といった要因によって引き起こされる。第3のタイプは，組織的な不正である。組織的なリコール隠しや，食品衛生の欠如などがこのタイプに該当する。このような不祥事は，企業の価値観と社会の価値観との乖離として表面化する。

　どのタイプの不祥事も企業イメージをダウンさせ，組織力の逆機能として作用する。このような組織力の逆機能は，組織内での無知，無視，過信から引き起こされるのである[5]。無知とはリスク自体の危険性を感知できていない状況を意味する。食品製造企業がどのような衛生環境のもとで徹底した品質管理をしていなければいけないかを認識していなければ，スーパーマーケットに有害な物質が含まれた食品が流れていく可能性がある。我々の健康に関わる食品を扱う企業の無知がリスクとなるのである。

254

　無視とは，リスク回避の方法は知っていても，そのツールを使わないことを意味する。列車の速度超過で脱線事故を起こした鉄道会社は，当然，自動列車停止装置というリスク回避のツールがあることを事故前から知っていたにもかかわらず，事故が起きた路線にはこの安全装置を整備していなかった。利益と安全の確保という努力すれば両立できる2つの要件を解消していれば，多くの犠牲者を出さなくて済んだと同時に，莫大な損害賠償というリスクも回避できたのである。技術的な投資や従業員からの通報によって，無視による組織力の逆機能は防ぐことができるのである。過信とは，リスクを理解しているが，自分の会社だけは絶対に不祥事を起こさないと思いこんでいることである。ブランド力で自信を持つ，有名ホテルのレストランで，高価な高級メニューを安価な輸入食材で代替していたことが明らかになった。顧客の側は有名ホテルを信頼していた一方で，現場の調達者が利幅を大きくしようとして，有名ホテルと顧客の関係に亀裂が入ってしまった。有名ホテルのトップには，自分の会社は一流だから大丈夫という過信があったといえよう。

3．組織の目標と組織的不祥事

　本章では，組織的不祥事を生み出す主体を営利企業として考察している。当然，営利企業としての組織は，利益の最大化を目指して統制されている。そのような目的を是としている企業の活動から私たちは，物的な富と精神的な富を享受している。物的な富とは，組織に帰属することで得られる所得である。そして，その所得で消費財を購入できるということも，物的な富である。そして，精神的な富とは，組織に帰属するとことで得られる自己実現の可能性，協働による仲間意識といった個人のモチベーションに関する領域である。

　企業の目的とその企業で働く者，そして顧客としての個人の目標が一致する状況が，社会的には最適といえるだろう。しかし，営利企業としての組織の活動がそこで働く者や顧客としての個人に悪影響を与えるようになると組織的な不祥事が生まれることになる。そのような状況で問われることが，企業の責任ある法令遵守，企業はこうあるべきという道徳的側面，そして企業自らが内発的に表現する倫理的側面である。企業の利益追求そして，その延長線上の株主

第13章　組織的不祥事とリスクマネジメント　255

価値の最大化という目標は現代経済の根幹である。このような考え方の基礎には，企業性善説があり，営利企業は良き行いを当然する組織であるであろうという前提がある。ゆえに，社会の側にある主体は，企業が何らかの社会的な逸脱行為をしたときには，感情的になってしまう。

　営利優先で社会との関係が悪化した組織のケースを紹介しよう。アメリカの大手自動車製造企業が製造した車が追突された際，燃料タンクが爆発し，乗っていた子どもたちが火傷を負ってしまうという事故が起きた。被害者側は自動車会社に同型車のリコールに応じるのであれば，懲罰的賠償を減額してもよいという申し出をした。しかし，当該企業は，燃料タンクの安全性を高めるコストと炎上事故の賠償額を天秤にかけ，前者の方が多額であるという結論を出し，リコールには応じなかった[6]。まさに，このような対応は，目先の営利を優先するあまりの組織的な不祥事といえる。費用対効果の分析から導かれたこの自動車会社の判断は妥当といえるが，社会的責務を果たしているかという問いに対しては不当であるといわざるを得ない。企業の目的が利益の最大化で，その延長線上に株価の最大化があると想定すると，逆にこのような反社会的な対応は，社会における批判を受けることになり，株価は下落する可能性があるだろう。利益の拡大への責任を優先し，社会的責任という大きな課題を回避していることは，組織存続のリスクとなりうるのである。

第3節　リスクマネジメントの要件

1．リスクの概念

　企業のミッションや目的が存在していて，そのミッションや目的の実現途上の不明確さがリスクとなる[7]。このようなリスクのとらえ方には，ネガティブ思考のゼロ or ロス型リスクと，ポジティブ思考とネガティブ思考の両面をもつプロフィット or ロス型リスクがある（図表13 - 1）。

　ゼロ or ロス型のリスクは，通常状態ではリスクは顕在化していない。つまり，リスクゼロの状態が通常保たれている。ところが何らかの契機でリスクが顕在化すると，企業にマイナス（ロス）の影響が生じる。このリスクへの対応

図表13－1　2つのリスクのタイプ

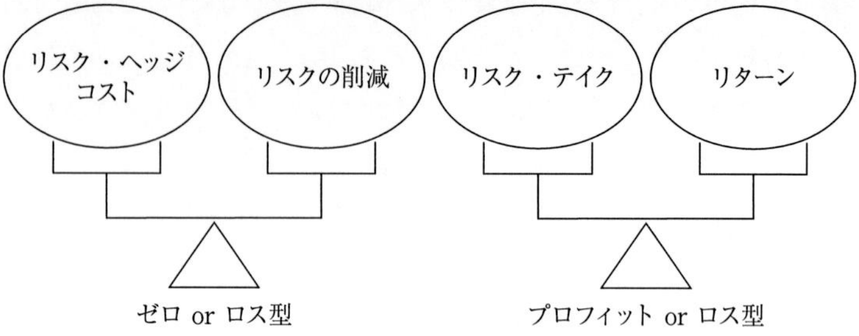

（リスク・ヘッジ コスト）（リスクの削減）　ゼロ or ロス型

（リスク・テイク）（リターン）　プロフィット or ロス型

出所：田尾啓一『リスク・ガバナンス：企業価値経営から持続的経営へ』中央経済社，2013
　　　年，94ページの図をもとに筆者作成。

は，営利企業としてどの程度までリスクを軽減できるか，そして，そのために
はどの程度のコストが必要になるのかを天秤にかけて行われる。

　一方，プロフィット or ロス型リスクは，資産運用，設備投資，新規研究開
発など企業の発展段階でのリスクである。例えば株式投資では，株価が上昇す
ればプロフィットになるが，株価下落ではロスが生じる。プロフィット or ロ
ス型リスクへの対応では，リスクのリターン予測がその判断基準となる。営利
企業としてどれだけのリスクを想定し，そのリスクに見合ったリターンをどれ
だけ獲得することができるかが，このリスク対応の分かれ道となる。

　企業があまりにもリスクを恐れ，一切のリスクをとらない状況では，資金調
達や設備投資といった不確実性を回避することにより，事業の発展は見込めな
くなる。経営目的を達成するために，ゼロ or ロス型リスクに対しては，潜在
的なリスクを認識し，それを軽減する方策と，その軽減のためのコストをあら
かじめ予測しておくことが組織に求められる。プロフィット or ロス型リスク
に対しても，企業の発展過程で起こりうるリスクを認識するとともに，そのリ
スクを乗り越えた後のプロフィットの可能性を想定しておくと，より創造的な
経営活動が実現できるようになるだろう。

　組織不祥事に関わるリスクは多様で，いついかなる時にも，リスク顕在化の
可能性がある。予見できないことには無防備でよいという経営の姿勢のままで

は，経営の持続可能性が危うくなる。さらに，企業発展のためのリスク認知もビジネス機会拡大のポジティブ思考では必要になってくる。このような未知のリスク案件とポジティブ思考のリスク案件をいかにマネジメントしていくべきかについて，次項で考察していこう。

２．リスクマネジメントの３段階

　リスクマネジメントは３段階で整理することができる[8]。第１段階のリスクマネジメントの狙いは，法令を遵守し，法令違反によるペナルティーを避けることである。法令に定められている適合条件と経営活動における遵守状況との比較によって把握される差異を認識し，その差異をリスクとして把握するアプローチが第１段階である。この段階において，従業員の不正を防止する組織内の倫理規定の標榜とその規定をどれだけ守っているかの監視，組織外から求められる道徳的側面の明確化によって，組織力の逆機能を阻止することができる。この段階は，あらかじめ不祥事を起こさないための取組みと位置づけられる。

　それに対して，第２段階のリスクマネジメントの狙いは，不測事態発生時にステークホルダーに対する情報開示を誠実に果たすことである。つまり，不測の事態が発生したときに，誠実に対応することによって，投資家，顧客，地域住民という企業を支える関係者の信頼を取り戻すことにより，企業への悪影響を阻止することが第２段階のリスクマネジメントである。不詳事後のマニュアルをあらかじめ決めておけば，不祥事の拡散の度合いは小さくなるのである。

　第３段階のリスクマネジメントの狙いは，経営上の価値を増大させて，企業の安定性を維持していくことである。この段階は価値創造のリスクマネジメントである。具体的にはステークホルダーとの対話を活発にし，企業の発信する情報を彼らに正しく伝えることである。食品製造業であれば，アレルギー物質や原産地表示を明確化すること，高速バス会社であれば，乗務員の人数や損害賠償保険加入の有無などを明示することにより，その企業が生み出す財やサービスの安全性をアピールすることができる。この安全性の確保こそが，経営の付加価値となり，結果として利益獲得の重要なツールとなっている。つまり，

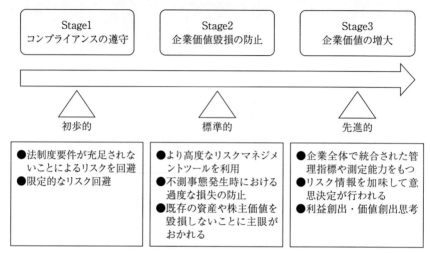

出所：アクセンチュア・リスクマネジメントグループ『強い企業のリスクのネジメント』東洋経済新報社，2009年，46ページの図をもとに筆者作成。

リスクマネジメントは，利益に対して二項対立の関係ではなく，顧客の信頼を得るという意味で，利益に貢献する経営上の工夫である。3段階のリスクマネジメントを図示すると図表13－2のようになる。

3．組織文化とリスクの認識

　前項で3段階のリスクマネジメントについて論じたが，これらすべてが整えられている企業であっても，現場の担当者が業務の遂行にあたり，不適切な行為に踏み切ってしまえば，それまでの努力は吹き飛んでしまう。重要なことは，組織のトップを含めて，組織構成員が究極の判断をしなくてはならない場面で，彼らの心の中に，不適切な行為はやめよう，あと一歩の注意努力をしようという動機づけをもっていることなのである[9]。この動機づけに影響するのが，組織の中で醸成されている組織文化である。
　組織文化は組織内に深く浸透した目に見えない価値観，および組織内で日頃から認められ，あるいは目にされている特異な行動パターンや慣行という2つ

の要素から構成されている[10]。組織の価値観とは組織を構成する人々が何を大切にし，何に価値を見いだすかという組織内で共有されている思考である。一方，組織の特徴的な行動パターンや慣行とは組織内で共有された価値観である。それが個々のメンバーの内面に浸透し，無意識のうちに，その組織ならではの共通の行動パターンとなる。これらの価値観と行動パターンは独立しているのではなく，相互に影響しあっている。つまり，組織の価値観が行動に影響し，逆に行動することで価値観が認知され，共有されることになる。

　この組織文化には3つの機能がある[11]。1つ目は，組織メンバーの判断基準としての機能である。組織文化は，組織メンバーに対し何が自分の組織にとって適切な行動なのか，どのように行動すれば，高い評価を受けることができるのかという暗黙の判断基準を明確にしている。2つ目は，コミュニケーションの円滑化である。価値観や行動パターンを組織メンバーが共有することにより，仕事を行っていく際に，その仕事の本質は何なのか，仕事を進める上での手順について，組織メンバーは円滑に理解し，仕事を進めることができるようになる。3つ目は，組織メンバーの士気の向上である。組織メンバー間のコミュニケーションが円滑になり，共通の価値観のもとで仕事がなされるようなると，お互いに一体感や信頼感が生まれる。それらによって，組織メンバーは仕事をする際に当事者意識をもって，積極的に関与するようになる。価値観，

図表13－3　組織文化の機能

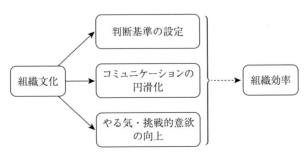

出所：松崎和久『経営組織：組織デザインと組織変革』学文社，2006年，149ページの図をもとに筆者作成。

行動パターン，慣行といった目に見えにくい概念が組織内で機能すれば，組織力が強化されることになる（図表13 - 3）。

一方で，組織文化の逆機能という概念がある[12]。価値観や思考様式の均一化によって過度に強い組織文化が形成されるようになる。このような状況では，組織メンバーの柔軟な発想は妨げられ，いつもやっている仕事の手法がベストであるという錯覚に多くの組織メンバーが陥ってしまう。組織文化の逆機能は，組織文化への過度の固執という面で，組織力を弱めてしまう。なぜこのような逆機能が出現してしまうのであろうか。多くの人々は自分の価値観は正しく，自分の知っていることがベストだと思い込む特性をもっている。そして，その価値観が組織として是認されている思考であるならば，なおさらその価値観へのしがみつきが強くなる。このような思い込みとしがみつきが，組織の不正を見過ごしてしまう要因となり，組織的不祥事の誘因となるのである。

前述したように，組織文化とは，その組織に属するすべての人々が自ずと従う，その組織固有の価値体系，行動規範という，心の中の判断基準となるものである。この組織文化が適正に作用すれば，組織メンバーの不適切行為の防止，注意努力という心のブレーキに作用するのである。そこで，適正な組織文化とはどのような意味を持っているのかを考えてみよう。

コンプライアンスに合致した文化が適正な組織文化であるという考え方がある[13]。コンプライアンスとは単に法令遵守だけを意味するのではなく，相手の期待に応えることをも意味するのである。ここでの相手とは，顧客，従業員，地域社会，株主，債権者など組織を取り巻く多様なステークホルダーを意味している。コンプライアンスは組織外から期待される道徳観，組織内部で生まれる倫理観，そして法律を守る法令遵守に分けられる。組織が道徳観や倫理観をおろそかにすれば，当然，社会の批判にさらされる。さらに，法令違反となれば，国によって民事・刑事上の法的制裁が科せられるのである。

コンプライアンス（道徳，倫理，法令）と社会との関係を図示すると図表13 - 4のようになる。社会のさまざまな対象の期待に応えることがコンプライアンスで，このコンプライアンスに合致した文化的側面が適正な組織文化となる。この3つの側面をもつコンプライアンスは，社会が企業を評価する判断基準と

図表13-4 法令とコンプライアンス

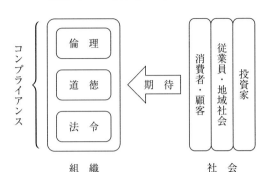

出所：中島茂『最強のリスク管理』金融財政事情研究会，
2013年，59ページの図をもとに筆者作成。

なる。このコンプライアンスを方向づけるのが，企業自らが社会に能動的に良い行いをしようとする倫理観である。

第4節　企業倫理と誠実な経営

1．企業倫理と組織力

　道徳とは組織がどうあるべきで，それに応えることが企業として好ましいという外からの判断基準である。それに対して，企業自らが社会の構成員としてこうあるべきだという概念が倫理観である。

　江戸時代の商家における倫理観や商人道について言及している，石田梅岩の思想によれば，倫理的な経営とは，ひたすらに実直にビジネスに取り組み，それに関わる人の心が磨けるようなビジネスをすることだといえよう。江戸時代の商人がその社会的任務を果たすことによって，ビジネスに対する自信を持って立ち振る舞い，そして，商人から財を購入する一般大衆も恩恵を受け，豊かな生活を送ることができる。つまり，商人と一般大衆が価値を共有できることこそ，組織力を考える際に参考になる考え方である。現代に生きる私たちが石田梅岩から学ぶことは，なぜ倫理が必要なのかという問いを日常のビジネスの

中で繰り返し抱き，他者とも共有できる倫理観を涵養していくことだと考えられる。

　現代の企業と顧客との取引関係は，契約関係と信認関係に分けられる。前者は，細かな情報開示と法的根拠にもとづいた取引関係で，企業が契約に反する行動をしてしまえば，損害賠償責任を負うことになる。一方，信認関係とは，企業と顧客との間の信頼，信用にもとづく取引関係である。企業と顧客との取引関係の大部分は信認関係にもとづいている。例えば，夜行高速バス会社と利用者の関係は信認関係にあり，利用者はバスの整備と運転手の健康が良好あることを信じて，バスを利用するのである。

　企業がこのような信認に応えるためには，2つの義務を意識しなければならない。1つは社会の利益を考えて行動する忠実義務と，善良な法人であれば当然払うであろう注意をもって自らを律していくという善管注意義務である。現代企業に求められる社会的責任の中心となる考え方は，この2つの義務を果たすことではないだろうか。これらの義務の遂行することを経営の誠実さ（インティグリティ）と位置づけることができる[14]。

　顧客は企業の提供する財やサービスを購入するととき，細かな契約書を取り交わすことは少ないであろう。例えば，コンビニで食品を買うときに，細かな契約は結ばないのが常である。なぜ，顧客は企業と細かな契約を結ばないか。それは，企業性善説が社会規範として生きているからである。企業はこの企業性善説に応えなければならないのであるが，利益最優先志向，経営の合理化などによって不祥事が発生し，顧客の期待を裏切るという事例が過去に何度も起こっている。このような，顧客の期待を裏切る企業としての姿勢をいかに回避し，信認義務を最優先する企業組織をどのように構築すべきなのか，次項で考察していこう。

2．組織の自己統治

　コーポレートガバナンスを，自利心と良心から整理できるという議論がなされている[15]。コーポレートガバナンスと同様に組織レベルの統治の側面でも，このような考え方の整理は有効であると考えられる。

第13章　組織的不祥事とリスクマネジメント　263

　この自利心とは，他者のためにはならなくても自分のためにはなることをしようとする心である。この自利心を制御する手法として，厳しい監視とペナルティーを与えることと，企業の業績が良くなれば報酬を与えるという，統治構造が現代の多くの企業組織に浸透している[16]。

　このような自利心にもとづく組織統治とその制御に対して，組織メンバーの良心にもとづく組織統治がコーポレートガバナンスと同様に求められる時代になっている。第1の良心は，自分以外の対象にとって望ましい状況を生み出すことである。第2の良心は，相手が与えてくれたことに応えることであり，相手が与えてくれた恩義に応える感謝，信頼に応えられるように誠を貫くこと，自分に課された任務に応える責任感である。この考え方は，まさに前節で考察したコンプライアンスそのものである。第3の良心は，善きものを自ら求めることである。志や理想などを自ら打ち立て，その実現を目指すことや，人間として模範となるよう努めることが第3の良心である[17]。このような3つの良心を持っていれば，顧客や従業員を幸せにしたい，社会的な責務を果たしたい，先人から継承した事業や技術をさらにより良くし，次世代に継承したいという組織メンバーが内発的に自らを動機づけることができる[18]。従来の統治機構が監視や金銭，業績数値の評価といった他律的な誘因によって成り立っていたのに対し，良心による組織レベルの統治では，組織メンバーの喜びや達成感といった感情が自己統治の誘因となる[19]。このような組織統治は，積極的に信認義務を果たすべき誠実な経営を実践する組織がとりうるべき手段となる。

　誠実な経営を実践する組織力は，組織の周りの関係者の期待に応えることと，倫理観の組織メンバーへの浸透に依存している。組織内の倫理観と，経営トップおよび組織メンバーの意思が合致するとき，組織のプラスの力が強まる。このような良好な状況において，組織的不祥事といった，組織としての致命的な事態は回避されるのである。このようなプラスの力が発揮できるような組織的な機能は，一朝一夕には構築できず，日々の組織内での誠実な経営に向けた共通目標の醸成が求められる。

3．良心の萌芽

　貨幣が経済の血流として，社会，企業，人，モノのあらゆる関係に入り込み，価値尺度を一元化した。貨幣は価値の蓄積手段として，また交換の媒介としての役割を担い，社会における価値の交換可能性を限りなく追求する資本市場を形成していった[20]。

　市場経済が価格による価値の表現に普遍性を与え，その流動性を高めようとすればするほど，そこから生み出される貨幣価値に相当しない「良心」が切り捨てられていくことが当然のことのように考えられてきた。

　しかし，2011年3月に起きた東日本大震災によって，絆や相互信頼といった，貨幣では測れない価値の重要性もクローズアップされている。このような価値は，社会関係資本（ソーシャル・キャピタル）と呼ばれ，それは，具体的には，人が他人に対して抱く信頼，情けは人の為ならず，お互い様，持ちつ持たれつといった言葉に象徴される互酬性の規範，人や組織のネットワーク，つまり絆という概念である[21]。東日本大震災当日，東京の鉄道が不通となり，人々は徒歩で帰路についた。その途上，人々は幾多の困難や混乱に遭遇したにもかかわらず，秩序を守り，食料などを分け合いながら，協力して，徒歩帰宅を成し遂げた。震災によって都会の電力供給が不足したため，企業や個人は節電に協力した。このように，大震災という困難に遭遇した日本人には，自分以外の他者に対する心づかいも忘れてはいなかった。

　このように，人びとの心底には，良心が息づいていることが明らかになった。組織においても，このような良心を適正に評価し，組織的な不正をしないという意識を積極的に評価できるような環境づくりが，将来の組織的不祥事を防止する誘因となるだろう。

第5節　おわりに

　本章では，企業を危機に追い込む組織的不祥事について考察してきた。この組織的不祥事は，食品衛生に関わること，工業製品の安全性に関わること，交通の安全性に関わること，そして不正会計に関わるとことに大別できる。食

第13章　組織的不祥事とリスクマネジメント　265

品，工業製品，運輸での不祥事は，人命にかかわる事故，事件につながるため，このような事態を防止することが，企業のいかなる目的よりも優先されなければならない。不正会計は，出資者への適正な情報開示に反する行為で，こちらもあってはならない不祥事である。

　長く続く経済不況の中で，営利を目的とする企業は，いかにコストを削減し，利益を計上していくかに力を注いできた。このような経済状況に起因する企業の活動が，さまざまな不祥事の原因なっていることは否めない。しかし，営利を目的とする企業の活動は，営利さえ達成できればそれでよいというわけではなく，もっと大事なことがある。それは，顧客や出資者の期待に応えていくことである。第3節で述べたようにコンプライアンスという用語は，法令遵守に限定されるのではなく，社会一般の期待に応えることつまり，道徳の側面と，組織自らが積極的に善い行いをしていこうとする，倫理の側面を意味するのである。

　このコンプライアンスを念頭においた経営が現代の営利企業の求められており，その課題に対応する管理手法としてリスクマネジメントが有効に機能するのである。リスクマネジメントを実践している企業は，その価値を増大させることができるのである。安全，安心を徹底し，適正な情報開示をする組織が社会において歓迎され，社会的責任を果たす企業として認知されるのである。

【注】

（1）本章は，拙稿「現代企業に求められる新たな競争軸─サスティナブルマネジメントの条件」（『中央大学経済研究所年報』第46号，2015年，133〜150ページ）の内容を大幅に加筆，修正した内容になっている。

（2）樋口晴彦『組織不祥事研究：組織不祥事を引き起こす潜在的原因の解明』白桃書房，2012年，23ページ。

（3）同上書，24ページ。

（4）土屋博之『企業不祥事と持続可能性』ブイツーソリューション，2013年，90ページ。

（5）同上書，97〜98ページ。

（6）Lawrence E. Mitchell, *Corporate Irresponsibility: America's Newest Export*, Yale

University Press, 2001.（斎藤裕一訳『なぜ企業不祥事は起こるのか：会社の社会的責任』麗澤大学出版会，2005 年，30 ページ）

（7）田尾啓一『リスク・ガバナンス：企業価値経営から持続的経営へ』中央経済社，2013年，92 〜 93 ページ。

（8）アクセンチュア・リスクマネジメントグループ『強い企業のリスクマネジメント』東洋経済新報社，2009 年，46 〜 47 ページ。

（9）中島茂『最強のリスク管理』金融財政事情研究会，2013 年，53 ページ。

（10）松崎和久編著『経営組織：組織デザインと組織変革』学文社，2006 年，143 ページ。

（11）同上書，148 ページ。

（12）同上書，149 ページ。

（13）中島茂，前掲書，55 ページ。

（14）髙巖『誠実さを貫く経営』日本経済新聞社，2006 年，49 〜 51 ページ。

（15）自利心と良心にもとづくコーポレートガバナンスの整理については田中一弘『良心から企業統治を考える』東洋経済新報社，2014 年，17 〜 28 ページを参照した。

（16）同上書，17 ページ。

（17）同上書，13 ページ。

（18）同上書，24 ページ。

（19）同上書，25 ページ。

（20）松岡正剛「名経営者たちの CSR 理念：五つのモデル」『ダイヤモンドハーバードビジネスレビュー』2008 年，1 月号，83 ページ。

（21）稲葉陽二『ソーシャル・キャピタル入門』中公新書，2011 年，1 ページ。

◆参考文献◆

アクセンチュア・リスクマネジメントグループ『強い企業のリスクマネジメント』東洋経済新報社，2009 年。

稲葉陽二『ソーシャル・キャピタル入門』中公新書，2011 年。

産経新聞取材班『ブランドはなぜ墜ちたか』角川文庫，2007 年。

田尾啓一『リスク・ガバナンス：企業価値経営から持続的経営へ』中央経済社，2013 年。

髙巖『誠実さを貫く経営』日本経済新聞社，2006 年。

田中一弘『良心から企業統治を考える』東洋経済新報社，2014 年。

土屋博之『企業不祥事と持続可能性』ブイツーソリューション，2013 年。

中島茂『最強のリスク管理』金融財政事情研究会，2013 年。

樋口晴彦『組織不祥事研究：組織不祥事を引き起こす潜在的原因の解明』白桃書房，2012年。

松岡正剛「名経営者たちの CSR 理念：五つのモデル」『ダイヤモンド・ハーバードビジネス
　　レビュー』2008 年，1 月号。

松崎和久編著『経営組織：組織デザインと組織変革』学文社，2006 年。

Lawrence E. Mitchell, *Corporate Irresponsibility: America's Newest Export,* Yale University
　　Press, 2001.（斎藤裕一訳『なぜ企業不祥事は起こるのか：会社の社会的責任』麗澤大学出
　　版会，2005 年）

第14章
サスティナブルマネジメントと組織能力

第1節　はじめに

　企業組織は，純粋に1つの企業のみで成立していることは少ない。多くの場合，企業組織は多様な外部組織との結びつきによって成立している。このような内部組織と外部組織との連結が現代の企業組織の維持にとって重要な要件となっている。さて，この内と外の組織的関係を維持させるには，取引コストの排除，機会主義的行動の阻止などいくつかの配慮が必要であるが，このようなサスティナブルマネジメントの工夫を越えたところに，組織能力の増大という企業にとっての好ましい状況が生まれる。

　競争企業との提携や資本関係のない企業との友好的な取引関係などは，企業の外部経営資源の獲得手段として注目されている。即座に，外部の力を必要なときに手に入れることができることは，企業の組織能力の強化につながる。本章では，企業組識として認識すべき範囲が，提携企業，全くの外部企業などを含み，その多様な組織体がいかに1つの方向に制御されてゆくかというサスティナブルマネジメントについて検討する。このような大きな概念の企業組織は「市場と内部組織の境界」を越えて活動する資源蓄積ネットワークとしてとらえることができる。

　内部組織と市場を隔てているものは，形式的な取引形態の違い（つまり，市場価格で取引をすることと内部価格で取引することの違い）だけである。企業が市場取引をする場合，もし当事者間で意思の疎通や共通の目的があれば，その取引は内部取引と実質的には変わりがない。ここで重要なことが，意思の疎通である。

意思の疎通がうまく行かなければ，取引コストが発生するがゆえに，組織の外延的な拡大が抑止されてしまう。特に技術の取引においては，その内容が拡散しやすいので，取引相手を欺かないという意思の疎通が重要になる。

　意思の疎通を円滑化させているシステムは，どのように機能しているのか。このシステムは取引当事者の利害をどのように調整し，取引当事者を協調的行動に向かわせるのか。このような視点で，サスティナブルマネジメンと組織能力の増大について考察していこう。

第2節　新古典派経済モデルと取引の円滑化

1．限定合理性と取引コスト

　新古典派経済モデルにおける経済環境に関する代表的な考え方では，取引財が同質で，価格という情報によってのみで財が選択されるという前提がある。そして，新古典派経済モデルの経済行為者に関する仮定は，①すべての経済行為者は，現在と未来のあらゆる展開を問題なく，またコストを負担することなく，事前に計画することができる，②この経済モデルでは，消費者は自らの効用最大化を追求し，生産者は利潤を最大化するという完全合理性を前提としている。つまり，経済行為者はあらゆる情報を熟知していて，それにもとづいて合理的にふるまうことができるのである。

　経済環境と経済行為者に関する仮定を実体経済にもとづいて考察すると，経済行為者間の取引における困難性が明らかになる。同質的な財という仮定を，財が多くの質的側面を持っていると修正すると，財の質的多様性に関する不確実性と，経済行為者の行動に関する不確実性が，生産と交換を担う組織に影響を与えるようになる[1]。

　新古典派経済モデルでは，財は価格によってのみ測定される。経済行為者は，価格情報によってのみ，財を判断しそれを取引する。しかし，財の質的側面を考慮すると，経済行為者は，財に関する情報を必要とする。例えば，同じ価格のパソコンは，A社とB社によって，当然，ブランド力，デザインや性能が異なる。A社とB社のパソコンがそれぞれどのような質的側面を持って

いるかを評価するには，その測定費用が発生する。この測定費用（つまり取引コスト）が，取引の効率性を損なうのである。さらに，財の質的側面に関する問題は，経済行為者の限定合理性という状況と合わさり，彼らの不確実性を増大させる。

完全合理性とは，経済行為者は所与の価格の下で効用を最大にし，利己的に振る舞うということである。しかし，個人は「瞬間的に無限の計算を完全に無費用で行えるとか，起こりうるあらゆる事象とあらゆる情報や意思決定の含意をすべて努力しないで予想できるとか，これからすべての状況で真に最適な行動をとる」[2] ことはできない。つまり，経済行為者の利己心の追求という意味で，その行動は合理性を持つが，その行動は，完全には合理的ではなく，限定された合理性のもとでの行為となる。経済行為が完全に合理的ならば，情報を得る為の意思決定やその履行は不必要になる。また，同じ状況にある経済行為者は，異なる選択を行わないので，組織の効率性は問題にならない。

では，財の質的側面と限定合理性がもたらす不確実性の問題とは何か。実体経済では，取引財の質は同質的ではなく，多くの交換取引では，売手と買手はお互い取引財の持つ重要な特性や品質を知らない。売手と買手は適正な価格で取引する為に，取引財についての情報を必要とする。しかし，この情報を得る為には，コストが必要になってくる。

また，経済行為者の一方に契約前の私的情報がある時，適正価格での合意の実現が妨げられる（情報の非対称性）。合意後に，その合意事項が遵守されたかどうかの判断に適する情報がない場合，情報入手にコストがかかる。つまり，モラルハザードの防止には，コストがかかるのである。このように，コストは大きく「関連する諸価格を見つけだすためのコスト」[3] と「市場で生じる各々の交換取引の際に，それぞれについて契約を行ない，契約を結ぶためのコスト」[4] に分けることができる。このようなコストの発生を解決する為には，取引行為の調整（例えば，取引財情報の完全開示）と経済行為者をモラルある行動に導かせる動機づけが必要である。この調整や動機づけの手段について次項で考察しよう。

２．組織問題と取引の制御

　経済活動には，稀少性を減少させるために行われる，あらゆる人間活動が含まれる。稀少性の克服に貢献するのが，作業の分業化と専門化である。分業化と専門化は，一連の作業をすべて１人でやるよりも，労働生産性を高めることで，財の希少性という経済問題を克服することができる。そして，分業化と専門化の効果を生み出すために，あらゆる専門領域の経済行為者間での財とサービスの交換および最適な交換相手の選考が必要になってくる。このように，稀少性を克服する経済活動では，分業化と専門化で生み出された財とサービスを最適な相手と交換していくという取引上の課題が生じることになる。しかし，不完全情報やモラルハザードを前提とするとき，以下の２つの問題が生ずる。

　限定された情報を仮定するとき，経済行為者は，もっぱら何をすべきか，何を選ぶべきかに関する無知を克服しなければならない。より優れた分業化と専門化についての情報，そしてまた優先すべき交換と交換相手についての情報を獲得するという問題は調整問題という(5)。取引相手の経済行為者が自ら進んで公正な取引をしないと仮定するとき，取引相手の経済行為者に一定の商道徳を守らせる規制が必要になる。経済行為者に取引の契約と遂行におけるモラルを守る気にさせるという必要性は，モチベーション問題という(6)。

　つまり，経済的な意味での組織問題は，経済活動のプロセスにおけるこれらの問題点をいかに解決するかということである。交換と交換相手の選考における大きな問題は，分業化と専門化によって得られた生産性向上による利得が取引コストの発生によって，喪失してしまうことである。これらの問題の解決策として，取引を調整し，協調を促すモチベーションを維持する枠組みが制度である（図表14－1）。調整問題とモチベーション問題は，社会的な制度の構築で解消されうるのである。

　制度とは，ひとりあるいは複数の個人の行動パターンにおける多様な不確実性を回避するための期待を生み出す枠組みである。この期待は，ひとりの個人，複数の個人へもあるいは社会のすべてのメンバーへも向けられる(7)。つまり，制度はあらゆる経済行為者の限定合理性を補う統治機構なのである。

　制度は階層的であり，上位の制度は下位の制度デザインの可能性を限定する

図表 14 − 1　組織問題

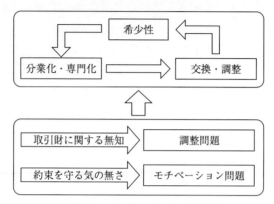

出所：Picot, A., H. Dietl. & E. Franck, *Organisation*, Schäffer-Poeschel Verlag, 1997.（丹沢安治・榊原研互・田川克生・小山昭宏・渡辺敏雄・宮城徹訳『新制度派経済学による組織』白桃書房，1999 年）8 ページの図をもとに加筆。

という特徴がある。上位に基本的制度，下位に派生的制度がある。上位の基本的制度は，人間の意図ではなく，人間の行為の結果として生じている。それは，自然と進化し変化する。この制度は，社会のメンバーに基本的な行為の権利，意思決定の権利ないしは義務を意味し，そして，経済社会の大きな枠組みとして機能している[8]。基本的制度の具体例は，人権，一般なルールおよび規範，言語，そして貨幣制度などである。特に，一般的なルールおよび規範の大部分は，成文化されておらず，無意識のうちに守られている。ノース（D. C. North）は，基本的制度を，行動規範，そして慣習によって規定された日常的な他者との相互作用における統治構造として，インフォーマルな制約と呼んでいる[9]。商習慣，職業的伝統，顧客へのもてなし方などがこれに属する。

　基本的制度からは，派生的に下位の 2 次的制度が発生する。これは，人間が意図的に創り出したものである。そのデザインや変更は合理的に人間によって行われる。派生的制度の例は，基本的制度よりも当事者の行為を制約する法律や契約である。法律は，特定の行為を促進したり，排除したりすることによって調整やモチベーションとして機能する。

第 14 章　サスティナブルマネジメントと組織能力　273

　派生的制度として，取引を制約するものが契約である。契約によって所有権
が，全面的にまたは部分的に，継続的にまたは期限つきで，1人の個人または
多数の個人から他の1人または多数の個人に移転される[10]。限定合理性の経
済環境の中で，契約がなければ経済行為者は安心して取引を行うことができな
い。この契約は，古典的契約，新古典的契約，関係的契約に分類される[11]。
図表14－2によると，古典的契約とは，契約の履行とその代償が同時瞬間的
に行われるケースである。契約者間の関係は，契約結果に影響を及ぼさない。
例えば，コンビニでお弁当を購入するような単純な契約は，古典的契約である。
　新古典的契約では，複雑な状況の中で可能性のある事態のすべては予期でき
ないと仮定されている。つまり契約の不完備性[12]が仮定されている。契約前
後の契約者の関係は，契約結果に重大な影響を与える。つまり，一定期間の相
互信頼の有無が契約成立に影響し，契約後の良好な関係が続けば，さらなる関
係強化が期待できる。家屋建築契約やフランチャイズ契約などが新古典的契約
の事例である。この契約には，契約前段階で内容が詳しく明記されているが，

図表14－2　契約形態の分類

契約形態	属　性	係争事件の解決	事　例
古 典 的	・瞬間的 ・完全な契約 ・契約パートナーがどのような人間かは重要ではない	・形式的基準に基づき，裁判所による	・単純で，契約履行と代償が同時に行われる購入契約，スポット市場
新古典的	・はじめから限定された契約期間を持つ ・契約の部分的不完全性 ・契約パートナーがどのような人間かが重要（信頼できるかが重要）	・第3者（調停者）による	・フランチャイジング ・建築契約
関 係 的	・長期的な関係を前提にする ・不完全な契約 ・契約パートナーがどのような人間かが重要（信頼できるかが重要）	・契約者自身による（契約内容が当事者に特殊的なので）	・無期限の労働契約 ・事業部間の関係 ・研究開発提携

出所：Picot, A., H. Dietl. & E. Franck, *Organisation*, Schäffer-Poeschel Verlag, 1997.（丹沢
　　安治・榊原研互・田川克生・小山昭宏・渡辺敏雄・宮城徹訳『新制度派経済学による
　　組織』白桃書房，1999年）16ページの表をもとに筆者作成。

ある程度の弾力性つまり機会主義的行動の余地が残っている。協定が不完備で，契約に当たって当事者双方が和解へ道筋を信頼していないときは，この契約は達成されない。

　関係的契約も，新古典的契約同様，契約前後の契約者間の関係が結果に影響を与える。契約の履行とその代償は契約締結時点では，不完全にしか記述されていない。契約内容は，確定され，文書化された明示的内容の代わりに，暗黙のうちの相互依存関係に基づく協定によって規定される。関係的契約の例は，無期限の労働契約や企業間提携などである。ここでも，当事者は契約を破棄するような隠れた意思をもつ可能性がある。

　取引は経済活動（生産と交換）の基本である。その取引を調整するものが契約である。契約という制度によって，取引当事者は，組織形態についての基本的な枠組みを明確にすることができる。つまり，契約は取引当事者がより複雑な取引関係を組織化する契機となりうるのである[13]。組織形態の基本は，契約という制度によって成り立っているので，契約が束になることによって組織が生まれる。しかし，前述した３つの契約は不完全要素を含んでいる。不完全であるがゆえに，調整とモチベーション機能（制度としての役割）が不十分である。

　契約の束としての組織が不完全性を排除し，より効率的な制度として機能するには，契約がどのようにデザインされるかが重要である。次に，制度としての経済組織とその効率性について考察しよう。

第３節　組織の効率性

１．組織能力を発揮させる工夫

　経済的な組織とは，人々がその中で，また，それを通じて相互作用することで，経済的目的を達成するよう人為的に創られた活動体である[14]。そして，その経済的な組織は制度の一部分を成すのである。なぜなら経済的な組織は，経済行為者の行為の自由度を限定し，彼らの行動を目標に向けてコントロールし，そうして調整とモチベーションとを確実にするからである[15]。

　組織問題における基本的な分析単位は，一個人から他の個人への財，サービ

ス，技術の移転などの取引である。人々は，取引を通じて経済的業務を実現しようとする以上に，その業務の効率性を達成しようとする。人々が，企業組織という「制度」が効率的であると考えれば，企業組織が成長する。市場取引が効率的であると人々が考えれば，市場取引が活発になる。

　経済的な組織は，大きく３つに分類できる[16]。第１は，企業の内部組織である。ここでは，企業形態の選択，機能別組織と事業部組織の選択といった，ミクロ的な組織の機能が議論になる。第２は，企業間関係としての組織である。これは，垂直的，横断的，コングロマリットといったさまざまな協働形態を意味する。ここでは，提携や企業グループなどの独立した企業間の組織構造といったマクロ的な視点が議論になる。第３は，競争のフレームワークとしての市場組織である。ここでの市場とは，新古典派モデルの仮定を前提とした「ある一定の財について，その財の１単位がある標準的な財（貨幣）の何単位と交換されるかという比率（価格）が，その財の需要と供給を一致させるように全社会でただ１つ共通に決定され，その比率にしたがってすべての個別主体が交換を行うシステム」[17]である。つまり，それは需要と供給が一致する状況下で価格が決定されるという市場を意味している。

　次に，経済行為者が取引において選択する組織の経済的パフォーマンス，つまり効率性について考察しよう。

２．調整された契約の束としての組織

　本項では，経済活動全体の資源配分の効率性ではなく，組織自体の効率性に注目しよう。組織自体の効率性は，その組織の生み出す結果で判断される。「人々が十分に話し合うことができ，その決定をきちんと実行し強制できるならば，（少なくとも話し合いに参加した人たちにとっては）経済活動は効率的となろう」[18]という効率性原則によれば，少なくとも当事者間での合意で「良い」と判断された経済活動は効率的であるということになる。

　その判断の基準は，交渉，履行，履行の強制が無駄なく行われることである。無駄なくとは，一連の取引行為で無駄なコストがかからないことである。組織を契約の束であると仮定すると，効率性に関する問題は契約行為で生じる

ことになる。なぜなら，新古典的契約や関係的契約においては，契約が不完備なため，交渉，履行，履行の強制がうまく行われないケースが生じるからである。取引を調整するための制度としての契約が効率性を達成できない場合，その不効率を調整する為の制度としての組織（調整された契約の束）が必要となる。

　調整された契約の束として経済的な組織が機能することを組織の制度化であるとすると，制度化から得られる最も重要な利得は，「制度を通じれば，個々人はお互いの行動を予期できる点にある。組織経済学の用語でいうと，制度化は限定合理性のもとでの活動を効率的なものにする」[19]ことを意味する。

　人間は制度化された組織がなければ，基本的に本能のおもむくままに行動するかもしれず，そうなると，常に本能に照らして物事を決め続けなければならなくなる。このような状態は，人間にとって心理的負担がつきまとうことを意味する[20]。制度化されていない領域で経済行為者が取引するとき，彼らはこの心理的負担を回避するために金銭的負担をせざるを得ない。この金銭的負担が取引コストである。制度化された組織の効率性とは，結局，取引コストを減らすことができるということを意味する。

第 4 節　企業間関係の構築と組織能力

1．組織間ネットワークの構築

　単発の契約の繰り返しでは，取引コストが契約のたびに発生する。そのため，特定の少数の取引相手が長期にわたってくり返し取引を続けることによって，取引双方の当事者が，取引を続けることのほうが機会主義的，戦略的行動をとることよりも，結局は自らの利益になるという状況が存在して（あるいはつくりだされて）いる。そのような状況下で，安定的な取引が維持されている長期継続的取引関係が構築される[21]。このような関係の中で，情報の交換が進展し，また取引条件の弾力的で迅速な調整や効率的な開発，生産が可能になる[22]。

　取引関係が長期になり，または，なると予想される場合，関係は協力的になる。なぜなら，関係者は 1 回限りの取引だけを念頭に置くのではなく，今後の

第14章　サスティナブルマネジメントと組織能力　277

取引も考慮して行動するからである。取引を続けて行くことの利益が大きいほど，そして相手を裏切ることによって得られる利益が小さいほど，協力的な行動が生じる。相手が協力的であることが確信できれば，契約内容は細かなものでなくても良くなる。

　では，長期継続的取引関係で結びついている組織間ネットワークには，どのような利点があるのか。長期継続的取引関係は，契約の不完備を補って取引当事者間の不確実性を排除する。この関係は，契約前の交渉を円滑化させ，契約後の機会主義的行動を防止することによって，取引を安定化させ，余計な契約コストを節約させる。このような安定した取引を支えるものは，「共有された価値観，思考法，物事の処理手順に対する期待として捉えられている」[23]暗黙の契約である。

　企業の組織間ネットワークはこのような効率的に調整された長期継続的取引関係によって構築されている。取引当事者は，協調的に行動するように動機づけられている。このような組織間ネットワークは，調整とモチベーション機能を備えた「制度」としてとらえることができる。「制度」として調整された組織間ネットワークの範囲は，市場と内部組織の相互浸透によって成り立っている。相互浸透とは，例えば企業が市場における技術の変化に対応するには，組織間ネットワークの関係は固定的なものではなく，技術の必要に応じて組み替えうる柔軟なものでなければならないという意味である[24]。企業は必要なときに外部市場と長期的に取引関係を結び，その関係は硬直的ではなく，柔軟である。必要がないからといって契約を即打ち切るのではなく，長期的な視野でパートナーやその代替企業と関係を結び続けることで，企業相互間で価値の創造が行われる。

　このネットワークの参加者は協調的，ある一部（例えば理念・売上向上・社会貢献・コスト削減）で共通の目的を追求していくことで，ネットワーク全体の組織能力が増強される。「制度」としての経済的な組織の範囲は，純粋な内部組織だけでなく，ある一部の共通の目的を持った，市場に存在する外部企業を含めた，資源交換ネットワークとしてとらえられる。

2．サスティナブルな企業の力強さ

　売手企業と買手企業に結びつけられたビジネス・マーケットは，ネットワーク型の構造となり，持続する傾向がある[25]。リレーションシップを通じて受け取る個々の企業の利得は多様なものである。多様な企業との売買関係を構築しているネットワークでは，売手企業は生産能力，生産スキル，R&Dやロジスティックスのパフォーマンス力を発揮する。同じく，買手企業は，マーケット情報，生産能力，流通や製品のデザイン・スキルを発揮する[26]。このような他企業への依存は，個別の企業が，自らすべての資源を開発し，保持する必要がないことを意味している[27]。

　伝統的な経営理論では，個々の企業がリレーションシップから独立していて，1つの最適と考えられる組織構造を追求することが良い経営とされてきた。実際，企業が単独で競争相手に立ち向かうことは不可能であるし，最適な組織構造を単独で作り上げることは不可能である。企業は競争相手を打ち負かすために戦略を策定するのではなく，企業内外での環境変化にいかに対応するかの戦略を策定しているのである。ゆえに，環境変化に柔軟に対応してゆく組織構造は，その都度柔軟に変化しなければならない。リレーションシップを重視する経済的な組織では，関係企業（競合企業であってもよい）との相互依存関係により，環境変化に対する資源の組換えが柔軟に行われる。

　現代の企業経営の課題は顧客の多様な要望に応えていくことである。現代の企業に求められることは，基礎研究という純粋の知的領域と接し，文化や芸術とも接し，かつあたりまえのことを着実に実行してゆくという本来の仕事をこなしてゆくことである[28]。このような関係領域の拡大に対応する組織の強さは，多様な関係性の中から，状況に最も合致した組織構造を構築することである。

　経営組織が機能するかしないかは，時代の状況に応じた最適解を見つけ出すことにかかっている。1つの最強の組織，制度，慣行はある一時点，一定の状況で有効であっても，永遠に有効であるはずがない。ゆえに，調整とモチベーションという組織間の協調を促す思考が重要になってくる。経営組織は，一企業内で完結する単純な組織ではない。リレーションシップを重視したネット

ワーク組織つまり，経済的な組織として機能していることが，サスティナブル
な企業の強さとなる。

第5節　おわりに

　以上の検討のように企業組織の範囲を広範な組識間ネットワークとして見た
とき，経済行為者の調整と協調のモチベーションによって市場取引も企業内取
引同様，効率的であるといえる。なぜなら，このような長期継続的取引関係で
結びついている各取引当事者は，契約のためのあるいは価格を見つけ出すため
無駄なコストを負担する必要がないからである。

　完全合理性や取引財の同質性という仮定を修正し，限定合理性を仮定する
と，取引当事者間で不確実性が生じ，その時，取引が行われないかあるいは取
引コストが発生する。その取引の不確実性を回避するには，調整と協調へのモ
チベーション機能を備えた「制度」が必要とされる。その代表が，契約であ
る。そして，契約の束が経済的な組識となる。その経済的な組織の効率性と
は，取引当事者間での取引の交渉，履行，履行の強制にコストがかからないこ
とである。

　経済的な組織の単純なモデルは，資本と命令関係で縛られた親会社と子会社
の関係や，純粋な企業内での内部組織である。しかし現実には，企業活動はこ
のような限定された組織内で行われているのではなく，提携企業や外部企業ま
でを含めた広範なネットワーク組織が構築されている。このネットワークを支
えるものが長期継続的取引関係であり，この関係は，取引当事者の無駄な取引
コストを生じさせず，協調行動を促す「制度」として機能している。

　つまり，内部組織と外部組織の垣根がないような組織形態を構築すること
で，提携企業，外部企業，子会社まで含めて1つの大きな経済的な組織が生ま
れるのである。このような多様な経済主体が参加する組織では，多様な力が相
互依存することにより，組織能力は増大するのである。広範なネットワーク組
識を構成するそれぞれ経済行為者は，自らの力で獲得した組織能力を持ってい
る。それは，新製品開発に関する知識や生産に関する知識，技術情報といった

コア・コンピタンスである。他企業が純粋な市場取引で，このコア・コンピタンスを獲得することは非常に難しいが，制度として調整された仕組みと協調のモチベーションによるサスティナブルマネジメントを実践する企業間であれば，このようなコアな情報に関する取引が容易に行われる。

　以上，取引コストを回避するサスティナブルマネジメントとその成果としての組織能力の強化について考察してきた。このような広範な企業組織をいかに構築できるかが，現代企業の大きな課題である。なぜならば，企業の発展にとって重要な資源を自ら資金を投入して，創造していくのではなく，ネットワーク内の他企業からそれらを入手できる可能性が拡がるからである。資源獲得の容易性は，このようなネットワーク型の組織能力に依存している。

【注】

(1) Eggertson, T., *Economic Behavior and Institutions,* Cambridge University Press, 1990. （竹下公視訳『制度の経済学』晃洋書房，1996 年，23 ページ）

(2) Milgrom, P. & J. Robert, *Economics, Organization & Management,* Prentice Hall, 1992. （奥野正寛・伊藤秀史・今井晴雄・西村理・八木甫訳『組織の経済学』NTT 出版，1997 年，46 ページ）

(3) Coase, R. H., "The Nature of the Firm", in *The Firm, the Market and the Law,* University Chicago, 1988. （宮沢健一・後藤晃・藤垣芳文訳『企業・市場・法』東洋経済新報社，1992 年，44 ページ）

(4) 同邦訳，44 ページ。

(5) Milgrom, P. & J. Robert, 前掲邦訳，25 ページ。

(6) 同邦訳，25 ページ。

(7) Picot, A, H. Dietl & E. Franck., *Organisation,* Schäffer-Poeschel Verlag, 1997. （丹沢安治・榊原研互・田川克生・小山昭宏・渡辺敏雄・宮城徹訳『新制度派経済学による組織入門』白桃書房，1999 年，9 ページ）

(8) 同邦訳，11 ページ。

(9) North, D. C., *Institutions, Institutional Change and Economic Performance,* Cambridge University Press, 1990. （竹下公視訳『制度・制度変化・経済成果』晃洋書房，1994 年，49 ページ）

(10) Picot, A., H. Dietl & E. Franck, 前掲邦訳，15 ページ。

(11) 詳しくは Macneil, I. R., "Contracts：Adjustment of Long-Term Economic Relations under Classical, Neoclassical and Relational Contract Law", in *Northwestern University Law Review,* Vol.72, 1978, pp.854-905. を参照。

(12) 不完備な契約に対して完備契約では，あらゆる可能な状況それぞれについて各当事者が何を行うべきかが正確に指定されている。また，それぞれの事態（契約違反が生じた事態を含む）において発生する費用と便益の配分方法について，各当事者間にとって契約の遵守が最適となるように調整されている（Milgrom, P., J. Robert，前掲邦訳，135 ページ）。

(13) North, D. C.，前掲邦訳，70 ページ。

(14) Milgrom, P. & J. Robert.，前掲邦訳，20 ページ。

(15) Picot, A., H. Dietl & E. Franck，前掲邦訳，26 ページ。

(16) 同邦訳，30 ページ。

(17) 村上泰亮・公文俊平・熊谷尚夫『経済体制』岩波書店，1973 年，43 ページ。

(18) Milgrom, P. & J. Robert，前掲邦訳，26 ページ。

(19) Michael Rowlinson, *Organisations and Institutions,* Macmillan, 1997.（水口雅夫訳『組織と制度の経済学－ゲーム的進化論から多国籍企業まで－』文眞堂，2001 年，124 ページ）

(20) 同邦訳，124 ページ。

(21) 後藤晃「中間組織，系列，継続的取引」『ビジネスレビュー（一橋大学）』Vol.39 No.4, 1992 年，14 ページ。

(22) 上掲論文，14 ページ。

(23) Milgrom, P. & J. Robert，前掲邦訳，141 ページ。

(24) 今井賢一「ダイナミック・ネットワーク－市場と組織の動態的な浸透」『ビジネスレビュー（一橋大学）』Vol.39　No.4, 1992 年，3 ページ。

(25) David Ford, *Managing Business Relationship,* John Wiley & Sons, 1998.（小宮路雅博訳『リレーションシップマネジメント－ビジネス・マーケットにおける関係性管理と戦略─』白桃書房，2001 年，73 ページ）

(26) 同邦訳，79 ページ。

(27) 同邦訳，79 ページ。

(28) 今井賢一・金子郁容『ネットワーク組織論』岩波書店，1988 年，255 ページ。

◆参考文献◆

今井賢一「ダイナミック・ネットワーク－市場と組織の動態的な浸透」『ビジネスレビュー（一橋大学）』Vol.39　No.4, 1992 年。

今井賢一・金子郁容『ネットワーク組織論』岩波書店，1988年。

後藤晃「中間組織，系列，継続的取引」『ビジネスレビュー（一橋大学）』Vol.39 No.4，1992年。

村上泰亮・公文俊平・熊谷尚夫『経済体制』岩波書店，1973年。

Coase, R. H., "The Nature of the Firm", in *The Firm, the Market and the Law*, University of Chicago, 1988.（宮沢健一・後藤晃・藤垣芳文訳『企業・市場・法』東洋経済新報社，1992年）

David Ford, *Managing Business Relationship*, John Wiley & Sons, 1998.（小宮路雅博訳『リレーションシップマネジメント―ビジネス・マーケットにおける関係性管理と戦略―』白桃書房，2001年）

Eggertson, T., *Economic Behavior and Institutions*, Cambridge University Press, 1990.（竹下公視訳『制度の経済学』晃洋書房，1996年）

Macneil, I. R., "Contracts : Adjustment of Long-Term Economic Relations under Classical, Neoclassical and Relational Contract Law", in *Northwestern University Law Review*, Vol.72, 1978.

Michael Rowlinson, *Organisations and Institutions*, Macmillan, 1997.（水口雅夫訳『組織と制度の経済学―ゲーム的進化論から多国籍企業まで―』文眞堂，2001年）

Milgrom, P. & J. Robert, *Economics, Organization and Management*, Prentice Hall, 1992.（奥野正寛・伊藤秀史・今井晴雄・西村理・八木甫訳『組織の経済学』NTT出版，1997年）

North, D. C., *Institutions, Institutional Change and Economic Performance*, Cambridge University Press, 1990.（竹下公視訳『制度・制度変化・経済成果』晃洋書房，1994年）

Picot, A., H. Dietl. & E. Franck, *Organisation*, Schäffer-Poeschel Verlag, 1997.（丹沢安治・榊原研互・田川克生・小山昭宏・渡辺敏雄・宮城徹訳『新制度派経済学による組織入門』白桃書房，1999年）

索　引

A－Z

C.I. バーナード理論 ……………………… 10
CMC ……………………………………… 181
CSR ………………………………… 138，151
H 因子追求者 ……………………………… 152
M 因子追求者 ……………………………… 152
PPM（プロダクト・ポートフォリオ・
　マネジメント）……………………………… 57
R&D ……………………………………… 210
X 理論 ……………………………………… 144
Y 理論 ……………………………………… 144

ア

アーキテクチャー ………………………… 59
アージリス ………………………………… 143
アダムス …………………………………… 147
アドラー …………………………………… 186
アマビル …………………………………… 150
暗黙の契約 ………………………………… 277
意思決定 ……………………………… 122-135
　──過程 …………………………………… 123
　──技術 …………………………………… 126
　──の科学化 …………………………… 127
　──の集権化 …………………………… 133
　──の制度化 …………………………… 126
　──の専門化 …………………………… 131
　──の調整 ………………………… 130，134
　──の統合 ………………………… 129，130
　──のプログラム化 …………… 125，126
　──の分権化 …………………………… 132
　──論 ……………………………… 123，129

石田梅岩 …………………………………… 261
意思の疎通 ………………………………… 268
一体化 ……………………… 130，131，133-135
イノベーション …………………………… 225
猪俣正雄 …………………………………… 179
異文化インターフェイス管理論 ……… 186
異文化経営 ………………………………… 187
異文化コミュニケーション …………… 174
異文化シナジー管理論 ………………… 186
インナー・ワーク・ライフ …………… 150
インフォーマル組織 …………………… 83，86
ヴァーチャル企業 ………………………… 72
ウェーバー ………………………………… 89
ヴルーム …………………………………… 148
雲母剥離作業実験 ………………………… 79
営利 ………………………………………… 265
エンパワーメント ……………………… 160
掟と規範 …………………………………… 82
オペレーションズ・リサーチ ………… 126
オペレータ型アライアンス・モデル …… 70

カ

外因的コミットメント ………………… 164
海外子会社 ………………………………… 185
階層制 ……………………………… 126，128
　──組織 ………………………… 128，129
階層的分業構造 ………………………… 128
外的均衡 …………………………………… 113
外発的な動機づけ ……………………… 169
外部委託や外部調達（アウト・ソーシング）
　……………………………………………… 69
外部組織 …………………………………… 268

価格 269
科学的管理法 76, 86, 99
学習の過程 130
家産官僚制 90
価値合理性 91
価値前提 130, 131
価値創造 257
価値的要素 127
価値判断 127, 129, 133
過程理論 142
株価の最大化 255
株式投資 256
貨幣 264
カリスマ的支配 96
カリスマ的リーダーシップ 205
環境決定論 231
環境適応的組織論 25
環境変化 278
関係的契約 273
感情 80, 84, 86
————の論理 84
完全合理性 124, 269
管理型組織 166
管理過程 114
管理幹部 94
管理職能 114
管理組織 116
管理の一般理論 108
官僚 90
官僚制 38
官僚制組織 90, 91
————論 89
機会主義 134
————的行動 268
企業間関係 66
企業間提携 274
企業性善説 255
企業組織 275
企業の社会的責任（CSR） 11

企業の倫理観 252
記号論 176
記述的意思決定論 122, 123
稀少性 271
絆 264
期待理論 148
機能部門別組織 40
規範 178
————的意思決定論 122
基本的制度 272
逆機能 100
キャリア・プラトー 150
業績虚偽報告 251
協調的行動 269
共通の目的 110-112, 115
共通目標 263
協定 274
協働 117, 173
————意欲 112
————システム 5
————体系 108-110
極大化 133
均衡 112
近代官僚制組織 90-92, 95-97
————に内在する問題 101
————の確立期 99
————の成立期と確立期 98
————の特徴 92, 97
近代的組織論 24, 177
クリティカル・マス 182
グループ・ダイナミクス 140
クローズド・システム 99
グローバル化 49, 174
訓練 130, 131, 133-135
経営イノベーション 225
経営過程 128, 129
経営原則 123
経営行動 123
経営者の役割 108, 114

経営人	123-125
経営戦略	36
経営組織	123
──論	99
経営の誠実さ	262
経済行為者	279
経済人	123, 124
──仮説	99
──モデル	85, 106
経済的な組織	274

経済と社会（Wirtschaft und Gesellschaft） ... 90

形式合理性	91, 92, 95
継電機組立作業実験	78, 80
契約	273
──関係	262
──の束	275
──の不完備性	273
結節点	180
決定前提	133
決定の過程	129
決定のハイアラーキー	128
欠乏動機	141
ゲート・キーパー	214
権威	116, 132
──受容説	116
限界貢献者	8
権限	130-135
──委譲	161
──のハイアラーキー	131, 132, 134
──ライン	128
限定合理性	123, 124, 270
限定された情報	271
コア・コンピタンス	280
貢献意欲	112, 113
貢献者	111, 113, 118
公式化	37
公式組織（フォーマル組織）	3, 82, 84, 111, 116, 123, 131, 132, 135, 177

構成員	111
行動科学研究	140
行動規範	260
行動パターン	259
行動理論	194
公平理論	147
合法的支配	96
──の形態	96
合目的的な決定	129
効用最大化	269
合理化	91, 92
合理性	91, 123
合理的支配	95
顧客志向	54
──の企業組織	60
国際化	174
個人人格	113
古典的契約	273
古典的組織論	21
コード	176
コーポレートガバナンス	262
コミュニケーション	112, 116, 130-135, 173, 259
──経路	134
──体系	116
──・ネットワーク	180
──の内容	178
──のフロー	178
コールド	186
コングロマリット	275
コンティンジェンシー理論	231
コンテクスト	176
コンプライアンス	260
コンフリクト	131, 135, 175

サ

再検討活動	125
最大化	124
最適解	124

サイモン（Simon, H. A.）............101，105，
　122-127，129-131，133
サスティナブルマネジメント............268
サーバント・リーダーシップ............207
サプライヤー............69
参加的リーダーシップ............144
シェアード（shared）アライアンス・モデル
　............70
支援型組織............167
事業部制組織............42
資金繰り............253
資源交換ネットワーク............277
自己統治............263
事実前提............131
事実の要素............127
事実判断............127，129，133
市場取引............275
システムズ・アプローチ............13
持続可能性............257
実質合理性............91，92
実質非合理性............101
実体的調整............128，131，132，135
支配............93
　―――の構造............94
　―――の正当性............95
　―――の装置............94
資本市場............264
資本主義............97
社会関係資本............264
社会規範............253
社会人モデル............85，106
社会的交換理論............162
社会的責務............255，263
社会の組織論............29
社内報............183
シャノンとウィーバー............174
習慣化............130
従業員教育............178
集権化............132

手段－目的のハイアラーキー............128，129
受容圏............131，134
順応性............129，130
順応の過程............130
商家............261
状況適合理論............194
情報開示............257
情報活動............125
情報通信技術............56
情報の非対称性............270
照明実験............78
職務拡大............144
職務充実............146
自律的ジョイント・ベンチャー・モデル...70
新古典的契約............273
新古典的組織論............23
新古典派経済モデル............269
信認関係............262
信頼............251
心理的環境............129，130
親和欲求............151
ステイクホルダー............30，151，173，253
成果主義............170
精神的な富............254
成長動機............141
制度............271
世界主義的企業文化............186
責任............128，131-133
セクショナリズム............135
設計活動............125
善管注意義務............262
全人仮説............106
選択活動............125
専門化............123
　―――の原則............100
　―――・分業............37
戦略の経営論............227
戦略的行動............276
戦略的組織論............27

索　引　287

戦略的提携⋯⋯⋯⋯⋯⋯⋯⋯⋯68
戦略と組織の2分法⋯⋯⋯⋯35
相互依存関係⋯⋯⋯⋯⋯⋯278
組織⋯⋯⋯93, 108, 110, 111, 114
　　──均衡理論⋯⋯⋯⋯⋯6
　　──形態⋯⋯⋯⋯⋯⋯67
　　──構造⋯⋯⋯⋯⋯⋯36
　　──人格⋯⋯⋯⋯⋯113
　　──成員⋯⋯⋯⋯⋯173
　　──の経営理念⋯⋯19
　　──の貢献者⋯⋯116, 117
　　──の構成要素⋯⋯111
　　──の制度化⋯⋯⋯276
　　──の有効性と能率⋯7
　　──の要素⋯⋯⋯112
組織文化⋯⋯⋯⋯⋯⋯19, 258
　　──の逆機能⋯⋯⋯260
　　──論⋯⋯⋯⋯⋯225
組織への忠誠心⋯⋯130, 131, 133, 134
組織変革⋯⋯⋯⋯⋯⋯⋯192
　　──論⋯⋯⋯⋯⋯225
組織編成⋯⋯⋯⋯⋯⋯⋯123
組織力の逆機能⋯⋯⋯257
組織ルーティン⋯⋯⋯130
損害賠償⋯⋯⋯⋯⋯⋯⋯254

タ

体系⋯⋯⋯⋯⋯⋯⋯⋯⋯109
ダイナミック・ネットワーク⋯72
対面コミュニケーション⋯181
多元的構成者アプローチ⋯14
達成動機理論⋯⋯⋯⋯146
達成欲求⋯⋯⋯⋯⋯146, 151
ダブルストーン⋯⋯⋯153
単位組織⋯⋯⋯⋯⋯⋯115
知識の不完全性⋯⋯⋯124
注意義務⋯⋯⋯⋯⋯⋯252
忠実義務⋯⋯⋯⋯⋯⋯262
中小企業⋯⋯⋯⋯⋯⋯184

忠誠心⋯⋯⋯⋯⋯⋯134, 135
長期継続的取引関係⋯⋯276
調整⋯⋯⋯⋯⋯114, 115, 129
　　──と協調へのモチベーション機能
　　⋯⋯⋯⋯⋯⋯⋯⋯⋯279
　　──問題⋯⋯⋯⋯271
ディーセント・ワーク⋯153
テイラー⋯⋯⋯⋯⋯⋯138
手続的調整⋯⋯128, 131, 132, 135
鉄の檻⋯⋯⋯⋯⋯⋯⋯⋯91
伝統的支配⋯⋯⋯⋯⋯⋯96
動因理論⋯⋯⋯⋯⋯⋯147
動機づけ⋯⋯⋯⋯⋯⋯258
　　──－衛生理論⋯⋯145
統合⋯⋯⋯⋯⋯⋯129, 130
投資家⋯⋯⋯⋯⋯⋯⋯251
統制の幅⋯⋯⋯⋯⋯⋯123
道徳⋯⋯⋯⋯⋯⋯⋯⋯253
特性理論⋯⋯⋯⋯⋯⋯194
トップダウン型⋯⋯⋯160
トップ・マネジメント⋯160
取引⋯⋯⋯⋯⋯⋯⋯⋯274
　　──コスト⋯⋯⋯268
　　──財の同質性⋯⋯279
　　──の効率性⋯⋯270

ナ

内因的コミットメント⋯164
内的均衡⋯⋯⋯⋯⋯⋯112
内発的タスクモチベーション⋯163
内容理論⋯⋯⋯⋯⋯⋯142
日常的反復的決定⋯⋯126
人間仮説⋯⋯⋯⋯⋯⋯100
人間関係論⋯⋯⋯⋯87, 138
人間協働システム⋯⋯⋯1
人間性疎外⋯⋯⋯⋯⋯100
人間モデル⋯⋯⋯124, 125
認知能力⋯⋯⋯⋯⋯⋯124
ネット社内報⋯⋯⋯⋯183

ネットワーク・インテグレーター ……… 73
ネットワーク組織 …………………… 66, 71
ネットワーク中心性 ……………………180
能率（efficiency）……………107, 113, 123
　130, 131, 133-135
　―――の基準 ………………… 133, 134
ノーリア ……………………………………149

ハ

ハーズバーグ …………………………………145
派生的制度 ………………………………272
発見的問題解決法 ………………………126
パートナーシップ ………………………… 30
バーナード（Barnard, C. I.）……… 130, 177
林吉郎 ………………………………………186
バリュー・チェーンのモデル ………… 59
ハル …………………………………………147
パワー欲求 ………………………………151
バンク配線作業観察実験 ……………… 81, 83
比較文化研究 ……………………………185
東日本大震災 ……………………………153
非公式組織（インフォーマル組織）
　………… 82, 84, 111, 118, 132, 177
ビジネス・プロセス・エンジニアリング …59
ビジョナリーカンパニー ……………… 32
標準化 ……………………………………… 37
ファヨール ………………………………105
フォード・システム …………………… 99
不確実性 …………………………………256
複合組織 …………………………………115
不正会計 …………………………………265
物的な富 …………………………………254
部門化 ……………………………………… 37
プログラム化 ……………………………127
プロセス組織 …………………………… 59
プロフィットセンター ………………… 49
フロント・バック型組織 ……………… 60
文化 ………………………………………185
　―――的多様性 ………………………184

分業体制 …………………………………… 98
分権化 …………………………… 132, 133
　―――および集権化 ………………… 38
変革型リーダーシップ …………………194
法律 ………………………………………272
補助体系 …………………………………109
ホーソン実験 ……………………76, 77, 83
ホフステッド ……………………………185

マ

マグレガー ………………………………144
マクレランド ……………………………146
馬越恵美子 ………………………………187
マズロー …………………………………141
末人 ………………………………………… 91
マトリックス組織 ……………………… 43
マレー ……………………………………141
満足化 ……………………………………124
満足解 ……………………………………124
ミス・コミュニケーション ……………175
未成熟 ‐ 成熟理論 ……………………143
ミドル・マネジメント …………………167
南三陸ホテル観洋 ………………………153
無関心圏 …………………………………117
メイヨー（Mayo, E.）………77-80, 83
命令の一元性 ……………………………123
命令の受容 ………………………………117
メディア …………………………………174
面接実験 …………………………………80, 81
目的合理性 ………………………………91, 95
目標アプローチ ………………………… 12
モチベーション ………………… 138, 254
　―――問題 ……………………………271
モラルハザード …………………………270

ヤ

役割関係 …………………………………178
役割付与 …………………………………178
誘因 ………………………………………130

索　引　289

―――＞貢献………………………114
有効性（effectiveness）
　………………………107, 113, 131, 132
欲動………………………………149
予測の困難性……………………124
欲求階層説………………………141
欲求分類表………………………141
4 つの補助体系…………………110

ラ

ライン・アンド・スタッフ組織…………41
ライン組織………………………39
利益の最大化……………………254

リスクマネジメント……………………252
リーダーシップ……………………139
　―――論……………………………192
リレーションシップ……………………278
レヴィン…………………………140
レスリスバーガー（Roethlisberger, F. J.）
　………………………77, 78, 83-85
レベルの複合性…………………180
労働 CSR…………………………153

ワ

若林満………………………………178
ワーク・ライフ・バランス……………153

《著者紹介》（執筆順）

小原久美子（おばら・くみこ）担当：第1章～第3章，第11章，第12章
　※編著者紹介参照

佐久間信夫（さくま・のぶお）担当：第4章，第6章（第1～2節）
　※編著者紹介参照

村田大学（むらた・だいがく）担当：第5章，第6章（第3～6節）
　創価大学経営学部助教

山田雅俊（やまだ・まさとし）担当：第7章
　玉川大学経営学部准教授

矢口義教（やぐち・よしのり）担当：第8章
　東北学院大学経営学部准教授

岡本　弥（おかもと・ひさし）担当：第9章
　神戸学院大学経済学部准教授

瀬口毅士（せぐち・たけし）担当：第10章
　鹿児島県立短期大学商経学科准教授

井上善博（いのうえ・よしひろ）担当：第13章，第14章
　神戸学院大学経済学部教授

《編著者紹介》

佐久間信夫（さくま・のぶお）担当：第4章，第6章（第1〜2節）

明治大学大学院商学研究科博士課程修了
現職　創価大学経営学部教授　博士（経済学）
専攻　経営学，企業論

主要著書

『企業集団研究の方法』文眞堂，1996年（共編著），『現代経営学』学文社，1998年（編著），『現代経営用語の基礎知識』学文社，2001年（編集代表），『企業支配と企業統治』白桃書房，2003年，『企業統治構造の国際比較』ミネルヴァ書房，2003年（編著），『経営戦略論』創成社，2004年（編著），『増補版　現代経営用語の基礎知識』学文社，2005年（編集代表），『アジアのコーポレート・ガバナンス』学文社，2005年（編著），『CSRとコーポレート・ガバナンスがわかる事典』創成社，2007年（共編著），『コーポレート・ガバナンスの国際比較』税務経理協会，2007年（編著），『コーポレート・ガバナンスと企業倫理の国際比較』ミネルヴァ書房，2010年（共編著），『多国籍企業の戦略経営』白桃書房，2013年（共編著），『アジアのコーポレート・ガバナンス改革』白桃書房，2014年（共編著），『現代中小企業経営要論』創成社，2015年（共編著），『経営学者の名言』創成社，2015年（編著），『多国籍企業の理論と戦略』学文社，2015年（編著）など。

小原久美子（おばら・くみこ）担当：第1章〜第3章，第11章，第12章

専修大学大学院経営学研究科博士前期課程修了
現職　公立大学法人　県立広島大学経営情報学部教授　博士（経営学）［明治大学］
専攻　経営組織論，経営管理論

主要著書

『経営計画策定プロセス』労働省中央開発協会認定，産能大学，1998年（単著），『21世紀の企業経営』日本経営学会編第69集，千倉書房，1999年（共著），『現代経営学』学文社，2001年（共著），『現代の経営管理論』学文社，2002年（共著），『IT革命と企業経営』日本経営学会経営論集73集，千倉書房，2003年（共著），『経営戦略論入門』同文館，2004年（共著），『増補版　現代経営用語の基礎知識』学文社，2005年（共著），『はじめて学ぶ経営学―人物との対話―』ミネルヴァ書房，2007年（共著），『現代組織文化論研究―経営学における組織文化論の過去・現在・展望―』白桃書房，2007年（単著），『経営学における組織文化論の位置づけとその理論的展開』白桃書房，2014年（単著）など。

（検印省略）

2017年4月20日　初版発行　　　　　　　　　略称 ― 組織要論

現代経営組織要論

編著者　　佐久間信夫
　　　　　　小原久美子
発行者　　塚田尚寛

発行所　　東京都文京区　　**株式会社　創成社**
　　　　　春日2-13-1

電　話　03（3868）3867　　FAX　03（5802）6802
出版部　03（3868）3857　　FAX　03（5802）6801
http://www.books-sosei.com　振　替　00150-9-191261

定価はカバーに表示してあります。

©2017 Nobuo Sakuma, Kumiko Obara　　組版：トミ・アート　印刷：エーヴィスシステムズ
ISBN978-4-7944-2501-0 C3034　　　　製本：カナメブックス
Printed in Japan　　　　　　　　　　落丁・乱丁本はお取り替えいたします。

── 経 営 選 書 ──

現 代 経 営 組 織 要 論	佐久間 信 夫 小 原 久美子	編著	2,800 円
現 代 中 小 企 業 経 営 要 論	佐久間 信 夫 井 上 善 博	編著	2,900 円
現 代 経 営 学 要 論	佐久間 信 夫 三 浦 庸 男	編著	2,700 円
現 代 経 営 管 理 要 論	佐久間 信 夫 犬 塚 正 智	編著	2,600 円
現 代 経 営 戦 略 要 論	佐久間 信 夫 芦 澤 成 光	編著	2,600 円
現 代 C S R 経 営 要 論	佐久間 信 夫 田 中 信 弘	編著	3,000 円
現 代 企 業 要 論	佐久間 信 夫 鈴 木 岩 行	編著	2,700 円
経 営 学 原 理	佐久間 信 夫	編著	2,700 円
経営情報システムとビジネスプロセス管理	大 場 允 晶 藤 川 裕 晃	編著	2,500 円
テ キ ス ト 経 営 ・ 人 事 入 門	宮 下 清	著	2,400 円
東 北 地 方 と 自 動 車 産 業 ―トヨタ国内第3の拠点をめぐって―	折 橋 伸 哉 目 代 武 史 村 山 貴 俊	編著	3,600 円
おもてなしの経営学 [実践編] ―宮城のおかみが語るサービス経営の極意―	東北学院大学経営学部 おもてなし研究チーム みやぎ おかみ会	編著 協力	1,600 円
おもてなしの経営学 [理論編] ― 旅 館 経 営 へ の 複 合 的 ア プ ロ ー チ ―	東北学院大学経営学部 おもてなし研究チーム	著	1,600 円
おもてなしの経営学 [震災編] ―東日本大震災下で輝いたおもてなしの心―	東北学院大学経営学部 おもてなし研究チーム みやぎ おかみ会	編著 協力	1,600 円

(本体価格)

── 創 成 社 ──